신화 콘서트

통으로 읽는 세계 7대 신화

신　화

THE CONCERT　　OF MYTHOLOGY

콘서트

김상훈 글 | 조금희 그림

행복한작업실

신화는
인류 문화와 지식의 원형이다

괴팍하고 못돼먹은 쉰 언저리의 사내가 벨기에 브뤼셀의 한 아파트에 산다. 걸핏하면 아내와 자식들에게 소리를 질러댄다. 정말 꼴불견 아빠이자 남편이다. 그런데 이 사내가 세상을 창조한 신이란다.

인간을 골탕 먹이는 게 이 창조주의 취미다. 그에게는 사춘기 딸이 하나 있다. 딸은 아버지인 창조주의 처신이 옳지 않다고 반항한다. 딱히 의도한 건 아니지만, 딸은 인간 모두에게 그들 각자의 수명을 문자 메시지로 전송해버린다. 세상에 큰 혼란이 찾아온다. 신약 성서를 새로 써야만 이 혼란을 해결할 수 있다. 딸이 지상으로 내려와 모든 문제를 해결하고 인류를 구원하면서 이야기는 끝이 난다.

2015년에 개봉한 〈이웃집에 신이 산다〉라는 벨기에 영화다. 국내에서는 10만 명 정도의 관객을 모았으니 흥행에는 실패한 셈이다. 나 역시 별 기대 없이 보았다. 그러다가 흥미로운 점을 발견했다. 창조주 신에게 반항하는 딸의 이름! 에아였다. 에아가 누구인가? 바빌론 신화에 나오는 지혜의 신이다. 늘 인간의 편에 섰고, 위기 때마다 인간을 도왔다. 감독이 의도적으로 창조주 신의 딸을 에아로 설정한 것일까? 그렇다면 바빌론 신이 기독교 판타지 영화의 주역을 맡은 격이다.

2019년 국내에서 만들어 개봉한 어린이 애니메이션 이야기도 해보자. 우리의 토종 도깨비가 뱀을 닮은 괴수와 싸우는 영화인데, 괴수의 이름이 요르문간드다. 요르문간드는 북유럽 신화에 등장하는, 세계를 둘러싸고 있는 거대한 뱀의 이름이다. 우리 설화와 북유럽 신화를 융합한 셈이다. 에아와 요르문간드에 대해서 알고 있는 관객이라면 영화를 감상할 때 더욱 흥미로웠을 것이다.

인문학 열풍이 한풀 꺾였지만 그래도 여전히 서점가에서는 고전, 역사, 철학 등이 강세를 보이고 있다. 신화는 어떨까? 최근 북유럽 신화가 반짝 관심을 끌었다. 미국 할리우드에서 만든 히어로 영화 〈어벤저스〉 시리즈의 영향이다. 하지만 북유럽 신화와 전통적으로 인기를 누리고 있는 그리스 로마 신화를 제외한 나머지 지역의 신화에 대해 우리는 아는 것이 별로 없다. 대부분의 신화가 학자와 마니아 독자만의 영역으로 외떨어져 있다.

신화는 현대 문화의 원형이다. 역사라는 이름으로 인류의 삶이 기록되기 전부터 존재했던 최초의 문화 현상이 바로 신화다. 신화는 태곳적 신을 스크린의 주인공으로 소환했고, 수많은 문학 작품에 영감을 제공했으며, 지구 곳곳에 지명으로 그 흔적을 남겼고, 알게 모르게 우리의 의식을 지배하고 있다. 그런데 대접은 영 시원찮다. 대중 매체에서 빵 터지면 아주 잠깐 회자되다가 다시 시들해진다. 왜 우리는 신화와 멀어진 걸까? 그 이유를 곰곰이 따져보았다. 그러다가 다음 네 가지 이유를 생각해냈다.

첫째, 지금의 우리 삶과 신화 사이에 어떤 관련이 있는지 알지 못하기 때문이다. 신화와 현실의 연결고리를 찾지 못한 이는 이렇게 묻는다. "역사나 철학은 삶의 의미를 깨닫는 길잡이가 되고 때때로 시험에도 출제되지만, 신화는 나와 무관한 옛날이야기일 뿐이잖아. 꼭 알아야 할 필요가 있어?"

둘째, 신화의 서사가 너무 방대하다. 한 나라의 신화도 제대로 익히기 어려운데, 세계 여러 나라와 지역의 신화를 섭렵하려니 기가 질린다. 분량이 너무 많으니까. 세세한 것까지는 필요 없고 핵심만이라도 알고 싶은데 그런 내용을 정리한 책이 많지 않다. 있다 해도 어렵다.

셋째, 지명과 인물의 이름이 낯설다. 정보를 접할 때는 단어의 발음이 입에 익어야 그나마 친숙해지는데, 자주 접해보지 못한 지역의 언어를 발음하려니 잘 외워지지 않는다. 게다가 등장인물은 또 왜 그리 많은지.

넷째, 여러 나라 신화의 서사 구조가 비슷해서 이 이야기가 저것 같고 저 이야기가 이것 같다. 이럴 바에야 신화의 독특한 구조와 공통점을 한데 모아서 정리하고 비교해주면 좋지 않을까?

이 네 가지 문제만이라도 어느 정도 해결하면 '신화 읽기'에 도전해 볼 만하지 않을까? 이 책을 집필하면서 목표로 삼은 지점이 이 네 가지 문제였다.

이 책에서는 그리스 로마 신화, 북유럽 신화, 메소포타미아 신화, 이집트 신화, 인도 신화, 중국 신화, 일본 신화 등 7개 지역 신화와 우리의 무속 신화 일부를 다루었다. 각 신화별로 공통점과 차이점도 분석했다. 이야기를 이해하는 데 걸림돌이 되는 지명과 이름은 들어냈다. 무엇보다도 신화의 각 내용이 우리의 삶 속에서 어떤 의미를 갖는지 찾으려고 노력했다.

11년 전 나는 세계사를 통째로 이해하도록 돕기 위해 동서양과 우리 역사를 종횡으로 오가는 방식의 역사책 『통세계사』를 펴냈다. 이번에는 신화 분야에서 같은 도전을 시도했다. 신화학자가 아니라 신화를 보다 쉽게 접하고 싶은 독자의 관점에서 접근했다. 독자 여러분이 신화를 보다 깊이 이해하고, 그로 인해 삶의 지평을 조금이라도 넓히는 데 보탬이 되기를 바란다.

김상훈

차례

Part 1

처음을
돌아보다

"신화는 미래를 품은 과거이며, 현재에도 영향을 미치고 있다."
_카를로스 푸엔테스(Carlos Fuentes)

1

내가 서 있는 여기, 바로 지금!

신화 속의 시간과 공간

·

태초부터 오늘에 이르는 시간과 무한한 우주의 공간 속에서

우리는 티끌만도 못한 존재이지만,

그래도 한 사람의 인생은 얼마나 위대한가?

　대한민국 평균 수명이 80세를 훌쩍 넘었다. 첨단 의학 기술의 힘을
빌리면 최대 120세까지 살 수 있다고 한다. 무조건 축복할 일이 아니
다. 할 일 없이 병에 시달리면서 오래 산다는 건 축복이 아니라 저주
다. 이른바 '장수의 역설'이다. 낮은 출산율도 문제지만 대책 없는 고
령화도 심각하다. 나이든 이들은 종종 이렇게 중얼거린다. "다 부질없
구나. 인생 참 무상하다."

　무상無相은 불교 용어다. 눈을 깜빡이기 전과 후에 보았던 강물은 다
르다. 시간의 흐름에 따라 모든 것은 변화한다. 고정된 것은 없다. 그
래서 덧없다. 그러나 사람은 세상과 자연의 이치를 거부한다. 지금 가
진 재산과 지위, 젊음에 집착한다. 아서라, 욕심이란 애초에 채울 수

없는 것이다. 욕심이 커지면 괴로움만 커질 뿐이다.

신화의 세계와 비교할 때 인간의 시간 개념은 참으로 하찮다. 특히 인도 신화에서 그렇다. 시간 단위가 상상을 초월한다.

신화는 뚝딱 만들어진 것이 아니다. 오랜 시간에 걸쳐 다듬고 또 다듬어졌다. 내용이 보태지고 삭제되기도 했다. 때문에 같은 이야기라도 여러 버전이 존재한다. 인도 신화 또한 다양한 버전이 있다. 신들마다 한 번쯤은 세상을 창조한 이력이 있다. 세상을 창조한 방법도 다양하다. 그중 하나인 브라흐마의 창세 신화를 들여다보자. 브라흐마에 대해서는 뒤에서 다시 다룬다. 일단 힌두교의 신 중 하나라고만 알아두자.

브라흐마는 낮에 우주를 창조한다. 이 우주의 수명이 43억 2,000만 년이다. 이 기간이 지나 밤이 되면 브라흐마는 잠든다. 이때 우주는 해체되어 브라흐마의 몸에 흡수된다. 이 사실을 아는지 모르는지 브라흐마는 계속 잠만 잔다. 무려 43억 2,000만 년 동안이나. 이 기간에 우주는 존재하지 않는다. 태초의 혼돈 상태로 돌아간 셈이다.

브라흐마가 기지개를 켠다. 이어 우주를 다시 창조한다. 새로 창조된 우주는 다시 43억 2,000만 년 동안 지속된다. 그 다음은? 브라흐마가 잠들면서 세상이 해체된다. 이런 식으로 이 세상을 포함한 우주는 창조, 유지, 해체를 무한 반복한다.

43억 2,000만 년. 실로 상상하기 힘든 시간이다. 게다가 이 시간은 계속 반복된다. 흥미로운 점이 있다. 지구가 탄생한 것이 45억 년 전이다. 브라흐마가 창조한 세상의 수명과 비슷하다. 과학과 신화가 묘하게 일치한다. 이 신화를 만든 이가 지구의 기원을 알았던 걸까? 모를 일이다.

어마어마한 숫자의 세계를 조금 더 들여다보자. 브라흐마의 수명은 대략 1,000년이다. 하루 단위로 계산하면 36만 5,000일이 된다. 그런데 브라흐마는 인간의 시간 단위로 43억 2,000만 년을 깨어 있고, 다시 43억 2,000만 년을 잔다. 낮과 밤을 합쳐서 86억 4,000만 년, 이게 브라흐마의 하루다. 여기에 36만 5,000을 곱한 어느 날 창조와 유지, 해체의 반복이 완전히 멈추게 된다. 우리가 살아가고 있는 이 세계는 과연 몇 번째 세계일까?

인도 신화의 시간은 인간으로서는 상상하기 힘들다. 백 년을 못 사는 인간의 삶이란 티끌에 불과하다. 하지만 초현실적으로 긴 브라흐마의 생애 어딘가에 우리 각자의 삶이 놓여 있다. 그 순간이 모여 43억 2,000만 년을 완성한다. 인간의 수명은 짧지만, 생은 영원하다.

이왕 머리가 복잡해진 김에 조금만 더 깊어 들어가보자. 브라흐마의 하루를 따로 칼파^{kalpa, 겁(劫)}라고 부른다. 그러니까 우주의 창조, 유지, 해체가 이루어지는 한 사이클이 1칼파다. 1칼파는 다시 1,000번의 마하유가^{mahayuga}로 구성된다. 1칼파가 43억 2,000만 년이니, 1마하유가는 432만 년이 된다.

1마하유가는 다시 4개의 유가^{yuga}로 나뉜다. 첫째는 크리타 유가인

• 브라흐마 비슈누, 시바와 함께 인도 신화의 세 주신(主神) 가운데 한 명이다. 베다를 경전으로 삼아 발달한 고대 인도 종교인 브
  라만교에서 창조를 주재한다.

데, 낙원의 시대를 뜻한다. 이 시기에는 도덕이 절로 지켜지기에 정의만 존재한다. 행복만 있고 불행은 없다. 인간의 수명이 무려 400세에 이른다. 하지만 둘째 트레타 유가, 셋째 드와파라 유가를 지나면서 도덕이 희미해진다. 정의도 쇠퇴하고 인간의 고통이 점점 커진다. 그러다가 마지막 넷째 칼리 유가에 이른다.

칼리 유가는 지금 이 시간, 즉 현재를 뜻한다. 신화와 현실이 만나는 지점이다. 칼리 유가 때는 불법과 갈등, 전쟁이 횡행한다. 사람들의 고통과 공포가 커진다. 막바지에 이르면 큰불과 홍수가 일어나고 결국 세상은 멸망한다.

칼리 유가가 끝났다고 해서 우주가 파괴되는 것은 아니다. 자정 기간을 거친 뒤 세상은 다시 크리타 유가로 돌아간다. 새 출발이다. 이렇게 1,000번을 반복하면 1칼파가 끝난다. 브라흐마는 잠에 빠져들고 우주는 해체된다. 물론 이미 말한 대로 브라흐마가 43억 2,000만 년의 잠에서 깨면 우주는 새롭게 창조된다.

인도의 창조 신화를 접하다 보면 우리 인간 세계의 시간이란 초라하기 짝이 없다. 티끌 같은 삶을 살면서 네가 옳네, 내가 옳네, 목소리를 높이는 일이 민망하다. 이 신화에서 나는 겸허를 배운다. 티끌에 불과하지만 그래도 이 세상에 조금이나마 기여하는 티끌이 되고 싶다. 내 삶에 더 충실하자고 마음먹게 된다.

이 창조 신화를 보고 지레 신화에 질렸다고 할 독자가 있을 것 같다. 다른 신화에서도 창조 이야기에 이렇게 무지막지한 숫자가 등장할까?

그렇지는 않다. 대체로 '옛날, 아주 먼 옛날~' 하는 식으로 시작한다. 인도 신화처럼 수십억 년 단위의 시간이 예사로 등장하지는 않는다.

이번에는 공간 이야기를 해보자. 신들은 어디에 살까? 저 하늘 위? 틀린 대답은 아니다. 대부분의 신화에서 신들은 천상 세계에서 산다. 물론 저승을 다스리는 신은 대개 지하 세계에서 산다. 인간 세계에서 인간들과 함께 사는 신은 별로 없다.

초현실적인 시간 개념을 인도 신화에서 경험했다면, 가장 상상력이 풍부한 공간 개념은 북유럽 신화에서 볼 수 있다. 신과 거인, 인간, 소인, 몬스터 등의 영역이 잘 구분되어 있다.

북유럽 신화에 앞서 일본의 애니메이션 이야기를 해야 할 것 같다. 바로 〈진격의 거인〉이다. 식인 거인과의 싸움을 다룬 판타지 작품이다. 만화는 2009년 출간되었다. TV와 극장용 장편 애니메이션으로도 제작되었고, 게임으로도 만들어졌다. 국내에서도 상당히 인기를 끌었다.

장면은 상당히 자극적이다. 식인 거인의 모습 자체가 시각적으로 상당히 거슬린다. 표정과 동작이 모두 혐오스럽다. 그들이 사람을 씹어먹는 장면은 역겹다. 하지만 스토리나 구성은 꽤 탄탄하다. 대단한 상상력이다……. 애니메이션을 보면서 그렇게 생각했다.

알고 보니 북유럽 신화가 이 작품의 모티프다. 북유럽 신화에 등장하는 태초의 거인은 악하다. 〈진격의 거인〉에 등장하는 거인 또한 악하다. 이 작품에 등장하는 거인의 조상 이름도 북유럽 신화의 거인 이름과 비슷하다. 더 흥미로운 점은 이 작품의 공간 설정에서 찾을 수 있다. 작품 전반부에 어린 아이들이 이런 대화를 나눈다. "저 벽 너머의 바깥세상은 여기보다 훨씬 넓을 거야. 불꽃과 얼음의 세상도 있대."

〈진격의 거인〉의 공간적 배경을 보자. 인간들은 거대한 벽 울타리를 치고 그 안쪽에 산다. 벽 바깥쪽에는 식인 거인들이 산다. 벽 안쪽 세계는 다시 둘로 나뉜다. 중심부에는 귀족과 왕족이, 외벽과 가까운 쪽에는 서민들이 산다. 권력층은 안전지대에, 서민들은 위험 지대에 거주하는 것이다. 신분 차가 극명하게 드러난다.

북유럽 신화에서 세계는 9개의 나라로 구성되어 있다. 이 가운데 핵심이 아스가르드, 미드가르드, 요툰헤임 세 나라다. 헤임^{heimr}과 가르드^{gardr}는 언덕, 동산, 영역, 지역, 땅을 의미한다. 따라서 아스가르드는 아스 신족의 땅, 미드가르드는 인간이 사는 중간 영역, 요툰헤임은 거인의 땅이 된다. 세 나라의 배치가 〈진격의 거인〉과 같다. 맨 바깥쪽이 거인의 땅이고, 중간 완충 지대가 인간의 땅이며, 신의 성채는 가장 안전한 맨 안쪽이다.

집과 회사 혹은 집과 학교만 오간다면 삶이 정말 지루할 것이다. 때로는 중간에 선술집도 들르고, 영화관에 가거나 쇼핑도 해야 한다. 가끔은 일상에서 벗어나 멀리 여행도 떠나야 한다. 이 모든 공간이 우리 삶에 필요하다. 신화적 공간도 비슷하다. 3개의 나라만 있으면 지루하다. 나머지 6개의 나라가 선술집이나 영화관, 백화점, 여행지 역할을 한다. 또 다른 신족의 나라, 몬스터의 나라, 요정의 나라, 못생긴 소인들의 나라, 얼음의 나라 니플헤임, 불의 나라 무스펠헤임이 그것들이다. 이 가운데 니플헤임은 죽음과 통한다. 그래서 저승 혹은 황천을 뜻하기도 한다. 니플헤임을 다스리는 여신이 헬^{Hel}이다. 지옥을 뜻하는 영어 단어 hell이 여기에서 비롯되었다.

모든 나라는 이그드라실이라는 세계수^{世界樹, 우주를 지탱하고 생명의 원천이 되는 거대한 나무}로 연결되어 있다. 세계 밖으로는 끝없는 바다가 흐른다. 인간 세상인 미드가르드는 지구를 감쌀 수 있는 큰 뱀으로 둘러싸여 있다. 정말 상상력이 끝이 없다!

북유럽 신화는 요즘 가장 핫한 신화로 꼽힌다. 전 세계가 북유럽 신화에 열광한다. 영화는 물론 게임과 애니메이션에서 끌어다 쓰지 못해 안달복달한다. 〈진격의 거인〉만이 아니다. 베스트셀러 판타지 소설이자 영화인 『반지의 제왕』도 북유럽 신화가 모티프다.

북유럽 신화에는 다른 신화에서는 좀처럼 찾아볼 수 없는 특이한 설정이 있다. 신들이 벌이는 최후의 전쟁, 라그나뢰크^{Ragnarök}다. '신들의 황혼'이라 부르는 라그나뢰크에서 신들은 모두 죽는다. 그리스 로마 신화의 제우스가 죽었다는 이야기를 들어본 적 있는가? 브라흐마는 아직도 창조, 유지, 해체의 과정 어딘가에 존재해 있다. 하느님도 천상 세계에 살아 있다. 하지만 북유럽에선 신들도 죽는다. 그것도 아주 비장하게 죽는다.

라그나뢰크의 결과는 종말이다. 하지만 완벽한 혼돈은 아니다. 브라흐마의 재창조가 예정되어 있는 것처럼 라그나뢰크 이후의 세계도 예정되어 있다. 새로운 신이 도래하고, 그 신에 의해 세상이 새로이 창조된다. 새로 창조된 공간은 과거의 세계보다 우월하다. 그러니 라그나뢰크는 공간의 재설정이다. 삶의 터전을 리셋하는 것이다.

절정기의 신록은 늦가을로 접어들면서 색을 잃는다. 냉혹한 추위는 고통을 안겨준다. 그 고통을 이겨내면 비로소 따스한 봄 햇살을 맞을 수 있다. 사람의 삶도 마찬가지다. 현재의 고통스런 삶을 견뎌내야 미래의 공간이 열린다. 북유럽 사람들은 이렇게 말했으리라. "지금은 냉혹한 추위와 싸워야 하지만, 이 또한 우리의 숙명이야. 이 고통을 견뎌내면 창창한 미래가 펼쳐지지 않겠어?"

맞다. 신화의 판타지 공간은 인간의 간절한 염원을 담아낸 그릇이다. 종말 이후의 세계를 기다린다는 것은 고통스러운 현실에서 벗어나 구원으로 나아가고자 하는 절실함에서 나온 상상력 가득한 기대다. 현재의 삶에 가장 충실해야 한다는 역설이다.

백 년을 못 산다고 해서 미래를 설계하지 않을 이유는 없다. 지금 내가 월세 집에 산다고 해서 대저택을 향한 희망을 버릴 이유도 없다. 허무맹랑한 꿈이라고 치부하지 말라. 그런 꿈을 품으며 우린 지금, 바로 이 순간을 열심히 살아간다. 신화가 우리에게 속삭인다. "상상력을 발휘해봐. 너만의 판타지를 만들어봐. 그게 바로 신화가 되니까 말이야."

정말로 지금이 타락한 시대일까?

인도 신화의 네 유가처럼 그리스 신화에도 시대 구분이 있다. 다섯으로 나눈다. 가장 먼저 황금시대. 이때는 자연을 상징하는 신들이 우주를 다스린다. 이 자연신의 시대는 제우스가 권력을 잡으면서 끝난다. 황금시대가 저물고 은의 시대가 시작된다. 이어 청동 시대, 영웅시대가 이어지고 마지막으로 철의 시대가 온다. 짐작했겠지만, 이 철의 시대가 바로 현재다.

인도 신화나 그리스 신화 모두 현재를 '타락한 시대'로 규정하고 있다. 범죄가 횡행하고 도덕은 실종했으며 전쟁이 끊이지 않는다. 오죽하면 신들마저 이 타락상에 진절머리를 내면서 인간으로부터 등을 돌렸겠는가?

신화는 상징일 뿐 그 자체가 현실은 아니다. 문제의 해결은 신이 아닌 우리의 노력에 달렸다. 하지만 상징이라며 무시하는 것도 옳지 않다. 그것은 경고다. 그 경고를 무심코 흘려듣는다면 정말로 종말이 올지도 모른다. 신화를 읽어야 하는 이유다.

2

고통 없는 창조는 없다

혼돈과 천지 창조 이야기

행복이 영원히 지속되는 상태를 상상해보라.

과연 기쁨과 충만함을 누릴 수 있을까?

고통과 역경이 있기에 행복의 의미를 깨달을 수 있다. 삶이란 그런 것이다.

뉴스 보기가 겁난다. 사건 사고가 끊이지 않는다. 패륜의 강도도 갈수록 높아진다. 선정적이고 잔인한 드라마나 영화가 아니라 뉴스를 '19금'으로 지정해야 할 판이다. 이런 뉴스를 접하며 자라는 청소년의 정신 건강이 걱정된다. 어르신들은 이렇게 말한다. "말세야, 말세. 이렇게 혼란스러운 적이 없었어."

틀린 말이 아니다. 하지만 무작정 혼란스럽기만 한 것은 아니다. 새로운 가치와 기존의 가치가 충돌하면서 일어나는 자연스러운 현상도 섞여 있다. 굳이 이름 붙이자면 혼돈이다. 혼돈은 새로운 출발을 향한 몸부림이자 진통이다. 그렇기에 혼돈은 역동적이다. 우리 시대의 여러 가지 모습과 현상을 목격하며 현기증을 느끼는 것도 어쩌면 그만큼 역동적이기 때문은 아닐까.

세계의 거의 모든 신화는 창세 신화로 시작한다. 세상을 창조하는 순서도 대체로 비슷하다. 먼저 태초의 혼돈이 있다. 이 혼돈이 깨지면서 천지 창조가 이루어진다. 그다음에는 인간을 비롯한 생명체가 탄생한다.

북유럽 신화를 보자. 여기서 태초의 혼돈은 무無와 공허 혹은 암흑과 나락으로 묘사된다. 무중력 상태의 캄캄한 우주와 비슷하다. 어디가 시작이고 어디가 끝인지, 위는 어디고 아래는 어디인지 분간할 수 없다. 너무 깊어서 그 끝을 알 수 없는 수렁, 빛의 부스러기조차 보이지 않는 암흑……. 이 수렁에 떨어진다면 언제 바닥에 닿을지 알 수 없다. 북유럽 사람들은 이 태초의 혼돈을 '입을 쫙 벌린 심연긴눙가가프(Gin-nungagap)'이라 불렀다.

오랜 시간이 흘렀다. 북쪽 얼음 나라 니플헤임에서 발생한 서리와 얼음이 남쪽 불의 나라 무스펠헤임에서 발생한 불꽃 열기와 만났다. 얼음이 녹아 물방울이 되었고, 물방울은 끝을 알 수 없는 골짜기로 흘렀다.

다시 한참의 시간이 흘렀다. 물방울이 녹아내리면서 마침내 생명체가 잉태되었다. 거인 이미르다. 생명의 탄생. 하지만 갈 길이 멀다. 깊은 잠에 빠진 이미르는 좀처럼 깨어나지 못했다. 이 무렵 거대한 암소 아우둠라가 이미르와 같은 방식으로 탄생했다. 이미르는 잠을 자면서 그 암소의 젖을 먹었다. 그러면서 비질비질 땀을 흘렸다. 그때마다 그의 겨드랑이와 사타구니에서 거인들이 태어났다. 이미르의 땀에는 치명적인 독이 들어 있다. 때문에 그 땀에서 태어난 거인들은 선천적으로 사악하다.

암소 아우둠라가 얼음 덩어리를 핥기 시작했다. 얼음 속에서 또 다른 신이 모습을 드러냈다. 그 신의 이름은 부리다. 부리는 거인족의 딸을 아내로 맞았고, 얼마 후 아들 보르를 낳았다. 이어 보르는 오딘, 빌리, 베 3형제를 낳았다. 족보가 복잡하다고? 굳이 외우지 않아도 좋다. 다만 보르의 장남 오딘의 이름만큼은 기억해두자. 오딘은 북유럽 신화의 최고신이다.

여러 신들이 탄생했지만, 아직 세상은 존재하지 않았다. 거인 이미르는 잠을 자면서 땀을 흘렸고 악한 거인들만 탄생시켰을 뿐이다. 나머지 신들도 자식을 낳기만 했다. 그렇다면 누가 세상을 창조했을까? 바로 오딘 형제다. 세 신은 세상을 창조할 재료를 물색했다. 그때 세 신의 눈에 띈 것이 거인 이미르다. 오딘 형제는 거인 이미르를 죽였다. 이어 그 시신으로 세상을 창조하기 시작했다.

먼저 이미르의 몸통으로 대지를 만들었다. 이미르의 머리털로는 숲을, 이빨로는 바위와 돌을 만들었다. 이미르의 두개골로 하늘을 만든 후 불꽃 나라에서 온 불똥을 잡아 태양과 달, 별을 만들었다. 시신에서 빠져나온 피는 바다가 되었다. 이렇게 해서 이 세상이 탄생했다. 누군가를 살해해서 세상을 창조하다니. 북유럽 사람들, 정말 무섭다. 이런 신화를 만들어내다니 말이다.

중국의 혼돈과 천지 창조 과정은 어떨까? 중국 신화도 잔인할까? 일단 보자.

북유럽 태초의 혼돈은 완벽한 무 혹은 공허함에 가깝다. 중국은 아니다. 중국 신화에서 혼돈은 생김새가 있다. 날아다니는 새와 비슷하게 생겼다. 자세히 보면, 물론 새가 아니다. 혼돈은 4개의 날개와 6개의 다리를 가지고 있다. 몸뚱어리는 빨간색이었다. 더 괴이한 사실. 얼굴 자체가 없다!

얼굴이 없다는 건 상징이다. 어떤 감각도 느낄 수 없다는 뜻이다. 얼굴이 없으니 당연히 눈, 귀, 코, 입 같은 감각 기관이 없다. 앞을 볼 수도, 소리를 들을 수도, 냄새를 맡을 수도, 말하거나 먹을 수도 없다. 그러니 혼돈은 존재하면서도 존재하지 않는, 이상한 존재다. 생김새가 있다고는 하나 북유럽 신화의 혼돈처럼 캄캄하고 고요한 먹통이다.

중국 신화의 혼돈은 신으로 대접받는다. 신이니 이름도 있다. 제강^{帝江}이다. 제강은 춤과 노래를 잘했다고 한다. 논리상의 오류다. 보지도, 듣지도, 말하지도 못하는 존재가 어찌 춤과 노래를 즐긴단 말인가?

여기서 잠깐. 신화에 지나치게 논리적 잣대를 들이대서는 안 된다. 신화를 읽는 까닭은 논리력을 키우기 위해서가 아니다. 상징과 문화의 원형을 찾으려고, 나 자신을 돌아보고 삶의 지혜를 얻으려고 신화를 읽는 것이다. 그러니 논리력보다는 상상력이 필요하다.

제강이 춤과 노래를 한다고 설정한 이유가 있을 것이다. 어쩌면 고대로부터 인간이 가무를 즐겼다는 상징이 아닐까? 해석이 필요해 보인다. 혼돈의 신이 춤을 추고 노래를 했다? 혼돈이 그만큼 역동적이라는 의미가 담긴 것은 아닐까? 북유럽 신화의 혼돈보다 훨씬 적극

제강

적이다. 중국의 혼돈은 텅 비어 있는 공허가 아니다. 끝없는 암흑도 아니고, 완전히 멈추어버린 시공간도 아니다. 중국의 혼돈은 도약을 위한 몸 풀기다. 나아가 새로운 질서를 위한 진통이다.

아직 아무것도 창조되지 않은 이 우주에 혼돈의 신 제강만이 유일한 존재였다. 그러던 중 불쑥 두 친구가 등장한다. 그들의 이름은 숙儵과 홀忽. 한자를 풀이해보면 둘 다 '빠름'이란 의미를 갖고 있다. 느리게 흘러가는 시간 속에 갑자기 빠름이 등장한 게 좀 이상하다. 아닌 게 아니라 사태가 급변했다. 두 친구는 제강에게 감각 기관이 없는 점을 몹시 안타까워했다. 제강의 몸에 구멍만 낸다면 볼 것도 보고, 숨도 쉬고, 맛있는 것도 먹을 수 있는데…….

두 친구는 제강의 몸에 구멍을 내기 시작했다. 하루에 한 개씩. 7일이 지나자 제강의 몸에 7개의 구멍이 뚫렸다. 이제 제강도 감각의 기쁨을 누릴 수 있게 됐을까? 아니다. 모든 구멍이 뚫리는 순간 제강은 죽어버렸다. 이렇게 혼돈은 종말을 맞았다. 예나 지금이나 과도한 친절

은 때로 독이 된다. 이 신화에서 배우는 곁가지 교훈이다.

두 친구의 행동이 부적절했을까? 그건 아니다. 당연한 흐름이다. 시간의 속성이란 게 원래 그렇다. 째깍째깍 흘러가는 걸 누가 막을 수 있겠는가? 숙과 홀이 하지 않았더라도 누군가는 혼돈의 몸에 구멍을 뚫어야 했다는 뜻이다. 그래야 혼돈의 시대가 끝날 테고, 혼돈이 끝나야 천지개벽이 이루어질 테니까 말이다. 제강의 사망은 비극이 아닌, 필연적 사건이다.

혼돈의 신 제강은 오지랖 넓은 친구들 때문에 죽었다. 혼돈이 죽었으니 자연스럽게 천지 창조의 이야기로 이어질 것 같지만 그렇지는 않다. 신화는 완벽하게 플롯이 짜인 장편 소설이 아니다. 시간이 흐르면서 어떤 이야기는 삽입되고 어떤 이야기는 사라진다. 중국의 유명한 천지 창조 스토리는 제강의 죽음에서부터 시작하지 않는다.

새로운 혼돈이 등장한다. 물론 본질은 제강과 다르지 않다. 단, 모양새는 다르다. 이 혼돈은 알처럼 생겼다. 알이란 게 원래부터가 생명을 잉태한 그릇이니 적절한 설정이다. 바로 이 알 속에 생명체가 있었다. 그 생명체는 북유럽 신화의 이미르처럼 거인이었다. 반고다. 그 또한 언제 깨어날지 모르는 깊은 잠에 빠져 있었다. 반고가 잠을 잔 시간은 무려 1만 8,000년이다.

마침내 반고가 잠에서 깨어났다. 반고가 기지개를 켜자 혼돈의 알이 툭툭 소리를 내며 깨졌다. 알 안에 갇혀 있던 혼돈의 기운이 두 개로 갈라졌다. 맑은 기운은 위쪽으로, 탁한 기운은 아래쪽으로 방향을 잡

• 반고 중국 신화에 등장하는 최초의 인간(거인). 혼돈을 의미하는 알에서 튀어나와 하늘과 땅을 분리하고 해, 달, 별을 제자리에 배
치했으며, 바다를 넷으로 나누었다고 한다. 반고가 죽은 뒤 그의 거대한 시체에서 우주가 생성되었다. 북유럽 신화에서 잠자는 거인
이미르의 몸을 재료로 세상이 탄생한 것처럼 반고의 눈이 해와 달이 되었고 살이 흙이 되었으며 머리는 나무와 식물, 피와 땀은 강
물이 되었다. 그리고 중국 신화의 다른 버전에서는 반고의 몸에 들끓던 기생충이 인류로 변했다고 전한다.

았다. 그 기운은 각각 하늘과 땅이 되었다.

하늘과 땅 사이에 반고가 섰다. 반고는 발로는 땅을 딛고 머리로는 하늘을 받쳤다. 힘겹다. 하지만 어쩔 수 없다. 그렇게 하지 않으면 애써 갈라놓은 하늘과 땅이 다시 하나로 합쳐질 테니까. 이 상태로 영겁과도 같은 시간이 흘렀다. 그 사이에 하늘은 매일 1장약 3미터씩 높아졌고, 땅은 1장씩 두꺼워졌다. 땅을 딛고 하늘을 받치려니 반고도 덩달아 매일 1장씩 커졌다. 그렇게 다시 1만 8,000년이 흘렀다. 어느새 하늘에서 땅에 이르는 거리가 9만 리가 되었다. 하늘과 땅이 다시 합쳐질 가능성은 없어 보였다. 드디어 하늘과 땅이 완성되었다!

1만 8,000년 동안 땅을 딛고 하늘을 받치려니 얼마나 힘들었겠는가. 제 역할을 끝낸 반고가 쿵 소리를 내며 쓰러졌다. 이후 놀라운 변화가 시작되었다. 반고의 시신이 해체되었다. 그의 눈은 하늘로 올라가 해와 달이 되었다. 그가 내쉬었던 숨결은 바람이 되었다. 반고의 살은 들판이 되었고, 피는 강물이 되었다. 이렇게 그의 몸이 모두 자연으로 변화했다. 천지가 개벽한 것이다.

이처럼 반고는 세상의 재료가 되기 위해 기꺼이 제 몸을 희생했다. 그는 죽어 대자연으로 다시 탄생했다. 이때까지도 인간이란 존재는 등장하지 않는다. 그러니 지구의 주인이 인간이라는 주장은 틀렸다. 우리는 자연으로부터 지구를 임대해 쓰고 있는 세입자일 뿐이다. 신화는 이렇게 진실을 에둘러 말한다.

중국의 천지 창조 스토리는 북유럽의 그것과 매우 흡사하다. 다른 점이 있다면, 중국 신화에서 반고가 스스로 죽음을 맞은 반면 이미르는 죽임을 당했다는 정도다. 이미르는 왜 희생을 강요당한 것일까? 중국보다는 북유럽의 삶이 더 혹독하고 척박했기 때문일 것이다. 그러니 더 투쟁적이고 격정적인 이야기가 만들어졌을 터. 게다가 중국과 동아시아에서는 자연을 무척 중히 여긴다. 그러니 반고가 자연으로 돌아갔다는 설정이 훨씬 자연스럽다. 자연을 대하는 태도는 서양과 동양이 사뭇 다르다. 동양에서는 자연을 친화의 대상으로 여기는 반면 서양에서는 자연을 정복의 대상으로 여긴다. 그러니 이미르가 스스로 자연이 되지 못하고, 신들이 능동적으로 세상을 창조했다는 설정이 더 자연스럽다.

또 하나의 공통점이 있다. 반고나 이미르 모두 거인이다. 여러 지역의 창조 신화에 이처럼 거인이 등장한다. 왜 거인일까? 그 이유에 대해서는 곧 살펴볼 예정이다. 조금만 기다리시라.

북유럽 신화의 혼돈에 비하면 중국 신화의 혼돈은 우화에 가깝다. 그렇다면 그리스 신화는 어떨까? 그리스 신화를 살펴보기에 앞서 이런 상황을 가정해보자. 브라질에 있는 나비가 날갯짓을 한다. 그 영향으로 미국 텍사스에 토네이도가 발생한다. 이게 가능할까? 물론이다. 명백한 과학적 사실이다. 이게 '나비 효과'다. 나비 효과는 혼돈 이론^{Chaos Theory}의 대표 사례로 꼽힌다. 혼돈, 즉 카오스는 그리스 신화에서 비롯되었다. 그리스 신화 태초의 혼돈이 바로 카오스다.

그리스 신화의 출발점도 카오스다. 카오스와 함께 대지의 여신 가이아가 나온다. 가이아에게서 거인 신들이 탄생하고, 이어 신들의 투쟁이 시작된다. 여기도 똑같이 거인들이 등장한다.

현대 세계에서 카오스 이론은 과학, 경제 등 거의 모든 분야에서 거론된다. 무질서해 보이는 것에도 나름의 질서와 법칙이 있다는 점을 인간들도 인정했다. 뭐, 인간이 그동안 무지했던 탓이다. 이런 질서와 법칙은 애초에 인간의 의지와 무관하게 존재해왔다. 다만 인간들이 그것을 무질서와 혼란이라며 외면했을 뿐이다.

모든 것의 출발은 혼돈이다. 혼돈은 창조의 씨앗이다. 말끔하고 단정한 마음은 안정적이지만 때론 열정과 동떨어져 있다. 내 안에 고여 있는 강물에 돌을 던져보라. 혹시 아는가? 작은 파장이 일면서 잠자고 있던 열정이 깨어날지. 낯섦과 새로움을 두려워하면 안주하게 된다. 혼돈을 경외해야 할 이유다. 그 혼돈으로부터 역사가 시작된다. 지금 혼돈스럽다고? 그 혼돈을 충분히 즐기자. 열 걸음 나아가기 위한 진통이니까!

구만리의 유래

"앞길이 구만리인데, 쯧쯧." 이런 말을 가끔 듣는다. 1리는 400미터에 조금 못 미친다. 9만 리라면 약 3만 5,000킬로미터. 지구 둘레가 4만 킬로미터니까 지구를 한 번 돌아야 미치는 거리다. 우리가 살아야 할 삶이 그만큼 깊고 험하니 이런 표현을 썼을 것 같다.

구만리는 반고 신화에서 비롯된 표현이다. 구만리는 하늘과 땅 사이의 거리를 뜻한다. 도달할 수 없을 것 같은 아득하게 먼 거리다. 인생이 구만리라는 표현은 인생이 가볍지도 짧지도 않다는 뜻을 담고 있다.

신화뿐 아니라 동양 정서에서 아홉을 뜻하는 '구'는 완벽한 숫자로 여겨진다. 9를 넘는 수는 없다. 10은 새로운 시작이다. 그러니 하늘을 구천(九天)이라 부른다. 이런 의미에서도 구만리는 영원히 도달할 수 없는 지점을 뜻한다. 어쨌거나 우리 인생은 이처럼 끝이 없다. 어떻게 사느냐에 따라 인생이 결정될 뿐!

3

인간은 자연을 배신하고 있지 않나?

거인 신화가 의미하는 것

•

신화 속의 거인은 척박하고 두려운 자연을 상징한다.
초기 신화의 주역이었던 거인들이 몰락하고 인간형 신들이 득세함으로써
인류는 자연에 대한 경외심을 잃어버렸다.

인간이 자연을 떠나 살 수 있을까? 단언컨대 불가능하다. 그런데도 인간은 오만하다. 자연을 정복의 대상으로만 여긴다. 파괴하고 변형한다. 지난 수백 수천 년 동안 그랬다. 결국 부메랑이 되어 돌아왔다. 이제는 인류의 생존마저 위태로워질 것이란 경고가 나온다.

이 경고는 절대 엄포가 아니다. 플라스틱 빨대가 콧구멍에 박힌 거북이 깊은 바다에서 발견되었을 때, 북극의 빙하가 속절없이 녹아내리고 있을 때, 처치하지 못한 쓰레기 더미가 산맥을 이룰 때, 자연의 일부인 동식물이 하나둘 자취를 감출 때, 우리는 그 경고가 재앙으로 나타날 수 있다는 두려움을 느껴야 한다.

고대 인류가 왜 신화를 만들었을까? 신들을 경배하기 위해서였다.

그래야 인간의 삶이 무탈할 거라 여겼다. 강물이 범람하는 홍수, 바닥이 쩍쩍 갈라지는 가뭄, 지상을 불태운 천둥 번개……. 그 모든 자연재해가 일어나는 이치를 인간들은 알지 못했다. 이치를 모르니 대책을 세울 수도 없었다. 그저 두려워하면서 기도할 뿐.

고대 인류에게 자연은 그 자체로 절대자이자 신이었다. 그들은 만물에 영혼이 깃들어 있다고 믿었다. 그래서 사소한 풀잎도 함부로 대하지 않았다. 자연의 구성 요소 하나하나가 모두 신이니까 말이다. 아, 왜 반고와 이미르가 거인으로 묘사됐는지 이제야 수수께끼가 풀리는 것 같다. 자연이 그만큼 위대하다는 상징이다. 작디작은 인간과는 견줄 수 없는 그 거대함이란.

유대인들의 신화를 히브리 신화라 한다. 히브리 신화는 그 어떤 신화보다 종교적 색채가 강하다. 야훼라는 신이 7일 만에 세상을 창조하고 인간을 빚어낸다. 창조에 따르는 고통은 없다. 거인 이야기도 등장하지 않는다. 사실 그럴 필요도 없다. 신의 의지로 모든 일이 해결되니까.

고등 종교라는 유일신 종교가 생기면서 인간들은 자연을 낮잡아보기 시작했다. 자연과 만물에 영혼이 깃들었다는 생각이나 그것들이 모두 신이라는 자연신 사상은 이단처럼 여겨졌다. 인간들은 절대자 신을 얻었지만 자연신을 잃었다!

그리스 신화에도 거인들이 등장한다. 그들은 오랜 시간에 걸쳐 투쟁한다. 여러 버전 중에서 가장 널리 알려진 그리스 창세 신화를 들여다보자.

태초의 혼돈 카오스가 시초다. 그 카오스로부터 여러 신이 탄생했다. 암흑^{에레보스}, 밤^{닉스}, 지하 세계^{타르타로스}, 죽음^{타나토스}, 애정^{필로테스}, 운명^{모이라이}……. 짐작했겠지만 대부분의 신이 자연 현상을 상징한다.

카오스와 비슷한 시기에 대지의 신 가이아도 탄생했다. 이 가이아로부터 세상이 비롯되었다. 가이아는 무성 생식을 통해 산맥, 별과 같은 자연을 출산했다. 가이아가 낳은 신들 중에서 특히 기억해야 할 신이 있다. 하늘의 신 우라노스다. 그러니까 그리스 신화에서는 대지^{가이아}가 먼저 생겨났고, 이어 하늘^{우라노스}이 생겨났다.

가이아는 우라노스와의 사이에서 열두 명의 거인 신, 티탄족을 출산했다. 물론 이들 또한 자연을 상징한다. 이를테면 오케아노스는 대양의 신이었고, 레아는 풍요의 신이었다. 모든 티탄 신을 기억하지 않아도 좋다. 딱 한 신, 티탄 신의 막내인 크로노스만 기억해두자.

크로노스는 농경의 신이었다. 어? 인간이 존재하지 않던 시대가 아닌가? 그런데 농경이라니? 신화가 상징의 세계라는 사실을 잊지 마시라. 인류가 구석기 시대를 거쳐 신석기 시대에 농경 생활을 시작했듯이 신들도 '진화'한다. 인류의 역사가 신화에 투영된 셈이다.

이를 알 수 있는 사실이 또 하나 있다. 모든 신의 어머니는 가이아다. 그렇다면 신의 아버지는 우라노스인가? 그렇게 부를 수도 있겠다. 하지만 엄밀히 말하면 우라노스는 가이아의 아들이다. 따라서 최초의

그리스 초기 신 계보도 1

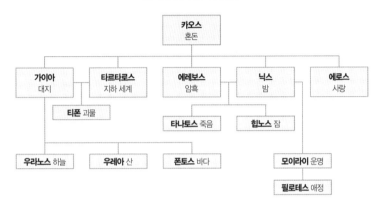

그리스 초기 신 계보도 2

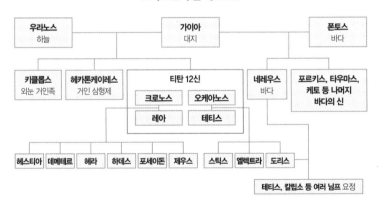

아버지는 없는 셈이다. 원시 시대는 모계 사회였다. 종족 보전을 위해서는 아버지보다 어머니의 존재감이 더 묵직했고 실제로도 훨씬 중요했다. 이런 이유로 여러 신화에서 최초의 신이 여성으로 설정되어 있다. 이 또한 역사의 반영이다.

가이아는 그 후에도 여러 신을 더 출산했다. 아이들의 아버지는 한 명이 아니다. 뒤죽박죽. 일일이 기억할 필요는 없다. 다만 이때 출산한 신들이 모두 괴물이란 점은 알아두자. 눈을 하나만 가진 거인 키클롭스 3형제가 먼저 태어났고, 이어 천둥, 번개, 벼락과 같은 신들이 태어났다. 100개의 팔과 50개의 머리를 가진 거인 괴물도 태어났다.

거인에 이어 괴물이라……. 모든 신의 어머니 가이아는 왜 온전한 신이 아니라 거인과 괴물을 낳은 것일까? 경외와 두려움은 종이 한 장 차이다. 어쩌면 동전의 양면 같은 것이기도 하다. 통제하는 것조차 힘들다. 요즘도 그러지 않는가? 우리가 통제하지 못하는 사람들을 우리는 괴물이라 부른다. 이런 정서가 아마도 신화에 반영되었을 것이다.

시대가 흐르면서 모계 사회는 부계 사회로 바뀌었다. 이 역사가 그대로 신화에 반영된다. 우라노스가 어머니이자 아내인 가이아에게서 권력을 빼앗고 최고신의 지위에 올랐다. 주정뱅이 아빠처럼, 권력을 잡은 우라노스는 독재자가 되었다. 괴물 자식들을 모두 지하 세계인 타르타로스에 가두었다. 자신이 어머니로부터 권력을 빼앗았듯이 그 괴물들이 자신의 권력을 빼앗을까 봐 두려웠던 거다. 원시 평등 사회의 끝을 알리는 대목이다. 계급 사회가 시작됐고 권력 투쟁이 본격화했다. 신들이라고 다르겠는가?

대자연의 어머니 가이아가 속수무책으로 당하지는 않았다. 가이아는 티탄 신들의 막내인 크로노스를 부추겨 반란을 일으키게 했다. 성공했다. 크로노스가 아버지 우라노스를 끌어내리고 권력을 잡았다. 우라노스가 저주를 퍼부었다. "너도 자식에게 쫓겨나고 말 것이다!"

크로노스도 독재자가 되었다. 그러니 자식의 반란이 늘 걱정이었다. 위협은 미리 제거하자! 아내 레아가 출산할 때면 옆에 지키고 서 있다가 아이가 세상에 나오면 꿀꺽 삼켰다. 하데스와 포세이돈이라는 남자 신, 헤스티아와 데메테르, 헤라라는 여자 신을 삼킨 데 이어 여섯째 제우스까지 삼키려 했다. 레아는 막내마저 죽일 수는 없었다. 아기를 돌덩이로 바꿔놓았다. 멍청한 크로노스는 그 돌덩이를 삼킨다. 레아는 제우스를 크레타섬의 동굴로 데려가 몰래 키웠다.

필연이란 흐름을 바꿀 수는 없다. 크로노스 또한 자식들의 반란에 직면하고야 말았다. 성장한 제우스가 어머니 레아, 할머니 가이아의 지원을 등에 업고 봉기했다. 우선 크로노스의 음식에 구토제를 넣어 형과 누나 다섯 모두를 토하게 했다. 제우스를 포함해 이들 여섯 신이 주축이 돼 거인들과 전쟁을 벌였다. 이 전쟁이 그리스 신화 초기에 발발한 최대 사건인 티탄 전쟁이다.

전쟁은 제우스 진영의 승리로 끝났다. 크로노스와 거인 신들을 모두 제압한 후 제우스는 최고신의 지위에 올랐다. 제우스는 신들에게 역할

• 크로노스 하늘의 신 우라노스와 대지의 여신 가이아 사이에서 태어난 티탄족 12신 가운데 막내다. 아버지 우라노스를 거세하고 티
  탄족의 지도자가 된다. 손에 들고 있는 것은 낫으로, 우라노스를 거세할 때 사용한 것인 동시에 크로노스가 농업과 관련이 있음을
  드러낸다. 우라노스와 마찬가지로 자식들의 반란을 막기 위해 집어삼켰으나, 아내인 레아의 기지로 화를 면한 제우스에 의해 권좌
  에서 물러난다. 로마인들은 농업의 신인 사투르누스와 크로노스를 동일시했다.

을 나누어주었다. 그 자신은 하늘을 다스렸다. 하데스는 지옥의 신이 되었고, 포세이돈은 바다의 신이 되었다. 여자 형제 중 맏이인 헤라는 제우스의 아내이자 여신의 왕이 되었다. 데메테르는 대지의 여신, 헤스티아는 화로의 여신이 됐다.

하데스를 뺀 나머지 신들은 올림포스 산에서 살았다. 이들과, 제우스의 자식을 합쳐 중요한 열두 신을 올림포스 12신이라 불렀다. 올림포스 시대가 열리면서 거인 시대는 종식됐다.

이 또한 상징적인 사건이다. 올림포스 신들은 인간처럼 생각하고, 인간처럼 먹고 마시며, 인간처럼 감정적으로 행동한다. 그런 신들이 자연을 뜻하는 거인 신들을 제압했다면? 인류가 자연의 일부가 아니라 자연을 극복하고 통제하는 시대로 접어들었다는 뜻으로 해석할 수 있다. 분명 위대한 발전이다. 하지만 동시에 자연을 경시하는 풍조의 출발점이기도 하다.

티탄 전쟁에서 살아남은 거인들은 이후에도 핍박을 당한다. 거인 중 한 명인 아틀라스는 티탄 신족을 지지했다는 이유로 영원히 지구를 떠받치는 형벌을 받았다. 살아남은 자의 슬픔이라 해야 할까? 거인들은 여전히 악惡의 축으로 배척된다. 대자연은 그만큼 두려운 존재다. 그러니 거인의 손발을 꽁꽁 묶고 싶었을 것이다. 물론 불가능한 일이다.

원시 인류와 고대 인류에게 생존은 절체절명의 과제였다. 그러니 자연의 수많은 신들에게 빌고 또 빌었다. 식량을 넉넉히 주시고, 야생 동물로부터 보호해주소서. 우리 자식들의 생명을 지켜주시고 함부로 앗아가지 마소서……. 자연신 신화의 맥박이 약해진 지금, 우리는 누구에게 이 소원을 빌어야 할까? 유일신 종교의 절대자에게 빌면 소원을 들어줄까? 복잡하고도 어려운 문제다.

거인들은 사라졌다. 거인들은 자신을 희생해서 이 세계를 만들었다. 그러나 거인의 명맥은 끊임없는 순환을 통해 지금도 이어지고 있다. 우리를 둘러싸고 있는 이 자연이 바로 거인들의 피와 살이니 말이다. 그들은 죽어서까지 인간에게 은혜를 베풀고 있다. 혹시 우리는 그 은혜를 원수로 갚고 있는 건 아닐까? 곰곰이 생각해볼 일이다.

이야기를 끝내기 전에 다른 지역의 창세 신화를 마저 살펴보려 한다. 거인 신화가 등장하는 신화로는 어떤 것이 있을까? 사실 이미 말한 대로 대부분의 지역에 거인 신화가 존재한다. 그중에서 인도의 신화를 보자. 반고나 이미르 스토리와 비슷하다.

인도 신화에서 태초에 존재했던 거인의 이름은 푸루샤다. 푸루샤는 거인이면서 동시에 최초의 인간이다. 푸루샤는 반고와 이미르의 운명을 따라갔다. 푸루샤 이전에 태고의 신이 존재했는데, 그 신이 푸루샤를 해체해서 세상을 창조했다. 해체된 푸루샤의 눈에서 태양이, 심장에서 달이 탄생했다. 머리에서 하늘이 나오고 다리에서 땅이 나왔다. 배꼽은 하늘과 땅 사이의 대기가 되었다.

이 창세 신화는 여기에서 끝나지 않는다. 곧바로 인간 창조 작업으로 이어진다. 신은 푸루샤를 다시 네 개의 토막으로 나누었다. 입에

처음을 돌아보다

서는 브라만, 팔에서는 크샤트리아, 허벅지에서는 바이샤, 발에서는 수드라가 나왔다. 이 넷은 힌두교 카스트 제도에서의 네 신분을 뜻한다. 인도 신화에서는 거인이 자연을 넘어 인간 탄생의 자양분이 된 셈이다.

우리나라에도 거인이 등장하는 창세 신화가 있다. 이 창세 신화는 무속에서 전승된 것이다. 지역별로 버전이 약간씩 다르다. 가까운 중국의 반고 이야기와 비슷한 점도 있고 다른 점도 있다. 일단 다른 점에 주목해보자. 첫째, 우리 신화에서 거인은 남자가 아니라 여자다. 둘째, 이 여자 거인은 세상을 창조하는 재료가 아니다. 여자 거인이 직접 세상을 창조한다. 그녀의 이름은 마고 혹은 마고할미다.

마고할미도 반고와 이미르처럼 태초의 혼돈 상태에서 등장한다. 그녀는 깊은 잠에 빠져 있었다. 그동안에 하늘이 땅으로 떨어졌다. 오랜 시간이 지나 마고할미가 잠에서 깼다. 늘어지게 기지개를 켜니 쩍 소리와 함께 땅에 떨어져 있던 하늘이 다시 공중으로 올라갔다.

하늘과 땅이 창조됐으니 후속 작업에 들어간다. 이 과정은 상당히 코믹하다. 마고할미가 오줌을 싸자 강물과 바다가 되었다. 손가락으로 땅을 긁었는데, 손가락 사이로 흙이 삐져나갔다. 그 흙은 곧 산맥이 되었다. 먹을 게 없어서 산을 뽑아 먹었는데 맛이 없다. 퉤, 뱉었는데 큰 덩어리는 북쪽으로 가서 백두산이 되고, 작은 덩어리는 남쪽으로 가서 한라산이 되었다.

제주도 창세 신화에도 설문대할망이란 거인 여신이 등장한다. 이 창세 신화도 코믹하다. 그녀가 오랜 잠에서 깨어난 뒤 가장 먼저 한 일은 방귀를 뀌는 것이었다. 그러자 요란한 소리와 함께 세상이 창조되었다. 여기에도 오줌이 등장한다. 그녀의 오줌이 바다와 바다 속 생물이 된다. 거인 여신은 바다 속의 흙을 삽으로 떠서 제주도를 만든다.

북유럽 신화나 중국 신화처럼 비장미는 느껴지지 않는다. 그래도 좋다. 우리에게도 이런 창세 신화가 있다는 사실이 더 중요하다. 단군 신화나 삼국의 건국 신화만 있는 게 아니란 이야기다. 하지만 이러한 전통 신화가 존재한다는 사실을 아는 한국인이 몇이나 될까? 우리 전통 문화를 복원하는 일에도 관심을 기울여야 할 것이다.

또 다른 판타지, 소인들의 세계

신화에서는 거인의 대척점에 소인이 있다. 거인 이야기가 거의 모든 신화에 존재하듯 소인 이야기도 꽤 여러 신화에서 찾아볼 수 있다. 특히 북유럽 신화에서 소인의 존재감이 높다. 음흉하고 사악한 유형의 소인들은 생김새도 추악하다. 반면 뛰어난 손재주를 가진 소인들은 귀여운 구석이 있다. 토르의 망치(묠니르)를 비롯해 신들의 무기와 보물을 만든 이가 바로 이소인 장인들이다.

일본이나 중국에도 소인과 관련된 전설이 있다. 일본의 소인은 신이 지상에 나라를 만들 때 큰 도움을 준다. 중국 신화에는 저 멀리 어딘가에 소인국의 나라가 존재한다고 돼 있다.

중국 윈난성의 한 산골에 소인 마을이 있다. 일종의 테마파크인데, 버섯 모양의 집에 왜소증에 걸린 사람들이 산다. 관광객이 꽤 많이 찾는 명소가 되었다. 이곳 주민들은 하루에 2회 관광객을 위한 공연을 한다. 장애인 비하라는 비판도 나오지만 정작 본인들은 행복하단다. 이곳에서는 장애인이라는 편견과 차별이 없기 때문이다. 생각해볼 대목인 것 같다.

4

모든 신화는 오리엔트에서 비롯됐다
중동의 창세 신화

신화는 인간과 자연의 관계를 드러낸다.
같은 문화권에서도 각 지역에 따라 신화의 내용이 다른 것은
각 지역마다 자연환경이나 처한 현실이 달랐기 때문이다.

서아시아와 이집트, 리비아 등 아프리카 북부를 합쳐 중동中東, Middle
East이라 부른다. 이 작명은 솔직히 마음에 들지 않는다. 지금에야 보통
명사처럼 통용되지만, 19세기 유럽 강대국들이 멋대로 부르면서 생겨
난 용어다. 제국주의의 잔재 같은 거라고나 할까?

유럽을 기준으로 세계를 보면 이런 식이다. 아시아는 동쪽이다. 아
시아 동쪽 끝에 있는 중국과 한국, 일본은 극동동아시아이다. 중동은 그
동아시아와 유럽 사이에 있다. 중간middle에 있으니 중동이다. 아시아를
중심으로 본다면 절대 중간이 될 수 없는데도 말이다.

고대 그리스인들은 중동 지역을 오리엔트라 불렀다. 엄밀히 말하자
면 중동과 오리엔트는 같지 않다. 다만 지리적인 범위가 비슷하다. 중

처음을 돌아보다

동과 오리엔트……. 풍기는 뉘앙스가 상당히 다르다. 오리엔트는 '해가 뜨는 곳'이란 뜻을 담고 있다. 그랬다. 고대 그리스인들에게 이지역은 동경의 대상이었다. 정복과 약탈의 대상이었던 중동과는 완전히 다르다.

고대 그리스인들은 왜 오리엔트를 동경했을까? 최고의 문명 지대였기 때문이다. 생각해보라. 인류 역사상 첫 문명인 고대 문명은 티그리스강과 유프라테스강이 있는 메소포타미아 지방^{수메르 문명}에서 태동했다. 최초의 위대한 제국은 나일강이 흐르는 이집트에 건설되었다. 이오리엔트 문명이 서양의 뿌리가 되었다. 그러니 가장 오래된 문명인수메르 문명의 중요성은 아무리 강조해도 지나치지 않다. 수메르 문명이 세계 최초의 문명이듯, 수메르 신화는 가장 오래된 신화다. 아 참, 오리엔트 여러 지역의 문명을 부르는 용어가 많다. 먼저 개념을 정리해둘 필요가 있다.

첫째, 중동 신화라 부를 때다. 이 경우 서아시아와 아프리카 북부 지역의 모든 신화를 가리킨다. 구약 성서와 겹치는 히브리 신화 또한 여기에 포함된다. 둘째, 메소포타미아 신화라 부른다면 서아시아 지역만의 신화를 뜻한다. 메소포타미아 신화를 더 잘게 나누기도 한다. 이를테면 수메르 신화, 아카드 신화, 바빌론 신화, 아시리아 신화, 가나안 신화처럼 말이다.

수메르 신화는 수메르인들이 만든 신화다. 당연히 가장 오래된 신화다. 수메르는 아카드 왕국에 의해 멸망했다. 아카드인들은 수메르인과 혈통이 다르다. 그들은 서아시아에 가장 먼저 들어온 셈족이었다. 그래도 아카드인들은 수메르 문화를 말살하지 않고 계승했다.

아카드에 이어 바빌론이 메소포타미아 일대를 정복했다. 바빌론도 셈족이지만 아카드와 달랐다. 바빌론은 수메르 문화를 억누르고 셈족의 문화를 강조했다. 수메르 신화를 토대로 자기들만의 바빌론 신화를 만들었다. 바빌론에 이어 메소포타미아를 지배한 나라는 아시리아다. 아시리아인은 같은 셈족인 바빌론 신화를 토대로 자신들의 신화를 만들었다.

이 정도만 알아두면 메소포타미아 신화를 접할 때 당황하진 않을 거다. 어떤 신화인가에 따라 신의 이름이 달라진다는 점은 잊지 마시라.

자, 본격적으로 수메르 창세 신화를 보자.

태초에 바다의 여신 남무가 있었다. 그리스 신화에서는 대지로부터 세상이 비롯되었는데, 수메르 신화에서는 바다로부터 생명이 시작된다. 남무는 이어 하늘의 신 안과 땅의 여신 키를 낳았다. 안과 키는 부부 관계를 맺었다. 이어 훅 하고 숨을 내쉬니 엔릴이 태어났다. 엔릴은 바람의 신이자 운명을 주관하는 신이며, 창조의 신이기도 하다.

엔릴 이후로 창조 작업에 속도가 붙었다. 엔릴이 다른 여신과의 사이에서 달의 신 난나를 낳았다. 나중에는 난나가 결혼해서 태양신 우투를 낳았다. 이 출생 순서가 상당히 이색적이다. 세계 여러 지역의 역사나 신화를 보면 대체로 태양을 숭배하는 곳이 많다. 수메르에서는

수메르 신 계보도

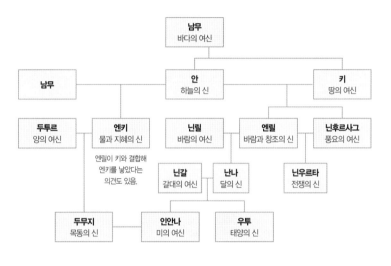

아니었다. 태양보다 달을 더 숭배했다. 달력도 태양력이 아닌 태음력을 썼다. 이런 역사가 신화에 반영되면서 달이 태양보다 먼저 탄생한 것으로 이야기가 만들어진 것이다.

창조 작업이 끝나자 엔릴은 여러 신들에게 역할을 배분했다. 그러고 보니 그리스 신화의 제우스가 떠오른다. 엔릴이 최고신의 역할을 하고 있잖은가? 맞다. 수메르 시대의 최고신을 꼽으라면 엔릴이 첫 번째다. 하지만 그에 버금가는 신이 둘 더 있다. 하나는 엔릴의 아버지인 안이다. 안은 아득히 높은 천상 세계에 산다. 그러니 상징적인 최

바빌론과 아카드 신 계보도

신	수메르 표현	바빌론-아카드 표현
하늘의 신	안	아누
땅의 여신	키	맘미
창조와 운명의 신	엔릴	엘릴
지혜와 물의 신	엔키	에아
달의 신	난나	신
태양의 신	우투	샤마슈
미의 여신	인안나	이슈타르
목자의 신	두무지	탐무즈

고신일 뿐이다.

　세 번째 최고신은 누구일까? 학자 또는 문헌에 따라 다르다. 달의 신 난나 혹은 풍요의 여신 닌후르사그에게 이 영광을 주는 이들도 있다. 하지만 대체로 엔키를 꼽는다. 엔키는 지혜의 신이자 물의 신이다. 서열을 따지자면 엔릴과 동급이다. 엔키가 무슨 일을 했기에 최고신의 반열에 올랐는지 궁금할 것 같다. 엔키는 인간 창조 작업을 총괄했다. 엄밀하게 말하면 인간을 창조한 신은 남무다. 다음 장에서 인간 창조 이야기를 다룰 텐데 수메르 이야기를 미리 하자면, 그 이유가 흥미롭다. 노동력 때문이란다.

　수메르 신화에서는 신의 서열이 엄격했다. 높은 지위의 신들은 귀족처럼 놀고먹었다. 노동은 서열 낮은 신들의 몫이었다. 노는 신 따로, 일하는 신 따로. 신들의 세계라고 해서 인간 세계와 다르지 않은가 보다. 어쨌거나 불평등한 처사다. 작은 신들은 모이기만 하면 큰 신들을 비난했다. 불평과 불만의 목소리가 점점 커졌다. 그대로 두면 하위 신들이 집단 반란을 일으킬 것 같았다.

　중급 이상의 신들은 엔키가 해결해 주리라 믿었다. 지혜의 신이니까! 하지만 엔키는 깊은 잠에 빠져 작은 신들의 불평을 듣지 못했다. 결국 남무가 엔키를 흔들어 깨웠다. 엔키가 내놓은 해답은 이랬다. "문제 해결은 어렵지 않습니다. 하위 신들을 대신해서 노동할 존재를 만들면 되지요."

　엔키는 진흙으로 사람을 빚는 방법을 남무에게 가르쳐주었다. 남무

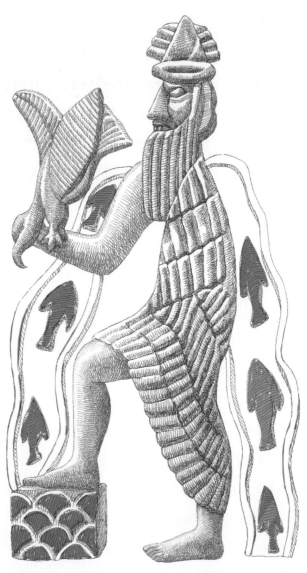

• 엔키 안, 엔릴과 함께 수메르 신화의 3대 신 중 한 명이다. 지혜의 신으로, 노동을 담당할 인간을 만드는 데 결정적인 역할을 했다.
  다른 버전의 신화에서는 장인과 예술가의 수호신으로 문화 전달자 역할을 한다. 바빌론·아카드 신화에서는 바빌로니아의 민족신
  인 마르두크의 아버지로 등장한다.

는 엔키가 일러준 대로 인간을 만들었다. 이렇게 해서 인간이 탄생했다. 수메르 신화에 따르면 인간의 존재 이유는 노동력 때문이다. 노동하지 않으면 업무 태만이요, 의무 불이행이다. 노동의 가치가 왠지 폄하되는 느낌도 받는데, 긍정적으로 해석하자. 노동은 신이 내린 고귀한 일이라고 말이다. 그러니, 우리 농땡이치지 말고 일하자.

이집트의 창세 신화도 알아보자. 이집트에서는 수메르와 달리 열렬하게 태양을 숭배했다. 여기서는 달력도 태양력을 썼다. 고대 이집트인들은 우주를 움직이는 것도 태양, 살아 있는 모든 것에 생명력을 주는 것도 태양이라 믿었다. 그러니 이집트의 최고신은 태양신 라였다.

물론 이집트의 모든 지역에서 라가 최고신 대우를 받은 것은 아니다. 유일신 종교가 만들어지기 전에는 지역마다 섬기는 신이 달랐다. 수메르 시대만 하더라도 엔릴은 니푸르 지역의 수호신이었다. 엔키는 에리두, 난나는 우르 지역의 수호신이었다. 오리엔트 지역보다 나중에 문명이 발달한 그리스에서도 도시마다 수호신이 달랐다.

이집트에서는 어땠을까? 멤피스에서는 라보다 프타라는 신을 더 숭배했다. 테베에서는 아모신이 최고신이었다. 한때는 아톤이란 신이 최고신에 올라 영광을 누리다가 한순간에 추락했다. 통치자가 태양신과 자신이 숭배하는 신을 합쳐서 뚝딱 새로운 신을 만들기도 했다. 이를테면 아몬-라가 그런 신이다. 복잡하다고? 이랬다는 사실만 알자. 다 기억할 필요는 없다.

멤피스의 프타는 세상을 창조한 신이기도 하다. 그저 마음으로 생각하고 혀를 놀려 말했을 뿐인데, 세상이 '짠' 하고 만들어졌다.

또 다른 지역에서는 "태초에 혼돈의 세계가 존재했고, 그 세계에서 신이 태어났다!"라는 식의 창세 신화도 보인다. 지역마다 신화가 다른 것은 광활한 이집트의 자연 환경 때문이다. 고대인들에게 가장 무섭고 두려운 존재는 자연 그 자체였다. 그런데 그 자연 환경이 각양각색이다. 이집트에는 계곡 지대가 있는가 하면 삼각주 지역도 있고, 사막 지대도 있다. 섬기는 신의 성격이 다를 수밖에 없다. 이집트의 창조 신화 중에서 가장 널리 알려진 버전을 중심으로 이야기해 보자.

카오스, 제강, 긴눙가가프……. 태초의 혼돈이다. 이집트 신화에도 이런 존재가 있다. 그 혼돈을 누 혹은 눈이라고 했다. 누는 깊이를 알 수 없는 심연의 바다다. 모든 생명이 물로부터 비롯되었다는 사실이 반영되었다. 고대 이집트인들은 나일강 그 자체를 누로 여겼다.

누로부터 언덕이 생겨났다. 그 언덕에서 아툼이란 신이 태어났고, 아툼이 태양신 라와 법과 조화의 여신 마트를 낳았다. 때로는 아툼과 라가 동일한 신으로 여겨진다. 아, 신들의 초기 계보는 이처럼 복잡하다. 이미 말했지만 굳이 다 기억하려 애쓰지는 말자.

라가 본격적으로 세상을 창조하기 시작했다. 먼저 대지, 공기, 증기, 하늘 등 4신을 만들었다. 또 다시 많은 신의 이름이 등장한다. 이 중에서 대지의 신 게브와 하늘의 여신 누트가 결혼해 2남 2녀의 자식을 얻었다. 이 자식들이 이집트 신화의 뿌리를 이어간다.

2남은 오시리스와 세트, 2녀는 이시스와 네프티스다. 오시리스는 이시스와 결혼하고, 세트는 네프티스와 결혼한다. 두 부부와 함께 기억해야 할 신이 한 명 더 있다. 오시리스와 이시스 사이에 태어난 호루스다. 이 다섯 신의 이야기는 문학 작품이나 영화, 애니메이션, 게임 등으로 많이 만들어졌다. 이집트 신화의 핵심이자 흥미진진한 모험담의 주인공이기도 하다. 곧 다룰 예정이니 조금만 기다리시라.

지금까지 여러 나라의 창세 신화를 살펴보았다. 우리 무속에 전해지는 거인 신화도 짧게 다루었다. 마지막으로 가까운 나라 일본의 창세 신화만 살펴보고, 인간 창조 이야기로 넘어가겠다.

일본에서 태초의 신들은 다카마가하라에서 살았다. 우리말로 옮기면 '높은 고원[高天原]'이란 뜻인데, 천상 세계를 뜻한다. 이 고원에 살던 태초의 신들을 코토아마츠카미라고 했다. '카미'는 신이란 뜻이다. 제2차 세계 대전 때 연합국 함대를 향해 돌격했던 자살 특공대를 기억하는가? 그들을 카미카제라 불렀다. '신의 바람'이란 뜻이다. 신화를 악용한 대표적 사례. 일본 신들이 실존했다면, 아마도 그런 미치광이 전쟁 놀음을 찬성하지는 않았을 것이다.

코토아마츠카미는 총 5명이다. 일본에서 가장 오래된 신이지만 성별 구분이 없으며 무슨 역할을 했는지도 불분명하다. 이들에 이어 2명의 신이 등장한다. 이때 성별이 처음으로 구분된다. 남자는 이자나기^{이자나기노미코토}, 여자는 이자나미^{이자나미노미코토}다. '미코토'는 귀한 신분에 붙이는 존칭이다. 여기서는 생략한다.

　이자나기와 이자나미 남매는 천상 세계인 다카마가하라에서 태어난 마지막 신이다. 어느 날 남매 신은 천상 세계의 목소리를 듣는다. "지상으로 내려가 나라를 세우도록 하라!"

　지상에 내려온 남매는 부부가 되었다. 이어 본격적인 창조 작업이 시작된다. 이자나기가 보석이 달린 창으로 바다를 휘저었다. 순간 땅덩어리가 우뚝 솟아올랐다. 오노코로섬이라고 부르는 이 섬이 일본 열도의 시초다. 이후 부부 관계를 가질 때마다 섬들이 태어났다. 수많은 섬들이 생겨났다. 처음에는 좋은 섬이 태어나지 않았다. 부부는 못난 섬을 바다로 흘려보냈다. 속상했다. 천상의 신들에게 이유를 물었다. 황당한 대답이 돌아왔다. "부부 관계를 가질 때 여자가 먼저 말을 해서 그런 것이다. 부정을 탄 거야!"

　여성이 먼저 말을 해서 부정을 탔다니! 가부장제가 정착된 후 만들어진 신화임을 알 수 있다. 그러니 여성이 남성에게 절대 복종해야 하며 함부로 나서면 안 된다는 '교훈'을 담은 것이다. 재도전! 남편이 말하기 전에는 아내는 입도 벙긋하지 않았다. 그 결과 훌륭한 섬이 쑥쑥 나왔다. 이렇게 해서 이 세계, 구체적으로는 일본이 만들어졌다.

　부부는 그 후로도 여러 자연신을 낳았다. 그 과정에서 문제가 생겼다. 불의 신을 낳을 때였다. 아기가 태어나면서 불꽃이 확 피어오르는 바람에 이자나미가 화상을 입어 죽고 말았다. 창조주의 죽음. 그 다음 이야기도 곧 다룬다. 조금만 기다리시라.

 처음을 돌아보다

신화는 축제 때 부르는 노래였다

신화는 여러 유형으로 나뉜다. 우리에게 널리 알려져 있는 그리스 로마 신화의 경우 대부분 여러 작가의 책에서 수집한 것이다. 그러니 그 어느 신화보다 정제된 이야기가 풍부하다. 문학 작품의 모티프가 된 이야기도 많다. 반면 히브리 신화는 그 자체가 종교 경전에 가깝다. 신들의 이야기를 하기보다는 창조주의 절대적 권위를 강조한다.

최초의 문명을 일으켰던 메소포타미아 일대에서는 달랐다. 신화가 종교 행사 때 부르는 성가(聖歌) 같은 것이었다. 이 때문에 사랑이나 운명 같은 이야기보다는 신 그 자체에 대한 이야기가 많다. 신이 어떤 영웅적인 행동을 했느냐가 중요하다.

가령 바빌론 신화의 유명한 창조 이야기는 「에누마 엘리쉬」라는 제의(祭儀) 문집에 들어 있다. 새해가 시작되면 거대한 종교 행사가 열렸다. 제사장이 창조 신화를 먼저 암송한다. 그러면 운집해 있는 군중이 '떼창'을 한다. 이렇게 하나가 되는 거다. 신나게 노래하면서!

5

흙에서 났으니 흙으로 돌아가라

인간 창조 이야기

∙

신은 노동을 시키기 위해, 혼자 있기 심심해서,

자기네가 창조한 세상을 다스리라고 인간을 만들었다.

각 신화마다 인간 창조 이야기는 다르지만, 한 가지 공통된 메시지가 있다.

"자연에서 왔으니 자연으로 돌아가리라."

부자들이 초호화 무덤을 만드는 것이 유행 아닌 유행이던 때가 있었
다. 사회 문제로 비화했을 정도였다. 그때 떠오른 이미지가 진시황릉
이었다. 설마 사후 세계를 믿어서 저런 걸까? 그런 생각을 했는데, 솔
직히 그 이유는 아닌 듯하다. 허세나 과시 같은 게 아니었을까? '우린
너희 서민들과는 달라. 조상님도 이렇게 잘 모시지.'

무덤이 크고 반듯하다 해서 '행복한 죽음'을 맞는 것은 아닐 것이다.
오히려 그런 무덤은 살아 있는 서민들에게 민폐가 될 수 있다. 무덤은
제발 소박하게. 아, 그리고 보니 시대가 바뀌었다. 무덤을 만들 땅이
없다. 수목장이 대안으로 나왔다. 요즘에는 이 공간마저 부족하다고
한다. 그래서 잔디로 나무를 대체한다. 이런 형태를 잔디장이라고 부

처음을 돌아보다

른다. 나무나 잔디, 둘 다 나쁘지 않다. 흙으로 돌아가는, 가장 자연스러운 죽음이니까. 맞다, 인간에게 흙은 영원한 고향이다.

대부분의 신화에서 인간을 빚은 재료가 바로 흙이다. 사람이 자연의 일부라는 뜻으로 해석하자. 잠시 육신을 빌려 이 세상에서 살다가 죽음을 맞으면 자연으로 돌아가는 게 당연하다. 그러니 무덤의 봉분이 화려할 필요가 없다. 신화에서 배워야 할 교훈이다.

최초의 인간은 누굴까? 히브리 신화의 아담과 이브를 떠올리는 이들이 많을 듯하다. 아담은 히브리어로 '사람'이라는 뜻이다. 아담을 만들 때 쓰인 재료 또한 흙이었다. 신은 아담을 만든 후에 숨결을 불어넣어 생명을 부여했다. 그 다음에는 아담의 갈빗대를 뽑아 여자 이브를 만들었다. 신은 아담과 이브에게 에덴동산에서 무제한의 자유를 누리도록 해주었다. 딱 한 가지만 빼고. "절대로 선과 악을 알게 해주는 과일만은 먹지 마라!"

신화에서 이런 금기는 반드시 깨진다. 정말로 사악한 뱀이 나타나 이브를 유혹했다. 호기심 가득한 인간은 금기를 깼다. 두 사람은 선악과를 기어이 먹고 말았다. 이후 삶이 급속하게 달라졌다. 가장 먼저 부끄러움을 느꼈다. 무화과 잎으로 신체의 중요 부위를 가렸다. 죄의식을 느끼며 숨었다. 신은 그들을 낙원에서 추방했다. 아담에게는 노동해야 먹고살 수 있다는 형벌을, 이브에게는 아이를 낳는 고통을 형벌로 내렸다.

인간은 죄를 저질렀다. 원죄다. 그 원죄로부터 벗어나려면 절대자에게 의존해야 한다. 절대자는 신이다. 그러니 신에게 복종해야 한다. 그래야 이 통속적인 고통에서 해방될 수 있고 영원한 안식을 얻을 수 있다. 아담과 이브의 이야기를 종교적으로 해석하면 이런 식이 되지 않을까?

나는 이 이야기를 달리 해석하고 싶다. 인간다움을 기준으로! 이 기준에 따른다면 이 이야기는 인간의 삶 혹은 운명에 대한 상징이다. 태초에 아담과 이브는 고통을 몰랐다. 인간이지만 신의 영역에 머물렀기에 실제로는 인간이 아니었다. 에덴동산 또한 낙원이라지만 역동성이 느껴지지 않는다. 이런 상황이, 두 사람이 선악과를 먹는 순간 반전으로 이어졌다. 두 사람은 비로소 인간이 되었고, 불교식으로 얘기하자면 인간은 참고 견뎌내야 하는 사바세계에 속하게 되었다. 출산과 노동의 고된 삶을 이어가게 됐지만 이 또한 인간이라면 응당 짊어지고 가야 할 의무이자 권리다.

요약하자면, 에덴동산에서 추방된 후에야 인류는 비로소 현실 세계에 정착했다. 그리고 사악한 독사의 꼬임이 아니더라도 아담과 이브는 선악과를 따먹을 수 있었다. 왜? 인간에게는 인간만의 자유의지가 있으니까!

그리스 신화에서 인간을 창조한 신은 최고신인 제우스가 아니라, 프로메테우스다. 어떤 연유로 인해 제우스가 아닌 프로메테우스가 인간을 창조하게 된 걸까?

　프로메테우스는 거인 신족이다. 하지만 제우스와 크로노스 진영이 벌인 티탄 전쟁에서 거인 편에 서지 않았다. 오히려 제우스 진영을 지지했다. 프로메테우스는 '먼저 생각하는 사람'이란 뜻이다. 그에게는 미래를 내다볼 수 있는 능력이 있다. 그 능력을 써서 미래를 보았다. 크로노스 진영이 패한다! 결과를 알기에 프로메테우스는 동생 에피메테우스와 함께 제우스의 편에 섰다. 덕분에 티탄 전쟁이 끝난 후에도 무사할 수 있었다. 크로노스 편에서 싸운 그의 큰형 아틀라스가 지구를 떠받치는 형벌을 받은 것과 대조적이다.

　제우스는 이런 프로메테우스의 능력과 지혜를 높이 평가했다. 생명체를 창조하는 중대한 과제를 프로메테우스 형제에게 맡긴 것도 그 때문이다. 동생 에피메테우스가 짐승들을 창조했고, 프로메테우스가 남자 인간을 창조했다. 이 남자가 최초의 인간이다.

　동생 에피메테우스는 '뒤늦게 깨닫는 사람'이란 뜻이다. 이름에 걸맞게 동생은 경솔했다. 인간과 짐승을 만든 뒤 능력치를 부여하는 과정에서도 덜렁댔다. 사자나 호랑이 같은 야수에게는 날카로운 이빨과 발톱을 주었다. 새에게는 날개를 달아주었다. 퍼주는 거야 뭐가 어렵겠는가? 합리적인 배분이 문제지! 탈탈 털어주다 보니 인간 차례가 됐을 때 손에 집히는 게 없었다. 난감한 상황이다. 에피메테우스는 지혜로운 형에게 자신의 실책을 털어놓았다. 프로메테우스의 고민이 깊어졌다. 마침내 그가 내린 결론. "인간에게 지혜와 불을 주자!"

프로메테우스는 인간이 불을 가지면 삶의 질이 획기적으로 달라질 것이라 생각했다. 그러니 주저하지 않았다. 곧바로 신들의 불을 훔쳐 인간에게 주었다. 제우스가 이 사실을 알아버렸다. 최고신은 분노했다. 곧장 프로메테우스를 잡아들여 코카서스의 바위산에 묶어놓고 독수리를 보내 간을 파먹게 했다. 독수리는 밤이 돼서야 돌아갔고, 그제야 프로메테우스는 쉴 수 있었다. 밤에서 새벽 사이에 간이 재생되었다. 날이 밝으면 그놈의 독수리가 다시 와서 간을 파먹었다.

제우스는 인간들도 손보기로 했다. 불을 도로 빼앗지는 않았다. 그 대신 더 큰 재앙을 안겨주기로 했다. 제우스는 대장장이 신 헤파이스토스를 시켜 여자를 만들게 했다. 이 최초의 여성이 판도라다. 모든 신이 판도라에게 하나씩 선물을 주었다. 덕분에 판도라는 완벽한 아름다움을 가진 여성이 되었다. 판도라라는 이름 자체가 '모든 선물'이란 뜻이다. 판도라는 상자를 하나 가지고 지상에 내려왔다. 그 상자를 여는 순간 온갖 불행이 인간 세계로 퍼져나갔다. 판도라에 대해서는 뒤에서 다시 다룬다. 일단 여기까지만.

히브리 신화나 그리스 신화 모두 남자가 먼저 탄생하고 여자가 나중에 등장한다. 여자보다 남자의 지위가 높다는 암시다. 가부장제 질서가 반영된 설정임은 말할 필요도 없다. 그리스 신화에서는 남녀 모두 신이 만들었다. 물론 여자를 만든 동기가 불손하지만 해석은 생략하자. 히브리 신화는 어떤가? 남자의 갈비뼈로 여자를 만들었다. 비약하

• 프로메테우스 독수리가 프로메테우스의 간을 쪼아대고 있다. 그는 1세대 티탄족인 이아페토스와 바다의 요정 클리메네(아시아) 사이에서 태어났다. 아틀라스, 에피메테우스, 메노이티오스, 헤스페로스 등과 형제다. 원래 티탄족의 심부름꾼 역할을 했으나, 제우스 편에 서서 티탄족을 물리치는 데 공을 세웠다.

자면 여자가 남자의 부속물이라는 해석까지 가능하다.

이 설정, 요즘 시대에는 발칵 뒤집힐 남녀 차별이다. 자칫 인간의 모든 불행이 여성으로부터 비롯되었다는 억지 해석까지 나올 수 있다. 두 신화 모두 여자를 부정적으로 묘사하고 있잖은가? 히브리 신화에서는 이브가 뱀의 유혹에 넘어가 선악과를 딴다. 그리스 신화에서는 판도라가 호기심을 누르지 못하고 상자를 연다. 인간의 불행은 이 경솔한 행동에서 비롯되었다. 여성 독자들이여. 화를 내지는 마시라. 부계 사회와 가부장제의 한 단면을 보여주는 상징일 뿐이다.

그건 그렇고, 이후 프로메테우스는 어떻게 되었을까? 간을 쪼이는 고통을 3,000여 년 동안 참아야 했다. 신화에서 시간은 별 의미가 없긴 하지만 어쨌든 상당히 오랜 시간 벌을 받은 셈이다. 그 와중에도 프로메테우스는 제우스에게 굴복하지 않았다. 훗날 영웅 헤라클레스가 모험을 하던 중 이곳에 이르러 독수리를 잡아 죽인다. 이로써 프로메테우스는 오랜 고통에서 해방된다. 바로 이런 점 때문에 오늘날까지도 프로메테우스는 저항의 상징으로 여겨지고 있다.

다른 지역의 신화를 뒤적여보자. 이미 말한 대로 수메르 신화에서는 하위 신들의 노동을 대신하기 위해 인간을 창조했다. 이런 스토리는 바빌론 신화에서도 그대로 이어진다. 그렇다면 중국에서는 어떨까? 인간 창조 방식이 좀 색다르다.

반고의 시신으로 이 세계가 창조되었다. 이후로 한참의 시간이 흘렀고, 그동안 여러 생명체가 만들어졌다. 하지만 아직까지 인간만큼은 창조되지 않았다.

여와라는 이름의 여신이 있었다. 그녀는 꽤나 심심했던 것 같다. 어쩌면 외로웠을지도 모른다. 여러 생명체가 있는데, 자신과 비슷하게 생긴 존재가 없었으니 말이다. 여와는 황토로 사람을 빚었다. 중국 신화에서 인간은 이렇게 탄생했다. 여와는 인류의 시조가 되었다.

인류의 어머니 여와는 일일이 황토로 모양을 빚고 다듬었다. 상당히 많은 시간과 노력을 투자해야 하는, 고된 일이다. 속도도 나지 않는다. 여와는 보다 쉽게 인구를 늘릴 수 있는 방법을 모색했다. 그 방법이 참으로 익살스럽다. 요즘말로 '잔머리'의 힘이라 해야 할까? 여와는 황톳물에 가느단 나무줄기를 담갔다. 이어 그 나무줄기를 허공에 대고 휙휙 뿌리쳤다. 흙탕물이 사방으로 튀었다. 바닥에 떨어진 흙탕물은 젤리처럼 꾸물거리더니 곧 사람이 되었다. 이를 두고 대량 생산 시스템의 원조라고 한다면 지나친 비약일까?

흥미로운 것은, 여와가 정성스럽게 빚은 사람과 '대량 생산 시스템'으로 만든 사람의 '품질'이 다르다는 사실이다. 앞의 사람은 총명하고 귀한 인물이 되었지만 뒤의 사람은 어리석고 미천한 부류가 됐다는 건데, 후대 사람들이 살짝 추가한 대목으로 보인다. 최초로 신화가 만들어지던 원시 시대에는 빈부귀천의 구분이 없었다. 그러니 신분 차별이란 개념 자체가 존재할 리 없다. 당연히 후대에 추가되었다고 보는 것이 이치에 맞다.

지금까지 살펴본 대로 대부분의 신화에서는 흙으로 인간을 창조했다. 특이하게도 북유럽 신화에서는 흙이 아닌, 나무로 인간이 만들어졌다. 오딘 형제가 거인 이미르를 살해하고, 그 재료로 세상을 창조한 직후 행한 작업이 인간 창조였다.

　오딘 형제가 강가를 걷고 있다가 나무토막 두 개를 발견했다. 하나는 물푸레나무였고, 또 하나는 느릅나무였다. 오딘 형제는 물푸레나무를 깎아 남자를, 느릅나무를 깎아 여자를 만들었다. 아직까지는 목각 인형에 불과한 이것에 오딘이 생명을 불어넣고 숨을 쉬도록 했다. 그 다음에는 두 동생이 각각 지혜와 언어를 전수했다. 이로써 인간 창조 작업이 마무리되었다.

　우리 무속 신화에도 인간 창조 이야기가 있다. 불교의 영향을 받은 창세가創世歌라는 무가巫歌를 보자. 창세가는 함경도에서부터 제주도까지 전국 여러 지역에서 골고루 발견된다. 전국적으로 꽤 알려져 있는 창조 신화란 뜻이다.

　이 신화에서 천지를 창조한 신은 미륵이다. 미륵은 먼 훗날 인류를 구원하기 위해 인간 세상으로 내려올 미래의 구세주를 가리킨다. 일반적으로 부처의 환생으로 여겨진다.

　태초의 이 세상은 하나였다. 하늘과 땅도 붙어 있었다. 그러니 세상이라고 부를 만한 것도 없었다. 바로 그때 미륵이 등장해 하늘과 땅을 떼어냈다. 미륵은 이어 네 개의 구리 기둥을 하늘과 땅 사이에 세웠다. 비로소 이 세상이 존재하기 시작했다. 미륵은 이어 해와 달, 별을 만들었다. 그 다음에는 개구리와 쥐를 이용해 물과 불을 만들었다.

자, 이제 인간만 있으면 된다. 미륵이 한 손에는 금 쟁반을, 또 다른 손에는 은 쟁반을 들고 하늘에 기도를 올렸다. 툭툭. 금 쟁반에 금 벌레 다섯 마리가, 은 쟁반에 은 벌레 다섯 마리가 떨어졌다. 꾸물꾸물 벌레들이 사람으로 변신했다. 금 벌레는 남자, 은 벌레는 여자가 되었다. 남녀 다섯 쌍은 각기 짝을 맞추어 부부가 되니, 이들이 인류의 시조다.

아, 우리 조상이 벌레였구나. 벌레면 어떤가? 벌레 또한 흙에서 나고 흙으로 돌아가야 할 자연의 일부다. 게다가 이 얼마나 독특하고 익살스런 상상력인가? 벌레도 그냥 벌레가 아니다. 금과 은 벌레다. 우리는 금은을 몸에 두른, 상당히 귀한 존재였다! 이 점, 잊지 마시라.

돈 많으면 고귀한 신분이 된다?

북유럽에서 인간을 창조한 신은 오딘이다. 하지만 인간의 조상신은 헤임달로 여겨진다.

헤임달은 아스가르드와 외부 세계를 연결하는 무지개다리 비프로스트를 지키는 문지기 신이다. 언젠가 헤임달이 인간 세계를 여행할 때였다. 가난한 민가에서 하룻밤 신세를 지는데 노부부가 극진히 대접했다. 그 보답으로 아이를 점지해주었는데, 그 아이는 노예 일족의 조상이 되었다. 이어 헤임달이 경제적으로 조금 더 부유한 집에 머물렀다. 이후 이 집에서 태어난 아이는 평민 일족의 조상이 되었다. 헤임달이 마지막으로 머문 집은 상당히 부유했고 부부도 행복해 보였다. 헤임달이 거처간 후 이 부부가 낳은 아이는 귀족과 왕족의 조상이 되었다.

이게 무슨 망발인가? 재산에 따라 신분을 결정짓다니! 중세 유럽의 계급 구조를 신화에 반영한 것 같다. 때로 신화는 지배 계급의 정통성과 정당성을 만들어주는 역할을 충실히 수행한다. 그러니 알아두되 무시하자. 말이 되는가? 고귀한 신분이 재산에서 비롯된다니!

6

인간의 오만을 경고하다
종말과 홍수 신화 이야기

•

인류의 초기 문명은 모두 강을 중심으로 형성되었다.

그렇기에 치수사업이 가장 큰 과제였다. 이런 상황 속에서 자연스레 홍수 신화가 생겨났다.

홍수 신화는 자연에 대한 인간의 경외심과 두려움을 단적으로 말해준다.

들녘의 농작물이 힘없는 팔랑개비처럼 축축 늘어진다. 논밭이 거북 등짝처럼 쩍쩍 갈라진다. 이럴 때면 우리 마음도 타들어간다. 잊을 만 하면 들려오는 가뭄 소식은 늘 안타깝다.

무섭게 퍼붓는 장대비도 반갑지 않다. 어둑어둑해질 무렵 빗물에 잠긴 들판을 본 적이 있는데, 저승 언저리에 있는 것 같은 착각이 들었다. 도심 하수도로 모인 빗물에서는 '와르릉 와르릉' 하는 야수의 소리가 들렸다. 넘쳐나는 계곡물을 보고 있노라면 다리가 후들거린다.

아무리 과학 기술이 발달했다고 하더라도 치수治水는 어렵다. 어떨 때는 너무 모자라서, 어떨 때는 차고 넘쳐서 문제다. 물은 생명의 근원이지만 동시에 두려움과 공포의 대상이다. 신화에서 홍수는 치명적 재앙이다. 구약 성서, 즉 히브리 신화에 있는 노아의 방주 이야기가 대표적이다.

언젠가부터 인류가 타락했다. 불한당들은 신의 권위를 위협했다. 신은 대홍수를 퍼부어 흉포해진 인간들을 없애기로 했다. 이른바 신의 심판이다. 종말 후 새 출발을 하려면 '종자'를 남겨두어야 한다. 신은 마음이 곧은 노아에게 계시를 내렸다. 이미 500세에 이른 노아는 세 아들 부부와 함께 거대한 방주를 만들었다. 세상의 모든 동물 암수 한 쌍을 실었다. 마지막으로 노아와 가족이 방주에 타고 문을 닫았다.

기다렸다는 듯 폭우가 쏟아졌다. 하늘이 뚫린 것 같았다. 얼마 후 세상은 완전히 물에 잠겼고, 인류는 멸종했다. 비가 그치고 햇살이 비친 것은 40일이 지난 후였다. 빗물이 다 빠지는 데만 150일이 걸렸다. 이후 노아의 방주는 아라라트산에 도착했다.

노아는 살아 있음에 대한 감사로 신에게 제사를 지냈다. 참혹한 결과에 대해 신도 놀랐던 것일까? 신은 다시는 대홍수로 세상을 파괴하지 않겠다고 약속했다. 약속에 대한 증표가 필요하다. 신이 말했다. "비가 그치면 무지개가 내릴 것이다. 그것이 내 언약의 증거다."

노아와 그의 세 아들로부터 인류는 다시 번성한다. 세 아들의 이름은 셈, 함, 야벳이었다. 셈으로부터 셈족이, 함으로부터 함족이 비롯되었다. 오늘날의 서아시아와 북아프리카, 그러니까 중동의 여러 종족이 셈족이다. 아프리카의 흑인은 함족이 많다. 야벳족은 고대 백인 종족을 가리키는 말인데, 오늘날 유럽인의 조상이다.

처음을 돌아보다

진실 하나. 노아의 방주 이야기가 홍수 신화의 원조는 아니다. 원조는 따로 있다. 노아의 방주 이야기는 그 원조를 벤치마킹한 것이다. 바로 수메르 신화다. 종교적인 색채를 뺀다면 고대 유대인이 가나안에 정착하기 훨씬 전에 수메르가 존재했다. 그런데 그 수메르에도 홍수 신화가 있다. 그 이야기를 지금 시작한다. 여러분이 두 이야기를 직접 비교해 보시라.

인류는 한동안 번영을 누렸다. 그러나 시간이 흐르면서 인간의 불만이 커졌다. 인간들은 신을 대신해서 자기들만 노동하는 게 옳지 않다 여겼다. 신들에 대한 푸념의 목소리가 커졌다. 하지만 신들에게는 배려의 마음이 없었다. 인간들의 하소연을 소음으로만 여겼다. 속 좁은 신들은 결국 인간 세계를 멸종시키기로 했다.

인간들 중에도 경건한 마음을 가진 자가 있었다. 왕이자 제사장인 지우수드라다. 인간을 누구보다 아꼈던 지혜의 신 엔키가 그의 꿈에 나타나 신들의 음모를 누설했다. 지우수드라도 노아처럼 큰 배를 만들었다. 7일 동안 폭우가 쏟아졌다. 이 세계는 물바다가 되었다.

물이 빠지고 육지가 단단해지자 지우수드라는 배를 정박시켰다. 신에게 제사를 지냈고, 얼마 후 나타난 신은 다시는 대홍수의 심판을 하지 않겠다고 약속했다. 지우수드라는 이후 신들로부터 영원한 생명을 받고, 딜문이라는 낙원에 들어갔다.

어떤가? 이야기의 구성이나 전개가 노아의 방주 이야기와 거의 일치한다. 바빌론 신화도 마찬가지다. 지혜의 신 이름이 엔키에서 에아로 바뀌었고, 최후에 살아남은 인간이 지우수드라에서 우트나피쉬팀으로 바뀌었을 뿐이다. 나머지는 완전히 똑같다.

홍수 신화가 서아시아에만 있는 것도 아니다. 그리스 신화에도 홍수 이야기가 있다. 시작은 여기도 비슷하다. 인간들이 극도로 자만했기에 제우스가 인류를 없애기로 했다. 인간을 창조해낸 프로메테우스는 미래를 내다볼 줄 안다. 제우스가 대홍수를 준비하고 있다는 사실을 아들 데우칼리온에게 알려준다. 데우칼리온은 아내 피라와 함께 방주를 만들었다. 피라는 에피메테우스와 판도라 사이에 태어난 딸. 그러니 데우칼리온에게는 사촌 여동생이 된다. 어쨌든 부부가 방주를 다 만들자 홍수가 시작되었다. 그 다음은 노아의 방주, 지우수드라 이야기와 똑같이 전개된다. 세상이 물에 잠겼고, 어느 정도 시간이 지나자 물이 빠졌다. 방주가 파르나소스산에 이르렀고, 배에서 내린 데우칼리온 부부가 신에게 제사를 지낸 점까지 똑같다.

하지만 그다음 이야기는 다르다. 두 사람은 다시 인류를 번성시켜야 했다. 하지만 어찌해야 할지 몰랐다. 중국 신화의 여와처럼 인간을 대량 생산하는 방법을 알았으면 좋았을 텐데……. 부부는 신에게 뜻을 물었다. 신탁이 돌아왔는데, 알쏭달쏭하다. "어머니의 뼈를 등 뒤로 던져라!" 어머니를 죽이라는 뜻인가? 아니었다. 처음에는 막막했다. 하나씩 헤아리다가 데우칼리온이 마침내 신탁의 의미를 깨달았다. "어머니는 대지를 뜻하는 거야. 어머니의 뼈라면? 여기에 널려 있는 바위

처음을 돌아보다

와 돌을 말하는 거야."

데우칼리온 부부는 돌을 쥐고 섰다. 등 뒤로 돌을 던졌다. 놀라운 일이 벌어졌다. 데우칼리온이 던진 돌은 남자, 피라가 던진 돌은 여자가 되었다. 이렇게 해서 인류는 맥을 잇게 되었고, 다시 번영을 누렸다. 중국에 견주어 이를 그리스식 대량 생산 시스템이라 불러도 되지 않을까?

이와 별도로 부부는 직접 아들을 낳았다. 그 아이의 이름이 헬렌인데, 그 아이 또한 나중에 성장해서 여러 자식을 낳았다. 이 자식들이 그리스 주요 부족의 시조다. 고대 그리스인들은 스스로를 '헬레네스'라 불렀다. 헬레네스는 '헬렌의 후손'이란 뜻이다.

중국의 여와가 그랬던 것과 똑같지 않은가? 여와가 손수 빚은 인간은 고귀한 혈통이 되었고, 대량 생산한 인간은 낮은 신분이 되었다. 그리스에서도 인간을 창조한 부부가 직접 낳은 아들은 그리스의 순수 혈통이 되었다. 우연의 일치가 아니다. 권력을 쥔 자들은 신화에서조차 '혈통 관리'를 하고 싶었던 거다. 그러니 이런 식의 설정을 한 것 아닐까?

인도에도 홍수 신화가 전해 내려온다. 옛날 옛적에 마누^{Manu}란 사람이 살고 있었다. 인도 신화에서는 이 사람을 인류의 시조로 본다. 마누란 이름에서 인간을 뜻하는 'Man'이란 단어가 나왔다고 하는 학자들도 있다. 인도의 언어는 인도·유럽 어족에 속해 있으므로 이 분석이 완전히 허무맹랑한 것은 아닌 듯하다.

어느 날 아침 마누가 일어나 씻으려고 강물에 갔다. 웬 물고기가 나타나더니 구해달라고 했다. 그러면서 나중에 대홍수가 나면 은혜를 갚겠단다. 마누는 그 말을 믿지 않았지만 마음이 착했기에 불쌍한 물고기를 거두어 집에서 키웠다. 물고기는 쑥쑥 자라났다. 어느덧 놓아주어야 할 정도로 커버렸다. 물고기는 떠나면서 말했다. "큰 배를 만드세요. 곧 홍수가 닥칠 겁니다."

물고기의 예언이 현실이 됐다. 대홍수가 닥쳤다. 큰 물고기는 약속을 지키기 위해 돌아왔다. 그 물고기는 자신의 이마에 있는 뿔에 밧줄을 매달고 배를 끌었다. 배는 물에 잠긴 세상을 항해했고, 히말라야산맥의 최고봉에 닿았다.

마누는 홍수가 물러가고 비가 사라진 후 배에서 나왔다. 하늘에 제사를 지내자 신이 여성을 보냈다. 마누는 그 여성과 혼인했다. 이어 두 사람 사이에서 인류가 다시 번성했다. 마누는 또 다시 인류의 시조가 되었다.

동아시아권의 홍수 신화는 내용이 살짝 다르다. 중국의 경우 신들의 심판으로 홍수가 일어난 게 아니다. 신들이 싸우다 괜히 대홍수를 일으키고, 애먼 인간들이 피해를 입는다.

중국 홍수 신화의 주인공은 남매다. 오빠 복희와 여동생 여와다. 인간을 창조한 여신 여와와 이름이 같다. 신의 혈통을 이어받은 점은 같지만, 동명이인이라 보는 게 옳을 듯하다. 혹은 가부장제가 정착되면서 여신 여와의 지위가 여동생 여와로 하락한 것일 수도 있다.

이 무렵에는 형제 신이 하늘과 땅을 나누어 다스렸다. 형인 고비는 땅을, 동생인 뇌공은 하늘을 통치했다. 고비는 인간에게 우호적이었고 인자한 반면 뇌공은 심술궂고 표독스러웠다. 오죽하면 이름에 벼락을 뜻하는 '뢰雷'가 들어 있겠는가?

형이 싫으니 인간들도 싫어졌나? 동생 뇌공은 인간에게 고통을 주겠다며 비를 거두어들였다. 비 한 방울 내리지 않으니 땅이 타들어갔다. 보다 못한 형 고비가 하늘로 올라가 비를 훔쳐왔다. 인간의 고통은 해소되었지만 뇌공이 보복에 나섰다. 어째 제우스와 프로메테우스의 이야기와 비슷하게 흘러간다.

형제가 대결을 벌였다. 엎치락뒤치락하다 마침내 형이 이겼다. 형 고비는 동생 뇌공을 쇠창살 상자 안에 가두었다. 물만 주지 않으면 뇌공은 힘을 발휘하지 못한다. 그러니 잘 일단락된 듯하다. 허나 문제가 생겼다. 갑자기 고비가 외출해야 할 일이 생겼다. 끙, 걱정이다. 고비는 자식들에게 단단히 일렀다. "삼촌에게 절대로 물을 주어선 안 된다." 이 고비의 자식이 바로 복희와 여와였다. 뇌공이 어린 아이들을 구워삶았다. 불쌍한 표정을 지으며 구걸하니 남매가 물을 주고 말았다. 물을 마신 뇌공은 쇠창살을 부수고 하늘로 올라갔다. 그래도 양심이란 게 있었던 걸까? 뇌공은 조카들에게 자신의 이 하나를 뽑아주면서 이렇게 말했다. "곧 큰 비가 내릴 테니 이 이를 심어라."

비가 내리기 시작했다. 남매는 얼른 이를 땅에 심었다. 순식간에 나

• 복희와 여와 인간을 창조한 여신 여와와 복희 · 여와 남매의 이야기에 등장하는 여와는 같은 인물일 수 있고 아닐 수도 있다. 인
간 창조 신화에 등장하는 여와는 모계 사회에서 빚어진 신화이고, 복희와 여와의 남매혼 신화는 가부장제 시대에 만들어진 것으
로 추정된다.

무가 자랐고, 커다란 박이 매달렸다. 남매는 그 박을 따서 안을 파내고 숨었다. 그 사이에도 폭우는 그치지 않았다. 결국 세상이 물에 잠겼다. 남매의 아버지는 물론이고, 인간들도 모두 죽고 말았다.

박은 물바다가 된 세상을 떠돌아다녔다. 물이 빠진 후 세상에 나온 남매는 부부의 연을 맺고, 다시 인류를 번성케 했다.

이런 식의 이야기가 우리나라에도 전한다. 왜 그랬는지는 모르지만 먼 옛날에 대홍수가 발생했다. 모든 인간이 물에 빠져 죽었고, 한 남매만 유일하게 살아남았다. 남매는 세상에서 가장 높은 봉우리에 이르렀다. 비가 완전히 걷힌 뒤 남매는 살아 있는 인간을 찾아보았지만 허사였다. 이대로 두면 인류가 멸절될 판. 하지만 남매가 결혼하는 것은 도덕적으로 옳지 않다고 생각했다. 남매는 하늘에 뜻을 물었다. 각자 다른 봉우리 위에서 불을 피워 올렸다. 연기는 공중에서 하나로 합쳐졌다. 혹은 남매가 각자 다른 봉우리에서 맷돌을 굴렸는데, 두 맷돌이 봉우리 밑에서 만나 하나가 되었다고도 한다. 남매는 이를 인류를 보전하라는 하늘의 뜻으로 해석했다. 결국 남매는 결혼했고 많은 자손을 낳았으며 그 자손의 자손으로 이어져 오늘날에 이르렀다.

다른 나라도 뒤져보면 홍수 신화가 꽤 많다. 내용도 다양하다. 놀라지 마시라. 학계의 연구에 따르면 홍수 신화는 전 세계적으로 500편이 넘는다. 홍수 신화가 전 세계 어느 곳에 가도 접할 수 있는, 아주 흔한 신화란 뜻이다. 그만큼 고대 인류가 치수에 힘겨워했다는 뜻이다.

실제로 범람하는 강물은 고대 인류의 간담을 서늘케 했다. 홍수는 힘겹게 쌓아올린 삶의 터전을 송두리째 무너뜨렸다. 사방은 온통 진흙 구덩이가 돼버렸을 터. 그러니 홍수는 신의 심판과 다름없었다. 돌려 말하자면, 자연에 대한 두려움과 경외심이 바로 홍수 신화의 근원인 셈이다. 요즘은 어떤가? 앞에서 했던 질문을 스스로에게 다시 해본다. 우리는 자연을 두려워하고 경외하고 있는가?

신화에는 국경이 없다

직접 체험하지 않고도 공포를 느낄 수 있다. 말로만 전해 들었는데 몸이 바르르 떨릴 수도 있다. 내재된 경험 때문이다. 홍수 신화가 대표적이다. 전혀 홍수가 일어나지 않았던 지역에서도 홍수 신화가 발견된다. 그 지역 부족들은 홍수란 것을 접해본 적이 없다. 그런데도 홍수 신화를 만들어냈다. 어떻게 해서 이런 일이 가능했을까?

다른 지역에서 그 신화가 유입되었을 가능성이 있다. 혹은 그 신화를 듣고 자체적으로 비슷한 신화를 만들어냈을 수도 있다. 둘 중 어느 쪽이든 신화가 정체돼 있지 않았다는 증거다.

홍수 신화만 그런가? 거인 신화도 같은 사례로 볼 수 있다. 대부분의 지역에서 흙으로 인간을 창조했다는 이야기가 존재하는 것도 마찬가지다. 이밖에도 여러 이야기가 약속이나 한 듯이 전 세계에서 공통적으로 나타난다. 이 또한 오랜 세월에 걸쳐 축적된 '인류 공통의 경험'에서 비롯되었다. 맞다. 신화는 움직이는 것이다. 그러니 국경이 있을 리가 없다.

"신화는 인류가 함께 꾸는 꿈이고, 꿈은 한 개인의 신화다."
_ 조셉 캠벨(Joseph Campbell)

Part 2

. . .

신들의
전쟁

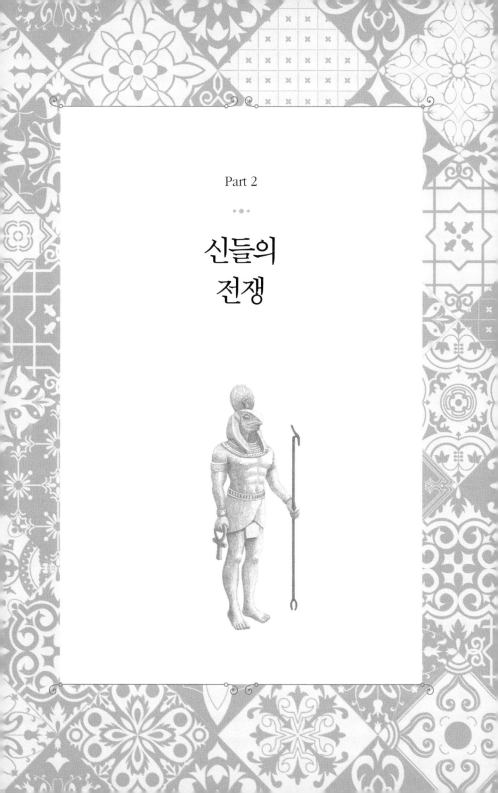

"신화는 삶의 바탕이다. 신화는 삶의 영원한 패턴이자 삶 자체를 형성하는 종교적 공식이다."

_토마스 만(Thomas Mann)

1

중원 쟁탈전, 중국 패권주의의 시작?

황제와 치우의 탁록 전쟁

신화는 정권의 정통성을 옹호하는 수단으로 쓰이기도 하고,

한 민족의 우월성을 드러내는 구실이 되기도 한다.

신화의 이면을 들여다보면 역사가 보인다.

중국 고대사와 신화는 긴밀하게 연결되어 있다. 아니, 상당히 복잡하게 엉켜 있다. 어느 것이 역사이고 어느 것이 신화인지 헷갈릴 정도다. 그래서 역사책에도 버젓이 신화가 등장한다. 전한 시대의 역사가 사마천이 쓴 역사 대작 『사기』가 그렇다.

사마천은 오제五帝 이야기부터 풀어나갔다. 오제는 황제黃帝, 전욱, 제곡, 제요, 제순 등 5명의 제왕을 가리킨다. 이 책이 역사서이니, 황제가 통치하던 때부터를 역사로 규정한 셈이다. 물론 사마천이 그랬다는 것이지, 이를 역사적 사실로 받아들이기는 어렵다.

황제 이전에도 제왕들이 있었다. 사마천은 그들을 역사적 인물이라 여기지 않았다. 때문에 그들은 『사기』에 등장하지 않는다. 이들이 삼황

이다. 삼황은 수인씨, 복희씨, 신농씨를 뜻한다<small>삼황에 드는 인물은 학자와 저서마다 다</small><small>르나 대체로 수인씨, 복희씨, 신농씨를 삼황으로 본다</small>. 이 8명을 통틀어 삼황오제三皇五帝라고 한다. 모두 성스러운 제왕으로 추앙되고 있다.

삼황오제 중 일부는 생몰 연도가 나와 있다. 실존했던 것처럼 보이려는 설정이다. 물론 그랬을 가능성은 없다. 그들은 신화 속 인물일 뿐이다. 그런데도 삼황오제가 중국인에게 미친 영향은 무척 크다. 중국을 최초로 통일한 진왕이 삼황오제를 줄여 스스로를 황제皇帝라 칭하고, 최초의 황제라 하여 시황제始皇帝라 부른 것도 이 때문이다. 신화를 지배함으로써 정치권력의 정당성을 높이려는 의도다.

자, 삼황부터 하나씩 알아보자. 최초의 제왕 수인씨는 불을 발명했다. 그의 뒤를 이어 왕이 된 복희씨는 사냥을 창안하고 그물을 만들었다. 복희씨의 아내는 여와다. 이 부부는 아직 완전한 인간의 형태가 아니다. 두 사람 모두 머리는 인간이었으되 몸은 뱀이었다. 대홍수에서 살아남은 남매인 복희와 여와의 이름이 이 대목에서도 등장한다. 뒤죽박죽이다. 복희씨가 죽고 나서 잠시 여와가 왕위를 이었다는 버전도 있다는 건 참고로 알아두자.

어쨌거나 그 다음 왕은 신농씨다. 신농씨는 농업의 신이다. 농기구를 발명했고 인간에게 농사법을 가르쳤다. 신농씨 또한 완벽한 사람의 형태는 아니었다. 몸은 인간이되 머리는 소였다. 농사를 지을 때 소가 꼭 필요했으니 신농씨의 모습을 그렇게 형상화했던 것 같다.

삼황의 이야기에는 역사가 투영되어 있다. 삼황이 권력을 잡은 순서에 주목하자. 문명 발전 과정과 일치한다. 마찬가지로 오제 시대에도 역사가 반영되었다. 문명이 탄생하고 계급이란 것이 생겼으며, 그 결과 원시 공산 사회는 무너지고 약육강식의 시대가 시작되었다. 신화에서도 이 과정을 똑같이 따라간다. 오제 시대부터 신들의 평등은 깨지고 권력 쟁탈전이 시작된다.

신농씨를 염제라고도 한다. '염炎'은 불꽃을 뜻한다. 그러니 염제는 농업의 신이면서 약초와 의술의 신인 동시에 불의 신이다. 농업, 의술, 불은 인간의 생존에 반드시 필요한 요소. 이 모든 걸 관장했으니 염제는 오랜 시간 최고신 대우를 받으며 천하를 다스렸다.

고인 물은 썩는 법. 시간이 흐르자 염제는 타락했다. 또 다른 버전에서는 염제가 120년 동안 세상을 통치하다 사망했고, 그의 후손들이 타락한 것으로 되어 있다. 어쨌든 염제 혈통으로 인해 천하가 어지러워졌다. 이때 나타난 구세주가 오제의 첫 번째 제왕인 황제다.

황제는 뇌우의 신. 물과 벼락을 마음대로 다루었다. 또한 야수들로 구성된 군대도 갖고 있었다. 치밀하게 반란을 준비했다. 그리고 마침내 염제에게 도전장을 던졌다. 판천에서 전투가 벌어졌다. 판천은 지금의 허베이성 탁록현 동쪽으로 알려져 있지만 정확한 위치는 모른다.

황제는 용, 호랑이와 같은 야수를 전면에 배치하고, 뇌우를 잇달아 퍼부었다. 염제가 필사적으로 맞섰지만 이미 기우는 해였다. 세 차례의 전투에서 모두 패했다. 승리한 황제가 최고신의 지위를 차지했다.

황제의 시대가 열렸다! 황제는 중앙에 머물면서 천하를 다스렸다. 나머지 동서남북에는 네 명의 신을 두었다. 이때 염제는 남방으로 쫓겨나 남방의 신이 되었다.

　왜 중국인들은 염제를 끌어내린 것일까? 인간에게 그토록 많은 도움을 준 신인데 말이다. 이유가 있다. 황제의 권위를 높이려니 어쩔 수 없었던 것이다. 왜 황제의 지위를 높여야 했을까? 황제를 중국인들의 직접적 조상이라 여겼기 때문이다.

　염제는 황허 하류 태생으로 알려져 있다. 중국 동부 지역이다. 중국 한족의 뿌리는? 이른바 중원이라 부르는 황허 일대다. 황제의 뿌리가 바로 이곳이다. 황제의 서열을 맨 위로 올려야 한다. 염제를 최고신으로 계속 둔다면 황제의 체면이 아무래도 떨어지지 않겠는가?

　물론 중국인들은 염제와 황제 모두를 중화민족의 시조로 규정한다. 단, 한 명만 꼽으라면 단연 황제다. 그러니 황제를 천하의 중심에 두어야 자존심이 상하지 않는다. 게다가 황제는 『사기』의 첫머리를 장식한 첫 제왕이다. 한 가지 더. 복희씨가 뱀의 몸뚱어리, 염제가 소의 머리를 한 것과 달리 황제는 오롯이 인간의 모습을 하고 있다. 이런 식의 캐릭터 설정만 놓고 봐도 고대 중국인들은 이렇게 말하고 싶었나 보다. "황제는 염제와 달라!"

　극적인 장치가 있다면 금상첨화다. 염제를 제압한 것만으로는 2% 부족하다! 제2의 전쟁이 필요했으리라. 이번에는 더 화끈하고 더 거대

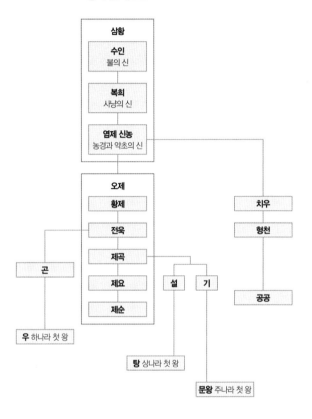

중국 신 계보도

삼황
- **수인** 불의 신
- **복희** 사냥의 신
- **염제 신농** 농경과 약초의 신

오제
- **황제**
- **전욱**
- **제곡**
- **제요**
- **제순**

곤

치우

형천

공공

설 기

우 하나라 첫 왕

탕 상나라 첫 왕

문왕 주나라 첫 왕

한 전쟁이어야 한다. 황제의 지도력이나 결단력, 위엄이 더 돋보여야
한다. 신화 세계니, 불가능한 것은 없다!

황제의 이번 상대는 중국 동부의 신 치우였다. 치우는 염제의 후손으로 알려져 있다. 그런데 그 생김새가 상당히 괴이하다. 머리는 금속으로 되어 있다. 염제처럼 몸은 사람이되, 소의 발굽을 가졌다. 눈이 네 개, 팔다리가 여덟 개였다는 설도 있다. 외모만큼이나 식성도 특이해서 주로 모래와 돌을 먹었다.

치우는 도술도 부렸다. 게다가 똑같은 생김새의 형제가 72명 혹은 81명 있었다고 한다. 이들만으로도 무적의 군대다. 그런데 이매와 망량을 비롯해 각종 요괴까지 부하로 두었다. 바람을 부리는 신 풍백과 비를 부르는 신 우사도 치우의 군대에 합류했다. 더 이상 기다릴 이유가 없다. 치우가 깃발을 높이 들었다. "염제로부터 권력을 빼앗은 반역자 황제를 처단한다!"

역시 치우의 군대는 천하무적이었다. 치우의 안개 도술에 황제의 야수 군단은 무기력하게 무너졌다. 황제가 비를 뿌리는 용인 응룡을 내보내 반격했지만 치우 진영의 우사와 풍백이 쉽게 제압했다. 이어 우사와 풍백이 황제의 진영에 폭풍우를 뿌려댔다. 황제는 이에 맞서 자신의 딸인 발을 불렀다. 발은 가뭄의 신이다. 그녀의 활약으로 폭풍우 공격을 막을 수 있었다.

일진일퇴처럼 보이지만 치우가 9전 9승이었다. 황제의 패배가 확실해지는 것 같았다. 바로 그때 구천현녀라는 여신이 황제에게 『음부경』이란 병법서를 보냈다. 무협지의 단골 스토리처럼 황제는 이 책을 보는 순간 병법의 신이 된다. 이제 두려울 게 없다!

황제는 요란하게 북소리를 내도록 했다. 지축을 울리는 굉음 때문에

• 치우　치우의 상상도. 염제의 후예로, 81명의 형제를 두었다. 형제 모두가 머리가 동이고 이마가 철이며 긴 뿔이 있었다고 전해진다.
병기를 잘 다루었고 도술을 부렸으며 요괴와 도깨비들의 도움을 받았다. 치우는 묘족을 비롯한 중국 소수 민족의 조상신으로 여겨
지고 동이족 등 중국 변방의 민족에게는 군신으로 추앙받았다.

치우 진영의 이매와 망량, 요괴 부대가 흩어졌다. 발이 나서서 우사와 풍백을 무기력하게 만들었다. 응룡과 야수 군대가 마지막으로 치우 진영을 휘몰아쳤다. 한때 황제가 치우의 안개 도술에 휘말려 포위되는 위기를 맞기는 하지만 걱정할 게 못 된다. 병법의 신이잖은가? 황제는 지남거라는 장치를 만들어 쉽게 포위망을 뚫었다.

결국 최종 전투에서 황제가 승리를 거두었다. 황제는 늙은 신 염제는 살려주었다. 하지만 치우에게는 자비를 베풀지 않았다. 그냥 두었다가는 두고두고 골치가 아플 것 같았다. 그 자리에서 치우를 처형했다. 황제는 치우가 혹시 부활할까 봐 머리와 몸뚱어리를 분리해 따로 묻었다. 치우의 피는 흐르고 흘러 산시성의 깊은 못이 되었다.

이 전쟁이 중국 고대 신화에서 최고의 하이라이트다. 이를 탁록 전쟁 혹은 탁록대전이라 부른다. 이 전쟁에 등장하는 치우는 우리에게 매우 친숙한 존재다. 한국 축구 응원단인 '붉은 악마'의 상징이 바로 치우다.

치우는 동이족을 비롯해 여러 부족이 오랫동안 섬겼던 군신軍神이다. 그러니 한족이 치우를 괴물 캐릭터로 설정했을 가능성이 있다. 적을 낮춤으로써 자신을 돋보이게 하려는 이미지 정치다. 하지만 치우의 인기가 워낙 높아서 무조건 배척할 수는 없었다. 황제는 치우가 자신의 신하가 된 것처럼 여론을 조성했다. 물론 주변 민족을 포섭하려는 전략이었다.

신화에는 역사가 담겨 있다. 염제와 황제가 실존했다고 가정해보자.

염제는 한 부족의 수장이었으리라. 황제는 그보다 작은 부족의 수장이었을 테고. 처음에는 염제 부족의 세력이 커서 황제가 기를 펴지 못했을 것이다. 황제는 힘을 키워 주변의 작은 부족과 씨족을 정복했다. 세력이 커진 황제가 염제에게 도전장을 내밀었다. 승리한 황제는 중원을 차지했다. 시간이 흐른 뒤 염제의 후손인 치우가 반란을 일으켰다. 치우의 머리가 금속이란 이야기는, 치우 부족이 철을 상당히 능숙하게 다루었다는 상징이다.

치우가 패한 이유도 설명이 가능하다. 신화 내용을 보면 황제가 치우를 정벌한 게 아니다. 치우가 황제가 있는 적진으로 들어갔다. 그러니 낯선 기후와 풍토에 적응하기 힘들었을 것이다. 몇 차례 이길 수는 있지만 결국에는 패할 가능성이 높다.

황제 진영과 염제 진영의 대립은 그 후로도 계속되었다. 또 다시 염제의 후손이 반란을 일으켰다. 이번에는 형천이란 이름의 신이 등장했다. 형천은 전사보다는 선비에 가까웠다. 전투는 싱겁게 끝나버렸다. 형천의 머리가 댕강 잘렸다. 그런데 형천은 죽지 않았다. 젖꼭지가 눈으로 변했다. 배꼽은 입이 되었다. 머리가 없는 기괴한 몰골로 형천이 도끼를 들고 다시 달려들었다. 이번에도 게임이 되지 않았지만 그 기개만큼은 황제도 인정하지 않을 수 없었다.

형천

황제는 정권을 안정시키는 데 주력했다. 황제에 이어 전욱이 제왕이 되었다. 그 사이에 중화민족의 정치 기반은 더욱 단단해졌을 것이다. 그래도 민중의 저항은 계속되었다. 어르고 달래도, 혹은 협박해도 저항은 누를 수 없다. 염제 혈통인 물의 신 공공이 또 반란을 일으켰다. 하지만 반란의 당위성이 많이 약해졌다. 오랜 시간이 흘렀잖은가? 반면 전욱의 진영은 꽤나 탄탄하게 정비되었다. 그러니 공공의 반란도 성공하지 못했다.

화가 난 공공은 울분을 참지 못하고 부주산이라는 큰 산을 머리로 들이받았다. '쿵' 하는 굉음이 천지를 진동시켰다. 이 산은 하늘을 지탱하고 있었다. 그런 산을 들이받았으니. 이때 산이 뒤틀려버렸다. 산의 서북쪽은 하늘로 치솟았고, 동남쪽은 땅으로 꺼졌다. 오늘날 중국 서쪽의 지대가 높고, 동쪽이 저지대와 평야인 게 이런 이유에서란다.

공공은 뱀처럼 생겼다. 물에서 자유자재로 움직일 수 있다. 공공 자체가 거대한 홍수를 상징한다. 그 이후로도 공공은 자주 반란을 일으켰다. 공공의 신하였던 상류도 반란을 일으켰다. 상류 또한 뱀의 몸통을 하고 있다. 수시로 홍수가 일어났다는 뜻이다.

상류의 반란을 제압한 인물은 오제 이후의 첫 군주인 하나라의 우왕이다. 우왕이 치수治水에 성공하자 신들의 반란은 사라진다. 하夏는 아직까지는 전설 속의 나라다. 하지만 하나라에 이은 상商, '은'이라고도 불린다도 한때 전설 속의 나라였다가 유물이 발견되면서 실존했던 나라가 되었다. 하나라의 것으로 보이는 유물이 드문드문 발견된다니 두고 봐야 할 일이다. 바로 이 하나라와 상나라에 이르러 신화 시대는 종말을 맞았다. 역사가 그 자리를 대신했기 때문이다.

중화민족의 시대는 탁록 전쟁 이후로 본격화했다. 역사가 아닌 신화 이야기다. 하지만 이 신화가 중국에서는 실제 역사인 것처럼 받아들여지는 게 아닌지 궁금해진다. 유독 중국에서는 신화와 역사의 경계가 모호했고, 그런 경향은 현대에도 계속되고 있다.

혹시 어떤 의도가 있는 건 아닐까? 신화를 내세워 고대사를 왜곡하는 것과 같은 의도 말이다. 주변 국가들을 아울러 거대한 세력을 형성하겠다는 정치적 속내가 있는 것은 아닐까? 그런 민족적 야망이 그들의 내면에 꿈틀거리고 있는 것은 아닌지……. 이런 생각들이 기우였으면 좋겠다.

단풍나무 잎사귀가 빨간 이유

중국 신화에서 단풍나무는 치우의 죽음과 관련이 있다. 황제는 치우를 생포한 후 팔에는 수갑을, 발에는 족쇄를 채웠다. 그래도 불안해서 결국에는 처형하고 사지를 절단했다. 이후 수갑과 족쇄를 아무 들판에나 던져버렸다. 얼마 후 수갑과 족쇄가 버려진 자리에 나무가 자라기 시작했다. 그 나무의 잎사귀는 검붉은 핏빛이었다. 맞다. 이 나무가 단풍나무다. 잎사귀가 검붉은 것은 치우의 피가 스며들었기 때문이란다. 그의 넋이 나무로 다시 태어난 것이다.

치우는 신화 속 영웅이다. 그래서 중국과 우리나라에서 모두 조상신으로 여겨진다. 동이족의 조상신이란 말도 있고, 묘족(먀오족)의 조상신이란 말도 있다. 묘족은 황허 중하류에서 태동했고, 나중에 중국 남부로 터전을 옮긴 것으로 알려져 있다. 이런 역사 때문일까? 묘족을 '동방의 집시'라 부르기도 한다. 묘족은 지금도 중국 남부에 사는데, 중국 전체 소수 민족 중에서 비교적 인구가 많은 편이다. 지금도 치우를 신으로 섬긴다.

2

권력을 가지면 신화도 바꿀 수 있다
중동의 최고신 변천사

·

신화는 권력에 의해 각색된다. 풍요의 신이었던 바알은
유일신을 믿는 유대 민족과 크리스트교에 의해 악의 상징으로 변질되었다.
이러한 일은 오늘에도 되풀이되고 있다.
어떤 인물을 신격화한다면, 거기에는 정치적인 노림수가 있는 것이다.

　전교 1등을 하던 학생이 있다. 이 학생이 졸업하기까지 3년 내내 1등을 지킨다면 전설이 된다. 하지만 추격하는 학생들에게 1등을 내어준다면 뇌리에서 잊힐 수도 있다. 안타깝지만 이게 현실이다.

　사회에서도 마찬가지다. 영업 실적 1위를 달성하면 스포트라이트를 받는다. 하지만 그 지위를 유지하기란 정말 쉽지 않다. 경쟁도 심하고 수성을 하려면 스트레스도 더 받는다. 그러니 5년 혹은 10년 이상 영업 왕 자리를 지키는 샐러리맨은 정말 대단한 사람들이다.

　1인자의 자리는 영구적이지 않다. 정치에서도 그렇지 않은가? 권력을 잡으면 이전의 권력자를 단죄할 때가 많다. '살아 있는 권력'만큼 강한 권력은 없다. 하지만 그 권력 또한 시간이 지나면 '과거의 권력'이 된다.

　현실이 이러니 신화라고 다르지 않다. 신화는 현실을 반영하니까 말이다. 최고신이 종종 바뀌는 신화가 있다. 현실에서 권력자가 바뀌었기에 신화가 새로 쓰인 것이다. 수많은 종족이 전쟁을 했던 지역에서 이런 경향이 강하다. 대표적인 곳이 메소포타미아다.

　수메르 신화를 떠올려보라. 최고신 셋을 대라면 안, 엔릴, 엔키다. 안이야 하늘을 뜻하니 상징적인 최고신일 뿐이다. 나머지 두 신은 어떤가? 엔릴은 창조의 신이고, 엔키는 지혜의 신이다. 엔릴은 니푸르 지역에서, 엔키는 에리두에서 특히 숭배되었다. 그때는 도시마다 수호신이 달랐다. 각 도시의 수호신 중에서 최고신을 뽑았다. 오늘날로 치면 각 지방의 의원들이 모여 정치를 하고, 그중에서 의장을 뽑는 식이다.

　수메르, 아카드에 이어 바빌론이 메소포타미아 일대를 지배했다. 바빌론이 제아무리 강자라고는 하나 오랫동안 전승된 신화를 한 순간에 구겨버릴 수는 없다. 그러니 안, 엔릴, 엔키는 살아남았다. 그 대신 이름을 바빌론 식으로 바꾸었다. 안은 아누가 되었고, 엔릴은 엘릴이 됐으며, 엔키는 에아로 바뀌었다. 여전히 세 신은 중요한 위치에 있다. 하지만 최고신은 아니다. 마르두크라는 신이 새롭게 최고신의 지위에 올랐다. 맞다. 마르두크는 바빌론의 수호신이었다. 권력을 잡은 자가 신화를 바꾸었다(※ 50페이지 [바빌론과 아카드 신 계보도] 참조).

　변방에 있던 신을 중앙의 최고신으로 만들려면 그에 걸맞은 신화가 있어야 한다. 바빌론 제사장은 창세 신화를 새로 썼다. 그 신화를 종교적 의례가 있을 때마다 읊조렸다. 이렇게 또 하나의 신화가 만들어졌다. 바빌론의 창세 신화는 어떻게 달라졌을까?

태초에 부부 신이 있었다. 담수를 상징하는 신 압수와 바다를 상징하는 여신 티아마트다. 수메르 신화에서 태초의 신은 남무였다(※ 49페이지 [수메르 신 계보도] 참조). 그 여신 또한 물의 신이었다. 수메르 신화에서 차용한 흔적이 보이지 않는가? 어쨌든 부부 신은 자식을 낳았다. 그 자식들이 또 자식을 낳았다. 시간이 흐르면서 신들이 늘어났고 세상이 시끄러워졌다. 소음에 지친 압수는 그 신들을 다 죽이자고 했다. 좀 어처구니가 없다. 티아마트는 처음에는 반대했다. 하지만 곧 마음을 바꿔 남편의 뜻에 따르기로 했다.

이 음모를 다른 신들이 알게 되었다. 지혜의 신 에아가 맞섰다. 에아는 압수에게 최면을 건 뒤 죽여버렸다. 그러고는 물의 신 타이틀을 가져갔다. 얼마 후 에아의 아내가 물속에서 신을 낳았다. 그 신이 바로 마르두크다.

에아의 다음 상대는 티아마트였다. 티아마트는 종종 용으로 묘사되는데, 압수와 비교할 수 없을 정도로 강력했다. 또한 우주의 생명체를 관장하기에 어떤 생물이든 창조해낼 수 있었다. 티아마트는 열한 종류의 괴물을 창조해 군대를 만들었다. 이런 티아마트를 에아는 당해낼 수 없었다. 에아의 참패. 신들에게 위기가 닥쳤다. 이제 믿을 신이라고는 마르두크밖에 없었다. 그 사이에 그는 최고 전사로 성장했고, 모든 신의 우상이 되어 있었다. 다른 신들은 마르두크에게 자신의 힘을 몰아주었다. 마르두크는 더 강해졌다!

티아마트가 입에서 불을 뿜어내며 마르두크에게 달려들었다. 티아마트가 마르두크를 집어삼키려고 입을 쫙 벌리는 순간, 마르두크가 강풍을 일으켰다. 티아마트는 입을 벌린 채로 이러지도 저러지도 못하는 난처한 상황에 처했다. 그때 마르두크의 화살이 티아마트의 입을 관통하고 심장을 뚫었다. 티아마트가 죽었다! 마르두크는 나머지 괴물 부대도 해치웠다.

신들의 전쟁이 끝났다. 사실 이때까지 세상은 존재하지 않았다. 오직 신들만이 있었을 뿐이다. 마르두크가 세상을 창조하기 시작했다. 북유럽 신화와 흡사하다. 마르두크는 티아마트를 둘로 찢어 하늘과 땅을 만들었다. 티아마트의 두개골은 가루가 된 채 별이 되었고, 입에서 나온 침은 구름이 되었다. 그녀의 유방은 산과 들이 되었고, 눈물은 티그리스강과 유프라테스강이 되었다.

인간을 만들 차례다. 마르두크는 티아마트의 자식이자 둘째 남편이며, 괴물 부대 총사령관이었던 킹구의 피와 흙을 섞어 인간을 창조했다. 인간을 만든 까닭은 수메르 신화와 같다. 귀한 신들을 위해 노동하던 하위 신들의 수고를 덜기 위해서였다. 노동하라고 인간을 만든 거다.

마르두크의 '원맨쇼'다. 변방의 신이 초스피드로 최고신에 올랐다. 대놓고 신화를 개작한 것이다. 권력이 있으니 누가 뭐라 하겠는가? 새로운 신화는 바빌론이 정복한 지역에 뿌려졌다. 정복된 백성들은 정복한 부족의 신을 섬겨야 한다. 맞다. 때로 신화는 우리 민족이 최고라는, 선민의식을 부추긴다. 아주, 철저히 정치적이다.

바빌론에 이어 서아시아를 지배한 나라는 아시리아였다. 최고신이 바뀌었을까? 당연히 그렇다. 아시리아의 최고신은 아슈르다. 아시리아는 바빌론 신화를 그대로 물려받으면서 최고신을 마르두크에서 아슈르로 살짝 바꿔놓았다. 물론 선민의식에서 비롯된 이미지 조작이다.

이번에는 팔레스타인 지방으로 가보자. 이 지방을 과거에는 가나안이라 불렀다. 이 지역에도 전해 내려오는 신화가 있다. 유대인들의 신화, 즉 히브리 신화다. 구약 성서는 이 신화를 집대성한 책이라고 보면 된다. 다만 알아두어야 할 게 있다. 유대인들이 정착하기 전에 이미 이곳에 살던 종족이 있었다는 점이다. 당연히 그들에게도 신화가 있었을 터. 복잡하다고?

서아시아 고대 역사를 다시 들추어보자. 수메르를 무너뜨린 아카드는 셈족이다. 이후 서아시아에 여러 셈족이 정착한다. 셈족 가운데 아카드는 수메르 문화를 계승했지만 그 뒤를 이은 바빌론과 아시리아는 그러지 않았다. 셈족 문화를 발전시켰고, 셈족 신화를 만들었다. 이후 서아시아 전역에 이 셈족의 신화가 확산했다.

유대인이 정착하기 전, 가나안에 살던 셈족은 바빌론 신화를 받아들였다. 그것을 자기 부족의 형편에 맞게 개작했다. 그러니 바빌론의 마

• 바알 원래 셈족 언어로 '주인' 또는 '소유자'를 뜻한다. 기원전 1400년경부터 풍요의 신으로 숭배되었다. 그가 인간을 이롭게 하
  는 여러 가지 역할을 했다는 사실은 1929년 북부 시리아에서 발굴된 우가리트 토판을 통해 규명되었다. 원래 선한 이미지의 신
  이었던 바알은 훗날 유일신 야훼를 믿는 이스라엘 민족에 의해 이단과 배교의 상징 이미지가 덧씌워지면서 부정적인 성격을 갖
  게 되었다.

르두크, 아시리아의 아슈르와 비슷한 성격의 신이 가나안에도 있었다. 그의 이름은 바알. 폭풍의 신이며 풍요의 신이다.

바알에게는 아버지가 있었다. 엘이라는 신인데, 가나안 최고신이다. 하지만 엘은 늙고 병들었다. 최고신의 역할을 다하지 못한다는 뜻이다. 반면 바알은 젊고 의욕이 넘쳤다. 후계자가 이렇다면 뿌듯하게 권좌를 넘겨줄 법도 한데 엘은 그렇지 않았다. 권력을 빼앗긴다고 생각했던 것 같다. 그러다 보니 부자 관계가 썩 좋지 않았다.

실제 역사에서도 이런 경우가 적지 않다. 자식에게 왕위를 넘겨주었다가 자신이 숙청될까 봐 양자를 들이거나 서자에게 왕위를 물려주기도 한다. 자신의 안위가 중요하니까, 뭐 그럴 수도 있겠다. 이 가나안 신화가 딱 그렇다. 엘은 아들이 아니라 얌이라는 바다의 신을 후계자로 점찍었다. 이쯤 되면 정말 갈 데까지 가보자는 거다.

흥미로운 것은 얌의 생김새다. 머리가 일곱 개인 용의 모습이다. 마르두크와 티아마트의 대결을 연상케 하지 않는가? 이후 스토리도 비슷하다. 바알 신화가 마르두크 신화에서 비롯되었다는 증거다. 다른 점이 있다면 바알 신화에는 여전사가 등장한다는 것이다. 바알의 여동생이자 아내이며 최강 전투의 신! 바로 아나트라는 여신인데, 그녀는 바알이 위기를 맞을 때마다 '짠' 하고 등장해 모든 어려움을 해결해버린다.

바알과 얌이 전투를 벌일 때도 그랬다. 바알이 좀 밀리는 듯하자 아나트가 지원군으로 나섰다. 덕분에 바알은 얌을 제거하고 최고신의 권좌에 올랐다. 이후에는 마르두크가 그랬던 것처럼 바알도 얌을 절단내서 세상을 창조한다.

이윽고 전쟁 승리와 세상 창조를 축하하는 연회가 열렸다. 신들은 몰랐으리라. 그 흥겨운 자리가 마지막 파티였음을. 갑자기 아나트가 연회장의 문을 잠그더니 신들을 죽이기 시작했다. 살육은 끝날 줄 몰랐다. 한때 바알을 반대했거나 혹은 미지근하게 행동했거나 혹은 앞으로 적이 될 가능성이 있는 신들을 다 제거했다. 그러면 바알의 앞날이 탄탄하지 않겠는가? 하지만 아나트의 광기는 바알조차 두려움에 떨게 했다. 바알은 멀리 달아난 후 아나트에게 전령을 보냈다. "전쟁은 끝났소. 이제는 풍요로운 세상을 만듭시다. 그러니 무기를 내려놓으시오." 그제야 아나트의 광기가 그쳤다.

정말로 세상이 평온해지는 것 같았다. 하지만 아니다. 두 번째 전쟁이 기다리고 있었다. 저승을 다스리는 죽음의 신 모트가 바알에 도전장을 던진 것이다. 모트는 얌을 죽인 처사가 옳지 않다고 비판했다. 전운이 감돌았다. 그런데 바알이 꼬리를 내렸다. 바알은 저승으로 내려가 모트에게 사과했다. 의외의 전개다.

사실 수메르와 바빌론 신화에도 이와 비슷한 설정의 이야기가 있다. 풍요를 담당하는 신이 저승으로 갔다가 죽음을 맞는다. 풍요의 신이 사라졌으니 모든 것이 메말라버린다. 곡식은 수확되지 않고, 생명은 번식하지 못한다. 바알 신화도 똑같은 스토리로 이어진다. 사과하러 저승에 갔던 바알이 모트에게 죽는다. 풍요의 신이 사라졌으니 세상은 말라 비틀어져간다.

역시 아나트가 해결사다. 이번에도 아나트가 나섰다. 그녀는 모트를 단숨에 죽여버렸다. 두 번째 전쟁은 이렇게 싱겁게 끝났다. 아나트는 모트를 가루로 만든 뒤 들판에 뿌렸다. 잔인하다고? 그건 아니다. 풍작을 기원하는 의식을 상징한다. 이유 없이 잔인한 게 아니다.

결론은 대타협이다. 죽음의 신이 없으면 망자가 갈 곳이 없다. 풍요의 신이 사라지면 세상은 말라버린다. 그러니 모트와 바알 모두 필요하다. 두 신은 부활하고 화해한다. 바알은 확실하게 최고신으로 등극한다. 이렇게 이야기는 끝이 난다.

히브리인들이 가나안에 정착하면서 바알 신의 운명이 팍팍해졌다. 히브리인들은 신화를 종교로 재탄생시켰다. 이미 말한 대로 구약 성서가 그중 일부다. 유일신 종교가 탄생한 것까진 좋은데, 그 과정에서 바알이 천박한 신으로 전락했다. 당시 바알 신전에서는 종교 사제들과 창녀들의 섹스가 빈번히 이루어졌다. 사람을 제물로 바치는 인신공양도 성행했다. 인신공양이라고 해서 꼭 사람을 죽이지는 않았다. 자해를 하거나 죽이는 시늉만 하기도 했다.

어쨌든 히브리인들에게 그런 모습은 야만의 풍습이었다. 히브리인들은 고결한 신을 원했다. 그 신이 바로 야훼다. 야훼만이 전지전능해야 하며 모든 사람은 야훼만을 섬겨야 한다. 하지만 그 오랜 시간 동안 이어진 풍습과 관습을 바꾸기가 쉽지 않다. 그러니 히브리 제사장들은 바알을 음란마귀에 가까운 캐릭터로 폄하했다. 정 떨어지라고!

바알을 폄하하는 '전통'은 이후 크리스트교로 이어졌다. 바알에 대한 탄압이 더 심해졌다. 크리스트교가 정신적 지주였던 중세 유럽에는 두 말할 것도 없다. 오랜 시간에 걸쳐 바알은 더 사악한 캐릭터로 바뀌었다. 실제 유럽의 여러 작품에 바알은 괴물로 등장한다.

만약 이후의 역사가 서양이 아니라 아시아가 주도했다면? 어쩌면 바알이 더 강력한 신으로 부활했을지도 모른다. 권력을 잡으면 신화는 언제든지 바꿀 수 있으니까! 이거, 썩 좋아 보이지는 않는다. 그래도 신화에서 정치를 읽을 수 있다는 점은 흥미롭지 않은가?

아시리아의 공과(功過)

아시리아는 수메르만큼이나 역사가 오래된 도시다. 몇 차례의 성장과 침체를 거듭하다가 기원전 8세기 무렵 바빌론과 이집트를 제압하며 최초로 오리엔트 전역을 통일했다.

아시리아 왕 중에서는 특히 아슈르바니팔 왕이 유명하다. 아슈르바니팔은 수도인 니네베에 거대한 도서관을 만들었다. 세계 최초의 도서관이다. 아슈르바니팔은 바빌론 시대의 기록물을 모두 수집해 이 도서관에 보관했다. 그때까지의 제도와 의식 등을 모두 연구해 집대성하도록 했고, 그 내용을 점토판에 기록한 뒤 도서관에 보관했다. 바빌론 신화도 이때 점토판에 기록되었다. 바빌론 신화를 만든 이는 바빌론 사람이겠지만 기록한 이는 아시리아 학자였던 거다.

아시리아는 무자비한 나라였다. 오죽하면 식민지들이 연합해 반란을 일으켰겠는가? 아시리아는 기원전 7세기 말 오리엔트 통일 후 100여 년 만에 멸망했다. 인과응보가 분명한데, 이런 아시리아 덕분에 당시의 문화와 역사를 알 수 있게 되었다. 아이러니가 아닐 수 없다.

3

매일 밤낮으로 싸우는 신
이집트 태양신의 여정

·

신들 중에는 극단적으로 이중적인 모습을 띠는 이들이 있다.
사랑의 여신 하토르가 무자비한 전쟁의 여신 세크메트로 돌변하는 경우처럼.
이러한 이야기 구조는 인간에 내재해 있는 이중성을 드러낸다.

　음식 골목을 갈 때마다 피식 웃곤 한다. 골목을 걸으면서 간판을 슬쩍 보라. 한 식당 건너 한 식당 꼴로 '원조'란다. 음식은 같은 종류인데, 그 음식을 가장 먼저 선보인 식당이 수십 개라는 얘기다. 진짜 원조 식당을 뺀 나머지 모든 식당이 거짓말하는 셈인데, 굳이 화 낼 일은 아닌 것 같다. 다들 열심히 살고 있다는 증거니까 말이다.

　이른바 원조 논쟁은 신화 분야에서도 벌어진다. 이미 홍수 신화에서도 그 점을 확인했다. 여기, 원조 논쟁이 일어날 수 있는 또 다른 이야기가 있다. 한두 명의 신이 아니라 여러 명의 신을 집단 숭배하는 경향에 관해서다. 그리스의 예를 들자면 최고신은 제우스이지만 제우스를 포함해 12명의 신을 '그룹'으로 숭배했다. 이들 중요한 신을 일컬어 올림포스 12신이라 했다. 흥미로운 것은, 이집트에서도 이런 경향이 있었다는 점이다. 이집트의 한 도시에서는 9명의 신을 따로 추려 숭배했다.

이집트에는 기원전 3000년경 첫 통일 왕국이 들어섰다. 이후 시대와 지역에 따라 숭배한 신이 달랐다. 하지만 대체로는 태양신을 가장 숭배했다. 이 태양신 숭배의 중심지는 헬리오폴리스였다. 지금의 카이로 북동쪽 교외에 있던 도시다. 바로 이 헬리오폴리스에서 9명의 신을 숭배했는데, 그들을 엔네아드Ennead라 불렀다. 이집트 버전의 '올림포스' 9신으로 보면 된다.

시기상으로는 이집트 왕국이 그리스 도시 국가들을 앞선다. 그러니 엔네아드가 올림포스 12신보다 먼저 만들어졌을 터. '최고신 그룹'의 원조가 올림포스 12신이 아니라 엔네아드일 가능성이 높다. 참고로 헬리오폴리스 남쪽의 도시 헤르모폴리스에서도 8명의 최고신 집단을 숭배했다. 그들을 오그도아드Ogdoad라 불렀는데, 엔네아드보다는 덜 알려져 있다.

엔네아드 아홉 신 이야기를 해보자. 정점에는 창조신 아툼이 있다. 앞에서 언급한 이집트 창조 신화를 떠올려보라. 그리스의 가이아와 같은 존재가 이집트에 있었다. 바로 태초의 바다 누다. 이 누에서 언덕이 솟아올랐다. 그 언덕에서 신이 스스로 창조되었는데, 바로 아툼이다.

아툼은 태양과 빛을 창조했다. 그 태양과 빛을 일컬어 라라고 했다.

이렇게 해서 태양신 라가 탄생했다. 여기에서 알아두어야 할 점. 아툼과 라는 다른 존재가 아니다. 아툼이 곧 라다. 초기에는 아툼과 라가 혼용되다가 나중에 라의 인기가 커지자 태양신을 라로 표현할 때가 많았다. 참고로 라 말고도 아툼의 이름이 또 있다. 바로 케프리다. 고대 이집트인들은 창조신이자 태양신을 아침에는 케프리, 낮에는 라, 저녁에는 아툼으로 불렀다. 기독교의 삼위일체 교리와 비슷하다.

신의 이름이 여럿 있으면 복잡해지니 여기서는 라로 통일하겠다. 이집트 신화를 옮긴 그림을 볼 기회가 있다면 몸은 사람이되 머리가 매인 신을 찾으라. 그 신이 바로 라다.

라가 숨을 내쉬자 공기의 신 슈가 태어났다. 이어 라가 입김을 불어넣자 비와 습기의 여신 테프누트가 태어났다. 라는 이밖에도 홀로 4명의 딸을 더 낳았다고 한다. 그 여신 중에서 단 한 명만 알아두자. 하토르라는 여신이다. 이 여신에 대해서는 곧 다룬다. 또 하나. 라가 눈물을 흘렸을 때 인간이 창조되었다고 한다. 참고로 알아두자.

슈와 테프누트가 남자아이와 여자아이를 낳았다. 남자아이가 대지의 신 게브, 여자아이가 하늘의 여신 누트다. 고대 이집트인들은 대지의 신 게브가 화가 나면 지진이 일어나고 화산이 분출한다고 여겼다. 게브와 누트는 금실이 상당히 좋았다. 네 명의 쌍둥이 신을 출산했다. 이들이 오시리스, 이시스, 세트, 네프티스다. 이 네 신의 이야기는 따로 오시리스 신화로 분류하기도 하는데, 이집트 신화에서 가장 흥미로운 부분으로 여겨진다. 뒤에서 따로 다룬다.

신들의 전쟁

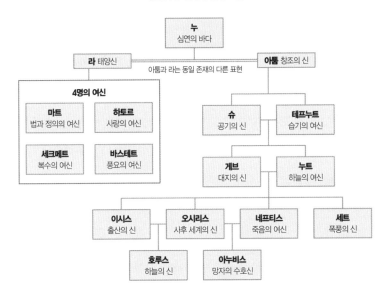

이집트 신 계보도

가장 널리 알려진 헬리오폴리스 버전

누
심연의 바다

라 태양신 　　　　아툼 창조의 신
　　　　아툼과 라는 동일 존재의 다른 표현

4명의 여신

마트
법과 정의의 여신

하토르
사랑의 여신

세크메트
복수의 여신

바스테트
풍요의 여신

슈
공기의 신

테프누트
습기의 여신

게브
대지의 신

누트
하늘의 여신

이시스
출산의 신

오시리스
사후 세계의 신

네프티스
죽음의 여신

세트
폭풍의 신

호루스
하늘의 신

아누비스
망자의 수호신

이제 엔네아드 아홉 신을 정리해 보자. 정점이 태양신 라다. 그 밑으로 슈와 테프누트, 게브와 누트가 있고, 마지막으로 오시리스 남매 4명이 있다. 지금부터는 이 중에서도 아홉 신의 정점에 있는 최고신 라에 대해 이야기할까 한다. 라는 단 하루도 거르지 않고 전투를 치른다. 어쩌면 지금 이 순간에도! 그 연유에 대해 알아보자.

이미 말한 대로 라는 태양신이자 태양 그 자체다. 동이 터오면 동쪽 지평선에서 하늘로 솟아오른다. 라는 '태양의 돛단배' 혹은 '수백만 년의 배'라 불리는 배를 타고 하늘을 항해한다. 항해는 태양의 이동과 일치한다. 태양이 서쪽으로 떨어지면 하늘에서의 항해도 끝난다.

하지만 라의 항해가 끝난 건 아니다. 라는 밤 시간에 저승을 항해한다. 먼저 출발지인 서쪽 지평선 언저리에서 죽은 자들의 영혼을 배에 태운다. 여러 신들이 이 항해에 함께한다. 라의 배는 밤 시간 내내 항해해서 해가 뜰 무렵 동쪽 지평선 언저리에 도착한다. 그 다음엔? 다시 하늘로 솟아오른다. 태양신 라는 이렇게 평생 동안 하늘과 저승 사이를 항해한다.

피라미드가 주로 나일강 서쪽에 있는 것도 이 항해와 관련이 있다. 고대 이집트인들은 라의 항해가 동쪽에서 시작해 서쪽에서 끝나는 데 주목했다. 황혼이 지는 서쪽은 죽음을 뜻한다. 그러니 무덤을 서쪽에 만들었다. 라가 죽은 자의 영혼을 태우고 저승을 항해하는 것은 부활을 뜻한다. 라의 항해는, 삶과 죽음을 오가는 항해인 셈이다.

무한 반복되는 이 항해가 늘 순조로운 건 아니다. 라의 항해를 방해하는 괴물이 있다. 거대한 뱀 아포피스다. 아포피스가 언제 만들어졌는지는 알 수 없다. 다만 태양신이 항해를 시작했을 때부터 존재했다는 점으로 봐서는 상당히 오래된 괴물인 것 같다.

아포피스는 매일 라의 배 앞에 나타난다. 대체로는 라와 신들이 아포피스를 제압한다. 라와 신들은 아포피스를 죽여 지옥으로 보낸다.

아포피스

하지만 아포피스는 불사의 몸이다. 매일 부활한다. 어제 죽었더라도 오늘 또 살아나 라의 항해를 막아선다.

낮과 밤의 항해 중에서 굳이 더 중요한 것을 꼽으라면? 밤의 항해다. 이때는 죽은 자의 영혼이 배에 탑승했기 때문이다. 만약 아포피스에게 라가 패한다면 이 영혼은 천국으로 갈 수 없다. 흔히 말하는 것처럼 구천을 떠도는 영혼이 될 수 있는 것이다. 그러니 저승 항해 때 아포피스와 맞닥뜨리면 반드시 이겨야 한다! 하지만 항상 라가 승리할 수는 없다. 때로는 아포피스가 라를 덥석 집어삼킨다. 라도 불사신이기에 영원히 죽지는 않는다. 다만 아포피스에게 먹혔을 때만큼은 힘을 발휘할 수 없다. 바로 이럴 때 일식이 일어난다고 이집트인들은 믿었다.

기록에 따라 다른 버전도 있다. 라가 아포피스와 싸우다 보면 체력이 바닥날 때가 있다. 그럴 때는 라가 스스로 아포피스의 배 속으로 들어가 쉰다. 태양이 잠시 자취를 감추었으니 이때 밤이 된다. 기력을 되찾은 라가 아포피스의 몸 밖으로 나오면 다시 낮이 된다.

이밖에도 아포피스가 태양신에게 저항하도록 인간을 부추기는 버전도 있다. 버전은 다양하지만 확실한 공통점이 있다. 아포피스는 어둠을 상징한다. 선에 대한 악의 투쟁을 뜻한다. 실제 우리의 삶도 이러하다. 하루에도 몇 번씩 우리 내면에서는 밝음과 어둠이 투쟁한다. 라와 아포피스의 전투 결과를 떠올려보라. 대체로 밝음이 승리한다. 우리 현실도 그러기를 바란다.

태양신 라의 딸인 하토르에 대해서도 이야기해보자. 이 여신은 이집트에서 매우 인기 있는 신 중 한 명이다. 어떤 학자들은 하토르가 그리스 미의 여신 아프로디테의 원형이라고 주장한다. 이 주장에 타당성이 없지 않다. 고대 그리스에서는 오리엔트를 상당히 동경했으니까 말이다. 이집트 여신을 보고 자기네의 여신을 새롭게 창조하지 않았으리라는 법은 없다.

하토르는 미의 여신이면서 사랑의 여신이다. 또한 전쟁의 신이며, 춤의 신이다. 기쁨의 여신이기도 하다. 중요한 신일수록 맡은 업무가 많은 법. 하토르의 위상이 얼마나 높은지를 알 수 있는 대목이다. 서열도 상당히 높다. 이미 말한 대로 태양신 라의 딸이자 호루스의 아내다.

어? 족보가 조금 뒤죽박죽된 느낌이다. 호루스는 오시리스와 이시스의 아들이다. 그러니 태양신 라에게는 고손자가 된다. 하토르는 태양신 라의 딸. 그러니 하토르는 증손자와 결혼한 셈인데, 무슨 상관이겠는가? 신화에서는 이런 일이 비일비재하니.

이집트에서 파라오는 신 그 자체였다. 구체적으로 말하면 파라오는

• 호루스 이집트 파라오의 아버지로 여겨진 신이다. 오시리스와 이시스 사이에서 태어나 갖가지 역경을 거친다. 호루스는 태양신 라 와 결합하여 라−호라크티(Ra−Harakhte, 지상의 호루스인 라)라고 불리는 등 여러 신과 결합한 형태로 나타난다.

호루스 신의 아들로 여겨졌다. 하토르는 호루스의 아내. 따라서 하토르는 단순히 미와 사랑의 여신 역할로 그치지 않는다. 일단 그녀의 존재 자체가 상당히 고귀하다. 그녀는 모든 파라오의 어머니로 추앙받았다. 실제로 고대 이집트 왕실에서는 왕비를 하토르라 부르기도 했다.

하토르와 호루스는 금실이 아주 좋았다. 부부는 수많은 자식을 낳았다. 그래서 그녀에게 또 하나의 타이틀이 주어진다. 바로 다산의 신! 아름다움과 기쁨, 풍요와 다산을 상징하는 신이니 이집트인들이 숭배하지 않을 이유가 없다.

하지만 이게 하토르의 전부가 아니다. 너무 고상한 모습만 보려 하지 말자. 많은 사람들이 양면의 성격을 가지고 있듯이 하토르도 극단적인 또 하나의 성격을 가지고 있다. 그 성격은 포악하며 극악무도하다. 자비심이라고는 눈곱만큼도 없다. 바로 전쟁의 신으로서의 모습이다. 보통 이때는 세크메트라는 이름으로 불리기도 한다. 세크메트는 무자비함, 그 자체다.

이집트 신화에는 홍수 이야기가 없다. 이 점 또한 독특하다. 나일강 자체를 신으로 여겼으니 홍수 신화가 필요하지 않았을 수도 있다. 어쨌거나 대부분의 나라에서 홍수 신화가 발견되는데, 아직까지 이집트에는 없다!

그 대신 이집트 신화에도 인간 멸망의 위기는 있다. 태양신 라가 화가 났기 때문이다. 인간들이 신에게 대들었다고 한다. 정말 그랬던 건지, 아니면 신이 속이 좁았던 건지 어쨌든 신은 인간을 없애려 했다. 갈수록 신들은 약해지고 인간들이 강해진 탓이다. 늙어버린 태양신은 인간들을 멸망시키기로 했다. 이때 태양신은 불을 내리지도 비를 내리지도 않았다. 한 명의 여신에게 그 임무를 맡겼다. 그 여신이 바로 하토르였다. "인간 세상에 내려가 그들을 싹 쓸어버려라!"

하토르는 평소에는 온순한 암소 이미지다. 하지만 전사로 변신하면 무시무시한 사자 이미지로 바뀐다. 맞다. 세크메트로 변하는 거다. 일단 변신하면 자비란 없다. 너덜너덜해질 때까지 적을 씹은 다음 피를 빨아먹는다. 게다가 태양신의 딸이니 눈에서 강렬한 빛이 나간다. 그녀가 쳐다만 봐도 모두 그 자리에서 타 죽는 것이다. 이처럼 강력한 전사가 또 어디 있겠는가? 그리스 신화의 제우스, 북유럽 신화의 토르도 이 정도는 아니었다.

하토르는 태양신의 지시에 따라 인간들을 파멸시키기 시작했다. 하늘에서 그 모습을 지켜보던 태양신 라의 마음이 흔들렸다. 태양신이 딸에게 말했다. "이제 됐다. 그만하렴. 그 정도면 인간들이 충분히 반성했을 게다."

하토르의 단점 하나. 일단 흥분하면 진정하기가 어렵다. 태양신의 설득도 먹혀들지 않는다. 하토르는 애초의 목표대로 밀어붙였다. 정말로 인류를 완전히 멸절시키려는 것이다. 이러니 이젠 태양신 라가 겁이 났다. 이 점은 가나안의 아나트 여신과 아주 흡사하다. 라는 어떻게든 딸의 이성을 되찾아야 했다.

오호라! 태양신은 강물에 맥주를 풀었다. 피로 보이도록 빨간 딸기 즙도 짜 넣었다. 목이 마른 하토르가 벌컥벌컥 강물, 아니 빨간 맥주를 마셨다. 술이니 취하는 게 뭐 이상하랴? 하토르는 자신도 모르게 술에 취해 뻗어버렸다. 그제야 잔인한 살상이 중단되었다. 이래서 우리는 기분 좋을 때 맥주를 마시는 걸까? 이집트에서는 하토르에게 제사를 지낼 때 맥주를 마신다고 한다. 이 사건이 맥주의 기원이라니, 술이 때론 좋은 일도 한다.

자, 하토르 이야기의 결론이다. 하토르는 여성의 양면을 보여준다. 평소에는 온순하고 사랑스럽다. 하지만 일단 화가 나면 물불 안 가린다. 이 정도로 잔인하기야 하겠는가마는 오늘날의 연인이나 부부도 비슷한 관계가 아닐까? 냉전을 벌일 때의 그 뼛속까지 들이치는 냉기란……. 이 책의 독자가 남성이라면, 당신의 연인 하토르를 화나게 하지 말라!

1년이 365일인 까닭은?

이집트 신화에 따르면 1년은 원래 360일이었다. 5일이 더 늘어나게 된 이유가 흥미롭다.

하늘의 여신 누트와 대지의 신 게브는 서로 사랑했기에 딱 붙어 있었다. 태양신 라는 두 신의 결합이 맘에 들지 않았다. 그래서 떨어지라 했다. 두 신은 듣지 않았다. 라는 강제로 하늘과 땅을 분리시켰다. 아마도 답답했으니 그랬을 수도 있다. 하늘과 땅이 분리돼야 공기가 생기니까 말이다. 이것만으로도 화가 풀리지 않았는지 라는 누트가 그 어느 날에도 아기를 낳지 못하도록 해버렸다. 이미 임신해 있던 누트로서는 황당한 일이다.

지혜의 신 토트가 누트를 도왔다. 토트는 달의 신과 내기 장기를 두었다. 이렇게 해서 일 년에 없던 5일을 얻어냈고, 누트는 이 5일 동안 하루에 한 명씩 총 다섯 명의 남매를 낳았다. 마지막 날에 낳은 아이의 이름이 호루스로, 오시리스의 아들인 호루스와 이름이 같다. 때문에 대부분 4남매의 이야기만 하는 것이다. 이 둘을 구분하기 위해 누트가 낳은 호루스를 '대(大)호루스'라고 하고, 오시리스의 아들인 호루스를 '어린 호루스'라고 부르기도 한다. 어쨌든 이렇게 해서 1년이 365일이 되었다.

4

선과 악의 투쟁은 끝나지 않았다!

인도 신화에서의 선악 대결

신화에서는 항상 선이 이기는 것이 아니다.

이는 인간의 삶에 드리워진 명암(明暗)을 상징한다.

하지만 밝음이 어둠을 이기는 경우가 압도적으로 많다는 점에서 위안을 얻을 수 있다.

정의와 불의가 대결할 때가 있다. 정상적인 사람이라면 응당 정의를 응원할 터. 신도 정의의 편에 서는 게 옳을 것 같다. 하지만 늘 정의가 승리하지는 못한다. 그럴 때 종교계에서는 이렇게 말한다. "신이 우리를 시험하시나니……."

미래에 정의가 승리한다고 하더라도 당장 불의가 득세하는 모습을 지켜보는 건 불편하다. 사실 우리는 이런 장면을 꽤나 자주 목격한다. 일터에서도 흔하다. 못된 상사의 횡포를 한두 번쯤은 다 겪었으리라. 그럴 때는 정말 속상하다. 그렇다고 직장을 때려치울 수도 없고.

우리는 착한 사람이 행복한 결말을 맞길 원한다. 정의가 불의를 완벽하게 제압하기를 원한다. 하지만 인도 신화에 따르면 이는 불가능하

신들의 전쟁

다. 인도 신화에는 선과 악의 투쟁에 관한 이야기가 많다. 고대 인도인들이 이 세상을 선과 악이 투쟁하는 공간으로 인식했기 때문이다. 선과 악의 투쟁은 지금도 계속되고 있다. 대체로 선이 승리하지만 완벽하게 악의 씨앗까지 제거하지는 못했다. 그러니 선과 악의 싸움은 끝이 없다.

사실 이런 인식이 틀리지는 않다. 우리가 사는 현실 세계가 그렇지 않은가? 과거에도 그랬고, 지금도 그러하며, 앞으로도 정의와 불의가 엎치락뒤치락하며 투쟁할 것이다. 그렇다면 인도 신화에서는 선과 악이 어떻게 싸울까? 대표적인 사건 하나를 들어보자. 정의의 신과 악마들이 우윳빛 바다를 휘저을 때 벌어진 일이다. 이를 '우유의 바다 휘젓기 사건'이라 한다.

인도 신화의 최고신은 시기에 따라 여러 번 바뀌었다. 아리아인이 정착하기 전에도 인도에는 원주민이 살고 있었다. 그들이 섬기던 신이 있었고, 아리아인들의 정착 초기에 아리아인들이 섬기던 신도 있었다. 브라만교가 국교가 되면서 신의 서열이 정비되었다. 그러다가 불교와 힌두교 시대를 거치면서 이 서열이 다시 대폭 바뀌었다. 없던 신이 생겨나는가 하면 변방의 신이 최고 3신의 지위에 오르기도 했다. 아마도 인도 신화만큼 신들의 지위 변화가 변화무쌍하고 복잡하며 갈피를 잡지 못하는 신화도 없을 듯하다. 이 모든 내용을 알려고 욕심 부리지 말자. 머리에 쥐난다.

인도에서는 정의로운 신을 데바라 불렀다. 악마들은 아수라라고 했다. 아수라들은 호시탐탐 데바들을 노렸다. 데바가 없어야 세계를 지배할 수 있으니까! 선악의 싸움은 끝이 없다.

궁극적으로 인도의 최고 3신 자리를 꿰찬 신은 브라흐마, 비슈누, 시바다. 이 3신은 성스러워도 너무 성스럽다. 데바와 아수라가 난리법석을 피워도 이들에게는 사소한 일에 불과하다. 3신은 정의의 편이다. 그러니 대체로 데바에 기울어 있다. 하지만 아수라를 멸하려 들지는 않는다. 사실 아수라도 악마이기 전에 본질적으로는 신이다. 게다가 우주의 균형을 위해서라도 아수라를 몰살시킬 수 없었을 것이다.

데바의 서열 1위는 인드라다. 인드라는 한때 최고신 대우를 받았다가 최고 3신이 확립되면서 미끄럼을 탔다. 그래도 데바 서열 1위는 유지했으니 다행이라 해야 할까? 어쨌든 이 인드라가 아수라와의 대결을 지휘했다. 일진일퇴. 좀처럼 승부가 가려지지 않았다.

어떤 이유로 인해 인드라의 힘이 약해졌고, 신들이 수적으로 열세에 몰리게 되었다. 이대로 가면 신들이 아수라들에게 몰살당할 수도 있다. 물론 전세를 뒤엎을 방법이 있기는 하다. 신들이 불사의 존재가 된다면? 죽어도 살아나고, 또 죽어도 또 살아난다면? 해볼 만한 싸움이다. 신들은 최고 3신인 비슈누에 도움을 청했다. "불사의 약을 저희들에게 주십시오."

이 불사의 약이 암리타 혹은 소마다. 절대 죽지 않는 약이라……. 그러면 아수라 백만 군대가 와도 물리칠 수 있다. 비슈누는 신들의 요청에 화답했다. "우유 바다를 휘저어라."

그런데 이게 쉬운 일이 아니다. 공짜로는 주지 않는다는 얘기다. 우유 바다는 깊고도 넓다. 그것을 휘젓는 것은 불가능에 가깝다. 게다가 그 우유 바다를 얼마나 휘저어야 암리타를 얻을 수 있는지도 알 수 없다. 천지 창조만큼이나 어려운 작업이란 뜻이다. 난처해하는 신들에게 비슈누가 말했다. "너희 힘으로 불가능하다면 아수라들의 도움을 받으면 되지 않느냐?"

적과 동침하란다. 신들은 어리둥절했다. 아수라가 신들을 돕겠는가? 사실 아수라가 돕겠다고 나서도 문제다. 성공하면 아수라들도 영생을 얻게 되니까 말이다. 그 경우 신들은 아수라에게 여전히 밀릴 것이다. 어리둥절해하는 신들에게 비슈누는 대수롭지 않게 말했다. "거짓말을 하면 될 거 아니냐? 암리타를 나누어준다고 해놓고 나중에 안 주면 그만이지."

최고신도 거짓말을 한다. 은근히 선한 신을 응원하는 모양새다. 아수라들은 이 속임수에 넘어갔을까? 글쎄, 두고 보자. 일단 아수라들은 최고신까지 허락한 일이니 자기들에게 해로울 거라 생각하지는 않았나 보다. 아수라들은 신들과 함께 우유 바다 휘젓기에 나섰다.

바다를 휘저으려면 기둥이 필요하다. 비슈누는 만다라산을 뽑아 바다에 넣었다. 그 산이 가라앉으면 끝장이다. 비슈누가 거대한 거북으로 변해 밑에서부터 그 산을 지탱했다. 기둥을 휘감고 돌릴 밧줄이 필요했다. 비슈누는 거대한 뱀을 밧줄삼아 만다라산을 휘감았다. 뱀의

• **비슈누** 원래는 인도 신화의 주요 신이 아니었으나, 시간이 지나면서 여러 신과 각 지방 영웅들의 모습이 복합적으로 결합하여 인도 신화 최고 3신의 지위에 올랐다. 세계의 질서를 유지하고 흐트러진 도덕률을 복구하는 역할을 맡는다.

머리 쪽은 아수라들이, 꼬리 쪽은 신들이 붙잡았다.

드디어 휘젓기가 시작되었다. 몇날며칠만 휘저으면 암리타가 떠오를 거라고 생각하지는 않았다. 하지만 그토록 오래 걸릴 줄은 몰랐다. 십 년, 백 년이 지났다. 아무런 변화도 나타나지 않았다. 휘젓기는 갈수록 격렬해졌다. 밧줄 역할을 한 뱀의 고통도 커졌다. 뱀은 결국 참지 못하고 몸 안의 푸른 독을 토해냈다. 이 독의 독성은 생명체를 모두 죽일 정도로 강했다. 생명체들이 녹아 우유 바다로 흡수되었다. 그 생명체들이 암리타의 재료가 된다. 하지만 더 방치하면 세상의 모든 생명체가 멸종할 것 같았다. 비슈누가 시바에게 급히 도움을 요청했다. 시바가 달려와 얼른 독을 물었다. 하지만 천하의 시바도 독을 목 뒤로 넘기지는 못했다. 그랬다가는 속이 타버릴 수도 있으니까 말이다. 이때의 후유증으로 시바의 목은 퍼렇게 변해버렸다. 인도 신화를 담은 그림에서 목이 퍼렇게 묘사된 신을 보게 된다면 시바라고 생각하면 된다.

우유 바다를 휘젓기 시작한 지 천년이 흘렀다. 잔잔했던 바다에 물결이 일기 시작했다. 드디어 뭔가가 바다에서 솟아올랐다. 가장 먼저 태양이, 그 다음에 달이 솟아올랐다. 세 번째로 락슈미가 탄생했다. 락슈미는 인도 최고의 미의 여신이다. 그리스로 치면 아프로디테와 같다. 그녀가 등장하자 신이고 악마고 할 것 없이 입이 쩍 벌어졌다. 하지만 락슈미는 그 누구에게도 시선을 주지 않았다. 곧바로 비슈누에게 가서 안겼다. 락슈미는 비슈누의 아내가 되었다.

수많은 보물과 신이 이때 탄생했다. 힌두교에서는 소를 신성하게 여긴다. 신성한 암소도 이때 태어났다. 모든 보물이 솟구친 후에야 마침내 모두가 원하던 암리타가 솟아올랐다. 모두가 경이로운 눈빛으로 암리타를 바라보았다. 돌발 상황! 아수라들이 잽싸게 암리타가 들어 있는 병을 가로챘다. 아수라들도 바보는 아니었다. 그들도 내심 불사의 약을 원했다.

사실 아수라들이 암리타를 처음부터 호시탐탐 노렸던 건 아니다. 락슈미 때문이었다. 락슈미가 탄생했을 때 특히 아수라들이 그녀를 더 원했다. 하지만 락슈미는 그들에게 시선 한 번 주지 않고 비슈누를 택했다. 그녀의 그런 행동이 아수라들의 자존심을 상하게 했다. 아수라들은 빵 대신 떡을 먹는다는 심보로 불사의 약을 확보했던 것이다.

신속한 행동은 좋았다 치자. 하지만 아수라들은 또한 단순하다. 비슈누가 미녀로 둔갑해 아수라들을 유혹하자, 금세 넘어가 버렸다. 그 틈을 타서 신들은 아수라로부터 암리타가 든 병을 회수했다.

모든 일이 마무리되었다. 이제 신들이 줄을 지어 암리타를 나눠 마시기 시작했다. 처음에는 아무도 몰랐다. 신들 틈에 낯선 신이 한 명 끼어 있었다는 사실을 말이다. 신들이 그의 존재를 막 인식하던 찰나, 그가 암리타를 마셨다. 바로 그 순간 비슈누의 비장의 무기인 원반이 그 신의 목을 쳤다. 알고 보니 신으로 변장한 아수라였다. 그런데 이미 암리타를 마셨잖은가? 덕분에 그 아수라는 목이 잘렸어도 죽지 않았다.

 신들의 전쟁

한 명의 아수라만 영생을 얻었다. 정의의 신들은 모두 영생을 얻었다. 그러니 선과 악의 투쟁에서 정의의 신, 데바들이 승리를 거둔다. 그 결과 선善과 도덕만 존재하는 시대로 접어든다. 단, 이게 끝이 아니다. 악은 다시 성장해 선을 위협할 것이다. 왜 그럴까?

일단 표면상으로는 정의가 승리했다. 하지만 꼭 그렇게 볼 수만은 없다. 신화는 인간들의 세계관이 담긴 그릇이다. 현실에서 늘 정의가 승리하지 않는데, 어떻게 선과 도덕만 존재하는 시대가 계속되겠는가? 인도 신화 또한 정의의 완전한 승리라고 말하지 않았다. 목이 베였지만 영생을 얻은 아수라도 있잖은가? 그 아수라가 살아 있음으로 해서 악은 멸절되지 않았다.

악의 불씨는 언제든 되살아날 수 있다. 그리고 실제로 그러했다. 오늘날까지도 선과 악의 투쟁이 반복되는 이유가 바로 이 때문이다. 신에게 책임을 묻는다면? 그렇다. 전지전능하다면서 신들의 틈에 끼어 있는 아수라를 발견하지 못한 비슈누의 책임이다. 그렇다고 해서 비슈누에게 책임을 물을 수도 없다. 완벽한 정의란 존재하지 않기 때문이다. 비슈누가 그 아수라가 영생의 약을 먹기 전에 발견해 죽였다면 악은 이 세상에서 사라졌을 것이다. 하지만 영생의 약을 먹은 단 하나의 아수라 때문에 악은 살아남았다. 왜 이런 식의 설정이 나왔을까? 현실이 그렇지 않기 때문이다. 현실에서 정말로 악이 사라졌다면 아마도 이런 식의 신화는 만들어지지 않았으리라. 그러니까 굳이 해석하자면 이렇다. '비슈누는 우주 질서를 해치지 않기 위해 아수라를 살

려두었다!'

사실 선한 신뿐 아니라 악한 신도 비슈누가 관장한다. 데바와 아수라는 그 근본을 따져 올라가면 아버지가 같다. 선과 악이 태초에 한 몸이었다는 뜻이다. 그러니 칼로 두부를 자르듯이 선과 악을 나눌 수 없다. 이 말을 돌려 말하자면 이렇다. '선과 악 모두 인간의 본성에 내재해 있다.'

여담 하나 더. 데바의 우두머리인 인드라가 힘을 잃게 되는 과정도 흥미롭다. 어느 날 인드라가 머리가 셋 달린 흰 코끼리를 타고 어디론가 가고 있었다. 도중에 한 성자를 만났다. 그 성자가 행운의 상징이라며 꽃을 선물로 주었다. 코끼리는 그 꽃의 향기가 거슬렸나 보다. 몸을 거칠게 흔들었다. 인드라가 엉겁결에 꽃을 떨어뜨렸다. 그 성자는 인드라의 무성의에 화가 났다. 자신의 성의가 짓밟혔다고 느꼈다. 성자는 결국 인드라에게 저주를 걸었다. "앞으로 인드라와 데바들의 힘이 약해져 아수라에게 짓밟히리라!"

바로 이 저주 때문에 인드라와 데바들의 전투력이 떨어졌던 것이다. 이 일화만 보더라도 선과 악의 경계는 모호해진다. 속세에 초월했고 도덕적으로 우월하다는 성자라는 존재가 꽃 한 송이에 바들바들 떨다니……. 꽃이야 다시 주우면 될 것. 성자는 자신의 자존심을 지키겠다며 선이 아닌 악의 편을 들었다. 이런 자를 성자라 해야 할까, 아니면 악의 축이라 해야 할까?

어쩌면 이 이야기는 착한 사람도 환경에 따라 못된 사람이 될 수 있다는 현실을 비꼰 것인지도 모르겠다. 인드라도 할 말은 없다. 조금만 더 주의를 기울였다면 불행을 막을 수 있었다. 관성적으로 행동하고, 다른 사람의 마음을 헤아리지 못했으니 저주에 걸린 것이다.

자, 결론이다. 선과 악은 뿌리가 같은, 배다른 형제와 같다. 선한 사람이라 해서 악한 마음이 전혀 없는 것도 아니고, 악한 사람이라 해서 선한 마음이 전혀 없는 것도 아니다. 그러니 마음의 악을 뿌리 뽑겠다는 생각일랑 접자. 다만 악에 지배당하지만 않으면 된다. 어렵다고? 아니다. 정의를 응원하는 마음만 잊지 마시라. 그러면 절대 악에 지배당하지 않을 테니까!

아수라가 다 악하진 않다?

이란과 인도의 조상은 우랄산맥에서 내려온 아리아인으로 같다. 조상이 같으니 최초의 신화도 같았다. 두 지역의 신화 모두 선과 악의 투쟁을 상당히 비중 있게 다룬다.

이란에서는 이 신화가 조로아스터교라는 종교로 발전했다. 조로아스터교에서는 이 세상을 아후라 마즈다가 창조했다고 본다. 아후라 마즈다는 동시에 정의를 대표하는 신이다. 조로아스터교에서 서열이 낮은 악마들은 다에바라고 불렀다. 이 신들이 인도로 넘어가면 180도 바뀐다. 아후라 마즈다는 아수라로, 다에바는 데바가 되었다. 악마와 정의의 신이 뒤바뀐 거다.

왜 이렇게 되었을까? 정확한 이유는 알 수 없다. 다만 인도와 페르시아는 대체로 사이가 좋지 않았다. 서로를 배척했다. 원수와는 닮고 싶지 않은 법이니, 자연스러운 현상인 걸까?

우리는 난장판이 된 상황을 "아수라장이 됐다."고 말한다. 불교의 영향이다. 전쟁과 귀신이 아우성치는 지옥. 그곳을 수라도라 하고, 수라도의 왕을 아수라라고 부른다.

5

종말, 그 다음엔 무엇이 있을까?
북유럽 신화의 라그나뢰크 이야기

북유럽 신화는 다른 신화와는 달리 결말이 있다. '신들의 황혼'이란 불리는 라그나뢰크다.

북유럽 사람들은 척박한 자연 환경, 정복과 약탈이 반복되는 현실 속에서

이 세상의 끔찍한 종말을 상상했다. 더 나은 미래를 꿈꾸면서.

1990년대, 한때 종말론이 무성했다. 선택된 자만이 들림을 받아 하늘로 올라간단다. 그 날짜까지 구체적으로 거론하는 사람들도 있었다. 해프닝으로 끝났지만 종말론의 여진은 그 후로도 한동안 계속되었다. 일본에서는 종말을 믿으면서 집단 자살하는 광신도들까지 생겨났다. 종말이 온다는 사실보다 그런 집단적 광기가 더 무섭게 여겨진다.

시간이 흘렀다. 물론 종말은 오지 않았다. 다른 식의 종말이 또 거론되었다. 이번엔 외계에서 신이 내려온다는 주장이었다. 휴, 그들은 왜 그토록 종말론을 신봉하는 걸까? 사실은 종교에서도 종말론은 논란거리다. 기독교 성서에도 세계가 종말을 맞는 바로 그 순간에 신과 악마가 전쟁을 벌일 거라고 기록되어 있다. 이 전쟁을 아마겟돈이라 한다.

신화에서도 종말을 말한다. 북유럽 신화가 대표적이다. 북유럽 신화의 가장 큰 특징 중 하나가 이것이다. 비장하고 비극적인 결말! 감성 넘치는 문학 작품 같은 그리스 신화와 확연히 다르다. 그리스 신화에는 이런 결말이 없다.

사실 북유럽 신화는 현대로 들어오기 전까지 크게 주목받지 못했다. 서양 사람들도 북유럽 신화에 냉소적이었다. 왜 그랬을까? 거칠고 야만적이기 때문이다. 불량한 신도 많고, 외설적이거나 비윤리적인 신도 많았다. 바이킹이 주는 부정적인 이미지도 영향을 미쳤을 수 있다. 그랬던 북유럽 신화가 현대에 와서 주목받는 이유가 뭘까? 진가를 발견했기 때문이다. 각박한 현실을 대하는 민중의 정서를 북유럽 신화는 화끈한 판타지로 담아냈다. 북유럽은 춥고 척박했다. 약탈도 심했다. 민중들은 절망했다. 더 나은 삶을 원했지만 현실에서는 불가능하다는 사실을 잘 알았다. 그러니 비극적인 미래를 머릿속에 그렸다. 그것이 바로 종말이다. 모두가 파괴된 후 새로운 세상이 도래한다. 북유럽 민중들의 상상은 이런 것이었다.

이런 정서가 신화에 녹아들었다. 그 결과 다른 신화에는 없는 신들의 전쟁이 등장한다. 가장 독창적인 전쟁이면서 신들이 최후로 벌이는 전쟁. 바로 라그나뢰크다. 비장미가 넘쳐난다. 하지만 완벽하게 비극적인 것만도 아니다. 희망도 담겨 있다. 그래서 더 흥미롭다.

북유럽 최고신인 오딘은 미래를 내다보는 능력이 있다. 오딘은 라그

 신들의 전쟁

나뢰크가 올 것을 안다. 그래서 어떻게든 막으려 한다. 삶이란 이렇게 복잡하다. 고통스런 이 세상이 다 없어져버렸으면……. 이런 넋두리를 하면서도 막상 종말이 닥쳐온다면 겁이 난다. 그러니 파국을 막으려 한다. 우리의 삶이 고단할 수밖에 없는 이유다. 우리는 죽을 때까지 투쟁하며 산다. 라그나뢰크는 이 투쟁의 결정판이다. 라그나뢰크를 우리말로 옮기면 '신들의 황혼' 정도가 된다. 이렇게 표현한 인물은 독일의 작곡가 바그너였다. 좀 더 노골적으로 말하면 '신들의 멸망'이란 뜻이다. 맞다. 종말이다. 신들의 세상, 인간의 세상이 모두 사라진다.

라그나뢰크의 뿌리부터 찾자. 이 전쟁의 불씨는 오딘 형제가 지폈다. 오딘 형제는 태초의 혼돈 속에서 등장한 거인 이미르를 죽여 세상을 창조했다. 이미르의 시신에서 흘러나온 피는 바다를 이루었고, 거인들은 모두 그 바다에 빠져 죽었다. 한 커플을 빼고! 이 커플은 거인족을 부활시켰다. 거인들은 복수를 맹세했다. 그 복수가 라그나뢰크로 이어진 것이다.

북유럽 신화는 라그나뢰크로 끝을 맺는다. 잠깐, 오해하지 마시길. 라그나뢰크가 실제로 일어났다는 뜻이 아니다. 더 정확히 말하자면 라그나뢰크에 대한 예언으로 끝이 난다. 독자의 판단에 맡긴다는 뜻이다. 그 예언은 이미 이루어진 것일까? 아니면 앞으로 다가올 미래인가? 글쎄, 그건 현대를 살아가는 우리에게 달린 것 같다.

발데르 이야기로부터 라그나뢰크가 시작된다. 발데르는 오딘의 아들로, 광명의 신이다. 발데르는 항상 빛에 휩싸여 있었다. 모든 신이 그를 좋아했다. 요즘으로 치면 최고의 스타였다. 딱 한 명의 신만 그를 싫어했다. 바로 로키. 로키는 발데르만 사랑받는 세상이 싫었다. 삐뚤어진 10대 청소년 같다.

발데르는 어느 날 자신이 죽는 꿈을 꾸었다. 발데르의 어머니 프리그가 문제를 해결하겠다고 나섰다. 그녀는 세상을 돌아다니며 모든 생명체에게서 발데르를 털끝만큼도 해치지 않겠다는 약속을 받아냈다. 심지어 돌, 금속, 물 같은 무생물에게서도 같은 약속을 받아냈다. 모든 일을 끝냈다 싶었는데 하나를 빠뜨렸다는 사실을 알게 됐다. 겨우살이 나무라는 보잘것없는 덩굴이었다. 지쳤던 걸까? 그녀는 고개를 저었다. "겨우살이 따위가 어찌하겠어?"

이후로 그 무엇도 발데르를 해치지 못했다. 창을 던지면 발데르의 앞에서 뚝 떨어졌다. 몸에 닿더라도 힘없이 바닥으로 추락했다. 돌을 던져도 생채기조차 낼 수 없었다. 신들은 축하의 의미로 이것저것 집어던지면서 파티를 벌였다. 단 한 명만 이 파티를 즐기지 못했다. 바로 발데르의 동생이었다. 그 동생은 앞이 보이지 않는 장님이었던 것이다.

동생은 소외감을 느꼈다. 소외감을 방치하면 질병이 된다. 어디로 전염될지, 얼마나 악화할지 모른다. 로키가 그를 부추겼다. 로키는 겨우살이 나무줄기를 단단하게 묶어 화살을 만들었다. 동생에게 그 화살을 주며 말했다. "너도 이 파티를 즐길 자격이 있어. 이걸 형에게 던져. 모두가 즐거워할 거야." 발데르의 동생은 그 말을 믿었다. 결과는 최악의 참사였다. 그 화살이 발데르의 심장을 꿰뚫었다. 발데르는 즉사했다. 광명의 신이 사라지자 세상이 암흑으로 변했다. 모든 신들이 오열했다. 하지만 어쩌겠는가? 발데르는 저승으로 떠나야 했다. 오딘은 저승의 왕인 헬에게 발데르를 돌려달라고 애원했다. 헬이 조건을 붙였다. "세상의 모든 살아 있는 것이 발데르의 부활을 원한다면 돌려보내겠습니다."

신의 전령들이 즉각 전 세계로 날아갔다. 만물에게 발데르의 부활 동의서에 도장을 받아냈다. 작업은 순조롭게 끝나는 듯했다. 그런데 전령이 돌아오던 중 만난 노파의 반응이 냉랭했다. 맞다. 그 노파는 로키였다. "잘난 체하더니, 잘 죽었어. 난 발데르의 부활이 싫어."

바로 그 순간, 이승으로 돌아오던 발데르가 훅 저승으로 빨려 들어갔다. 이제 신들의 분노는 로키에게로 향했다. 로키는 그제야 자신이 저지른 일의 무게를 깨달았다. 산으로 달아났다. 연어로 변해 연못에 숨었다. 하지만 토르가 그를 찾아냈다. 오딘 앞에 끌려온 로키가 용서를 빌었지만, 자비란 없었다. 오딘은 로키의 자식을 죽이고 창자를 끄집어냈다. 로키는 악에 받쳐 저주를 퍼부었다. "반드시 복수하리라. 라그나뢰크! 그날이 곧 올 테니까!"

아, 잔인하다. 형벌이 이래서는 곤란하다. 신화이니 다행이 아닌가? 사실 로키의 입장에서는 억울할 수도 있다. 로키는 아스 신족 세계에서 이방인 같은 존재였다. 어울리면서도, 늘 밖으로 겉돌았다. 현실 세계도 그렇다. 관심 받지 못하는 이는 겉돈다. 그러다가 나쁜 길로 빠

• 로키 발데르를 죽인 벌로 붙잡혀 있는 로키. 그는 거짓과 장난의 신이다. 북유럽 어느 지역에서도 그를 숭배했다는 흔적은 없다. 다만 북유럽 신화에서 부정적인 방면에서는 매우 중요한 위치를 차지한다. 오딘과 토르의 편에 서서 그들을 돕기도 하지만, 그들을 당혹스럽게 만드는 사고를 자주 일으킨다.

져든다. 로키라고 해서 다를 건 없다. 따돌림을 당하는 신이니 말썽만 일으켰다. 삐뚤어질 테야! 이렇게 결심한 로키가 나쁜 것일까, 아니면 그를 소외시킨 아스 신들이 나쁜 것일까? 딱 잘라 말할 수 없겠지만, 어쨌든 최악의 결과로 이어졌다. 이제 북유럽 신화가 절정으로 치닫는다.

발데르의 죽음 이후 세상은 극도로 혼란스러워졌다. 그러던 어느 날 해와 달이 자취를 감추었다. 아스가르드의 황금 수탉이 울었다. 니플헤임과 요툰헤임의 수탉들도 요란하게 울어댔다. 전쟁의 징조다. 오딘은 그제야 체념했다. 결국 최후의 전쟁을 막지 못했다.

거인족 진영에는 무시무시한 전사들이 많다. 그중에서도 최고의 전사들은 모두 로키의 자식들이다. 아, 로키가 붙잡혔을 때 오딘이 죽여버린 자식을 말하는 게 아니다. 로키는 자식들이 상당히 많다. 지금 말하는 로키의 자식은 모두 괴물이다. 지구 전체를 감쌀 정도로 큰 뱀 요르문간드, 늑대 괴물인 펜리르, 로키의 딸로 저승 세계를 다스리는 헬……. 이 셋은 모두 일당백의 막강한 전사다.

이들만으로도 신들의 열세인데, 거인 진영에는 불꽃 세상인 무스펠헤임에 사는 거인 수르트도 있다. 그는 어느 누구도 이길 수 없는 전사였다. 저승 문지기와 죽은 자들도 거인 편에 섰다. 로키도 결박에서 풀려나 죽은 자들과 거인을 이끌고 아스가르드로 달려왔다. 이들이 곧 아스가르드와 외부 세계를 연결하는 무지개다리, 비프로스트에 도착

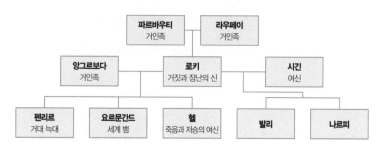

북유럽 신화의 로키 계보도

파르바우티 거인족	라우페이 거인족

앙그르보다 거인족	로키 거짓과 장난의 신	시긴 여신

펜리르 거대 늑대	요르문간드 세계 뱀	헬 죽음과 저승의 여신	빌리	나르피

했다. 아주 짧은 시간의 정적. 이윽고 그들이 괴성을 지르며 달려들었다. 비프로스트는 와르르 무너졌다. 비프로스트를 지키는 신 헤임달이 뿔피리를 불어 라그나뢰크의 시작을 알렸다.

오딘의 지시에 따라 신들이 무장하고 최후의 전쟁터에 집결했다. 사방이 1,000킬로미터에 이르는 넓은 평야. 곧 적들이 모습을 드러냈다. 서로가 서로를 향해 달려들었다. 최후의 전쟁이 본격적으로 시작되었다. 피가 사방으로 튀고 비명이 진동했다. 아비규환. 신들, 거인들, 죽은 자, 불꽃 종족, 괴물들의 고함과 지축을 울리는 굉음으로 하늘이 찢어지는 것 같았다. 늑대 괴물 펜리르가 세상을 모두 삼킬 기세로 불을 뿜었다. 오딘이 펜리르를 저지하려고 막아섰지만 역부족이었다. 눈 깜짝할 사이에 펜리르가 오딘을 덥석 삼켜버렸다. 최고신이 죽어버렸다! 오딘의 아들 비다르가 펜리르의 심장에 칼을 꽂고 턱을 찢어버렸다.

펜리르를 제거하는 데에는 성공했지만 신들은 아버지나 다름없는 오딘을 잃었다. 오딘의 근위병 역할을 하던 여신 전사 집단인 발키리들도 불꽃 종족과 싸우다 전멸했다.

거대한 뱀 요르문간드는 토르만이 맞설 수 있었다. 둘은 예전에도 몇 차례 격돌한 적이 있다. 이번에는 피할 수 없는 승부다. 토르가 강했다. 하지만 토르도 무사하지 못했다. 요르문간드가 죽어가면서 토해낸 독에 감염돼 토르 또한 죽고 말았다.

라그나뢰크 유발자인 로키는 비프로스트의 문지기 헤임달과 격돌했다. 승자는 없었다. 두 사람은 서로 몸이 엉킨 채로 죽었다. 전쟁의 신인 티르는 저승의 괴물과 싸우다 함께 죽었다. 미의 여신 프레이야의 남자 형제인 프레이는 불꽃 거인 수르트와 싸우다 죽었다.

얼마나 시간이 흘렀을까? 전쟁터에는 신들의 시체가 넘쳐났다. 아스가르드는 폐허가 되어버렸다. 주변을 둘러보던 수르트가 검을 들어올렸다. 번쩍! 불꽃이 일렁이더니 세상을 태우기 시작했다. 세상을 지탱하던 세계수 이그드라실도 타버렸다. 이윽고 바닷물이 대지를 삼켰다. 별들은 땅으로 추락했다. 완벽한 종말이다.

신들의 황혼, 라그나뢰크는 이렇게 끝난다. 세계는 다시 혼돈으로 돌아간다. 하지만 끝은 아니다. 예언에 따르면 새로운 대지가 올라오고, 죽었던 신들이 일부 되살아난다. 가까스로 목숨을 건진 최후의 남녀 인간으로부터 새로운 인류가 시작된다. 하나 더. 천상으로부터 두 명의 강력한 지배자가 내려온다. 그 지배자가 어떤 존재인지에 대해서는 정확하게 밝히지 않았다.

요컨대 종말에 이은 새로운 시작이다. 많은 학자들이 이 라그나뢰크의 종말론적 세계관은 크리스트교 종말론의 영향을 받았다고 보고 있다. 그럴 개연성은 충분히 있다. 크리스트교가 로마와 서유럽을 거쳐 북유럽까지 퍼졌으니까 말이다.

라그나뢰크를 빙하기의 상징으로 보는 이들도 있다. 인류는 몇 차례의 빙하기를 거쳤다. 빙하기와 빙하기 사이에 존재하는 간빙기가 인류가 평화롭게 살아가는 시대다. 간빙기가 끝나고 빙하기가 오면? 이런 두려움이 라그나뢰크라는 특이한 종말론을 남겼다는 뜻이다. 부조리한 세계, 불합리한 현실로부터 도피하려는 심리가 작용했을 수도 있다. 그런 민중의 심리가 빙하기에 대한 두려움이나 새로운 종교의 유입과 겹치면서 라그나뢰크로 발현했다는 뜻이다.

인류 역사를 찬찬히 되짚어본다. 라그나뢰크라 부를 만한 참사가 있었을까? 그런 게 없다면, 언젠가는 다가오는 것일까? 혹시 우리가 살고 있는 지금 일어날 수도 있지 않을까? 아, 상상하기도 싫다. 종말보다는 지옥 같은 현실을 택하리라. 현실 지옥은 우리가 바꾸면 되니까!

지진이 왜 일어날까?

오딘이 로키의 자식을 죽이고 창자를 끄집어냈던 장면으로 돌아가자. 오딘은 그 창자로 로키를 꽁꽁 동여맸다. 마법이 들어 있으니 로키는 이 결박을 풀지 못한다. 오딘은 이어 독사를 잡아 로키의 머리 위에 매달았다. 독사의 입에서는 독이 뚝뚝 떨어졌다.

신들이 돌아간 후 그 자리에는 로키와 로키의 아내만 남았다. 그 순간에도 독사는 독을 흘렸다. 로키의 아내는 얼른 그릇을 갖다댔다. 한 방울, 두 방울, 세 방울……. 금세 넘칠 정도로 독이 그릇에 찼다. 아내는 그릇을 비우러 자리를 비울 수밖에 없다. 그 시간이 얼마나 될까?

로키가 무방비 상태가 됐다. 여전히 독사의 입에서는 독이 떨어졌다. 그 독은 고스란히 로키의 이마에 떨어졌다. "치직." 로키의 이마가 타기 시작했다. 로키는 고통으로 온몸을 비틀어대며 울부짖었다. 바로 이 영향으로 지축이 울리며 세상에는 지진이 시작된다. 로키의 아내가 빈 그릇을 가지고 돌아오면? 지진이 멈춘다. 고대 북유럽 사람들이 생각한 지진의 원리다.

6

불륜, 응징 그리고 사사로운 신들의 다툼

그리스 최고의 바람둥이 신들

·

그리스의 최고신인 제우스와 미의 여신 아프로디테는 불륜과 바람둥이의 대명사였다.

이 둘 외에도 많은 신들이 같은 행태를 보였다.

아이러니하게도 신들의 불륜 행각은 신화의 서사를 풍부하게 만드는 역할을 했다.

이는 인간의 숨겨진 욕망이 신화에 투영된 것인지도 모른다.

트로이 전쟁은 한때 신화로 받아들여졌다. 이 전쟁을 배경으로 한 작품이 호메로스의 서사시 「일리아드」와 「오디세이」다. 뛰어난 문학 작품으로만 여겼는데, 트로이 유적이 발견되었다. 이로써 트로이 전쟁은 고대 그리스와 트로이 왕국 사이에 무역 주도권을 놓고 벌인 실제 전쟁일 가능성이 커졌다.

신화로서의 트로이 전쟁은 헤라, 아프로디테, 아테나 세 여신의 다툼에서 비롯된다. 트로이 전쟁에 대해서는 뒤에서 다룰 기회가 있으니 여기서는 넘어가자. 우리가 여기에서 집중할 대상은 세 여신이다. 이 세 여신의 다툼이 불륜으로 이어지고, 결국 전쟁으로 악화했다.

먼저 헤라부터 보자. 헤라는 제우스의 아내다. 따라서 여신들의 우두머리다. 출산과 결혼을 관장한다. 처음엔 관대했지만 나중에는 질투를 상징하는 여신이 되어버렸다. 남편 제우스를 믿지 못하고 끝도 없이 따지고 채근한다. 아내에게 꽉 잡혀 사는 제우스가 불쌍하다고? 천만에! 제우스는 최고의 바람둥이였다. 불륜이 몸에 밴 최고신이었다. 이런 남편과 산다면 그 누구라도 머리꼭지가 돌아버리지 않겠는가?

미의 여신은 아프로디테다. 하지만 헤라 또한 아프로디테만큼이나 미모가 뛰어났다. 헤라와 제우스는 남매지간이다. 제우스에게는 헤스티아, 데메테르라는 또 다른 여자 형제가 있었다. 제우스가 헤라를 선택한 것도 그녀의 뛰어난 미모와 몸매 때문이었다. 그런데도 제우스는 헤라 한 명에 만족하지 못했다.

헤라 여신, 꽤 독하다. 제우스가 바람을 피우면 처음에는 제우스만 탓했다. 하지만 자고 나면 새 연인에 자식까지 생겨났다. 헤라도 독해질 수밖에! 최고신 제우스의 옥체에 해를 가할 수는 없다. 반면 연인과 그 자식은 헤라보다 서열이 한참 낮거나 인간이었다. 그러니 언제든 복수할 수 있다. 기왕이면 철저하게!

술의 신 디오니소스는 엄밀하게 말하면 절반만 신이다. 엄마가 인간이었다. 그 엄마는 테베의 공주 세멜레였다. 헤라는 제우스가 인간으로 변신해 세멜레와 바람을 피우자 그녀의 보모로 변장해 다가갔다. "그가 가짜 제우스일지 모르니 본래의 모습을 보여달라 하세요. 공주님을 사랑한다면 진짜 모습을 보여주지 않겠어요?" 듣고 보니 그럴싸하다. 사실 이게 파멸로 가는 길이다. 제우스는 최고신이자 번개의 신이다. 그런 제우스의 본 모습을 목격한 인간은 당연히 잿더미가 된다. 그것도 모르고 세멜레는 헤라의 말대로 했다가 불에 타 죽고 말았다.

이때 세멜레는 임신해 있었다. 제우스가 그 아이를 뱃속에서 꺼냈다. 헤라에게 들키면 아이마저 죽을 게 뻔하다. 제우스는 자신의 넓적다리에 아이를 집어넣었다가 나중에 님프에게 맡겼다. 이 아이가 바로 디오니소스다.

디오니소스는 술의 신이면서 광기의 신이다. 그는 역마살이 낀 것처럼 아시아 전역을 유랑한다. 그를 숭배하는 의식은 퇴폐적이며 광란에 가깝다. 디오니소스는 포도를 가장 먼저 재배했기 때문에 풍요를 상징하기도 한다. 아, 정말 종잡을 수 없는 캐릭터다. 그의 기구한 운명은 어쩌면 출생에서부터 줄줄이 꼬였던 건 아닐까?

반신반인의 영웅 헤라클레스 또한 제우스와 알크메네 공주 사이에서 태어났다. 헤라클레스도 죽을 때까지 헤라의 저주를 피하지 못했다. 이 이야기는 뒤에서 다룬다. 바람둥이 제우스의 이야기를 조금 더 해보자. 물론 그만큼 헤라의 복수극도 잔인해진다.

제우스가 아르테미스 여신의 시녀이자 님프인 칼리스토를 건드렸다. 아르테미스는 헤라의 분노가 두려워 칼리스토를 쫓아냈다. 칼리스토는 얼마 후 제우스의 아이를 낳았다. 헤라의 질투 폭발! 칼리스토를 곰으로 바꿔버렸다. 곰이 된 칼리스토는 숲 속으로 숨었다. 한참의 시간이 흘렀다. 칼리스토가 젊은 사냥꾼과 맞닥뜨렸다. 자신의 아들이었다. 칼리스토는 반가워하며 달려들었다. 하지만 누가 봐도 곰의 공격이다. 사냥꾼은 곰을 죽였다. 이 광경을 지켜보던 제우스가 혀를 쯧쯧 차면서 회오리바람을 일으켰다. 엄마와 아들은 하늘로 올라가 큰곰자리와 작은곰자리가 되었다.

제우스의 조치에 헤라가 또 분노했다. 자신을 능멸한 모자를 별자리로 만들다니! 헤라는 대양의 신을 찾아가서 절대로 큰곰자리와 작은곰자리가 바다 밑으로 내려가지 못하도록 부탁했다. 칼리스토 모자는 죽어서도 쉴 수 없게 되었다. 실제로 두 별자리는 항상 북극성 주변을 맴돌 뿐이다.

아, 헤라의 저주는 실로 치명적이다. 이밖에도 헤라의 복수극은 더 있다. 하지만 이쯤에서 끝내자. 사실 헤라도 피해자다. 관대한 성격이었던 헤라가 질투에 사로잡혀 잔혹하게 변한 원인은 제우스에게 있다. 헤라의 이 성격 변화는 남성 중심의 사회가 확고해지면서 만들어졌을 가능성이 있다.

요즘으로 치면 제우스는 간통죄를 밥 먹듯이 저지르는 색마 캐릭터다. 아무리 신들의 세계라고 하지만 지나치지 않은가? 사실 이런 스토리는 여성의 지위가 극히 낮은 가부장제를 반영하고 있다. 물론 현실에서는 이럴 수 없다. 당장 감옥에 처넣어야 한다.

제우스가 남자 신 가운데 최고 바람둥이라는 점은 확실하다. 그렇다면 여자 신들 중에서 최고의 팜므파탈은 누구일까? 미의 여신 아프로디테다.

아프로디테는 요즘 말로 섹시한 미녀다. 정신적 사랑? 그녀에게는 별로 중요하지 않다. 아프로디테는 육체적 사랑을 상징한다. 그녀의 조각을 보라. 늘 반쯤은 벗고 있거나 가슴을 드러내고 있다. 남자를 유혹해서 자기 것으로 만들고야 말겠다는 강력한 의욕이 느껴진다. 뇌쇄적이다.

이런 여신이 또 있었을까? 없다. 아프로디테는 성^性에 있어서는 그 어떤 신보다 자유분방하다. 제우스마저 아프로디테에 반할 정도였으니, 어쩌면 바람기에 있어서만큼은 아프로디테가 제우스보다 한 수 위라고 볼 수도 있을 것 같다.

아프로디테는 수많은 남자 신들, 그리고 인간과도 관계를 맺었다. 그러다 보니 아이도 많이 낳았다. 정작 남편과의 사이에는 자식이 없다! 그 남편이 신들 중에 가장 못생겼다는 대장장이 신 헤파이스토스다.

헤파이스토스는 제우스와 헤라의 자식이다. 최고신과 최고 여신 사이에서 태어났으니 우쭐할 법도 하건만, 그저 묵묵히 대장간에서 일한다. 한쪽 발을 절기까지 한다. 아빠 엄마가 부부 싸움을 하다 천상 세계에서 집어 던졌기 때문이다. 죽지 않은 것만으로도 다행이다.

제우스는 이게 맘에 걸렸나 보다. 그래서 가장 아름다운 여신을 헤파이스토스에게 시집보냈다. 헤파이스토스는 어땠을까? 시큰둥했다. 그녀가 자신을 사랑하지 않는다는 사실을 잘 알고 있었다. 아내가 바람을 피워도 내버려두었다. 부처님 심지일까, 무능력자일까?

• 아프로디테 그리스어 아프로스(aphros)는 '거품'을 의미한다. 그녀는 우라노스의 생식기에서 흘러나온 정액이 일으킨 거품에서 태어났다. 로마에서는 비너스라고 불렀고, 고대 그리스에서는 키테레이아라고 불렀다. 대장장이 신 헤파이스토스의 아내이지만, 숱 한 남성 신과 인간 남자와 염문을 뿌린 남성 편력의 소유자였다.

아프로디테는 처녀인 양 마음껏 남자들과 놀아났다. 헤르메스, 디오니소스와도 잠자리를 가졌다. 최고의 불륜 상대는 전쟁의 신 아레스다. 대놓고 간통이다. 두 신은 무려 10명이 넘는 자식을 낳았다. 신화인 게 다행이다. 현실에서 이런 일이 벌어졌다면 필경 칼부림이 일어날 터. 사랑의 화살로 유명한 꼬마 신 에로스가 두 신의 아들이다. 좀심하다 싶다. 아무리 신화라지만 버젓이 배우자가 있는데, 불륜을 이렇게 막 저질러도 되나? 아이들에게 신화를 읽힐 수야 있겠어? 이렇게 말할 독자도 있을 것 같다. 그래도 참으시라. 현실이 아니니까. 헤파이스토스도 사실은 꽤나 열 받았나 보다. 그래, 돌부처는 아니었다. 소소한 복수극을 벌인다.

헤파이스토스가 멀리 외출한 적이 있었다. 아프로디테는 남편이 자리를 뜨자마자 곧장 아레스를 침실로 불러들였다. 이런 일이 한두 번이 아니었다. 서로가 모르는 체할 뿐. 하지만 그날은 예외였다. 헤파이스토스는 보이지 않는 그물을 아프로디테의 침대에 설치해두었다. 그것도 모르고 아프로디테와 아레스는 뜨거운 불륜을 저질렀다. 그물이 작동했다. 두 신은 발가벗은 그 상태로 꽁꽁 묶였다. 헤파이스토스가 나타나 외쳤다. "신들 여러분! 여기 와서 그 짓을 하다 발가벗긴 채로 꼼짝하지 못하는 이분들을 보세요. 이런, 용맹하신 전쟁의 신이시네. 미의 여신도 있으시네."

불륜의 현장이 발각되었다. 실오라기 하나 걸치지 않은 두 신은 기자들의 카메라 플래시 세례를 받는 잡범들처럼 우왕좌왕했다. 이런 모욕이 또 있을까? 아레스와 아프로디테는 그물을 풀어달라고 애원했다. 헤파이스토스는 절대로 안 풀어줄 것처럼 굴다가 포세이돈의 설득에 넘어가 둘을 놓아주었다. 물론 다시는 불륜을 저지르지 않겠다는 약속을 받고 말이다. 이 약속? 안 지켜졌다. 두 신은 그 후로도 불륜을 이어갔고, 그러다 보니 열 명이 넘는 자식을 출산한 것이다.

이쯤 되면 아프로디테와 아레스가 오히려 부부인 것처럼 느껴진다. 실제로 두 신은 서로에 대해 질투심도 강했다. 웃기는 신들이다.

아도니스라는 미소년이 이 두 신 때문에 죽었다. 아프로디테가 아도니스에게 반하지 않았더라면? 질투심에 눈 먼 아레스가 멧돼지로 변해 아도니스를 들이받아 죽이는 일도 일어나지 않았을 것이다. 그 반대 사례도 있다. 아레스가 에오스라는 새벽의 여신과 또 바람을 피웠다. 아프로디테는 에오스에게 저주를 걸었다. 죽기 직전의 젊은 사람만 사랑하도록! 이후로 에오스는 부끄러움에 늘 얼굴이 붉게 물들었다. 새벽하늘이 붉은 이유가 바로 그 때문이란다.

곰곰이 생각해보면 아프로디테는 사랑이란 미명하에 상당히 오만했던 신인 것 같다. 그 유명한 트로이 전쟁을 유발한 가장 큰 책임자는 아프로디테다. 버젓이 다른 남자의 여자로 잘살고 있는 헬레네를 트로이 왕자 파리스에게 주지 않았는가?

아프로디테는 출생부터가 독특하다. 아프로디테는 바다의 거품에서 태어났다. 그런데 그 거품이 그냥 거품이 아니다. 제우스의 할아버지, 그러니까 우라노스의 정액이 들어 있는 거품이다. 황당하다고? 그러니까 신화다.

우라노스는 아들 크로노스의 쿠데타에 희생됐다. 크로노스는 아버지 우라노스의 성기를 거세했다. 그때 우라노스의 정액이 바다에 떨어졌다. 정액은 바다 거품이 되어 떠돌았다. 이 거품이 아프로디테가 되었다. 그녀는 곧 키프로스섬에 닿았다. 이때 그녀는 커다란 조개를 타고 있었다. 이때의 이야기를 담은 유명한 작품이 보티첼리의 〈비너스의 탄생〉이다. 아프로디테는 '바다에서 온 여인' 혹은 '거품에서 온 여인'이란 뜻이다.

아프로디테는 로마에서 비너스라는 이름으로 숭배되었다. 그리스의 아프로디테였을 때보다 로마의 비너스였을 때 인기가 더 높았다. 특히 로마에서는 수호신의 반열에 오르기도 했다. 이유가 있다. 비너스가 아이네이아스라는 영웅을 낳았는데, 이 영웅이 훗날 로마의 시조가 되기 때문이다. 아이네이아스 이야기는 뒤에서 다시 다룬다.

그리스에서 로마로 이어지는 그 긴 시간 동안 아프로디테는 변함없는 사랑을 받았다. 꽤나 불륜을 저질렀으니 여성들이 미워할 법도 한데, 그렇지 않다. 남녀노소 가리지 않고, 시대를 초월해 아프로디테를 숭배했다. 중세 유럽에서도 비너스를 소재로 한 예술 작품이 넘쳐나는 게 그 때문이다.

왜 사람들은 아프로디테를 그토록 숭배할까? 사랑을 갈구해서? 그럴 수도 있겠지만, 어쩌면 너무나 비현실적인 사랑을 그녀가 보여주었기 때문이 아닐까? 혹은 자신도 그런 사랑을 해보고 싶다는 갈망이 그녀에 대한 숭배로 이어진 건 아닐까? 어쨌거나 아프로디테는 시대를 초월해 모든 사람의 연인으로 남아 있다.

거미가 몸에서 거미줄을 뽑아내는 까닭은?

거미 공포증을 영어로 '애러크너포비어(aracnophobia)'라고 한다. 그리스 신화에 등장하는 여성 아라크네가 이 병명의 기원이 되었다. 그녀가 거미로 변한 건데, 이 또한 제우스와 무관하지 않다.

아라크네는 베를 잘 짰다. 직물의 신인 아테나를 능가할 정도로. 아라크네와 아테나는 기어이 직물 짜기 대결을 벌였다. 아라크네의 솜씨는 정말 대단했다. 다만 그녀가 만든 작품의 내용이 문제였다. 아라크네는 제우스가 흰 소로 변해 여성을 납치하는 장면, 여성을 백조로 둔갑시키는 장면을 작품에 담았다. 최고신이 외간 여자와 바람피우는 것을 비꼰 것이다. 결국 아테나의 분노가 폭발했다. 아라크네의 직물을 찢고 그녀를 마구 때렸다. 공포에 질린 건지, 뒤늦게 자신의 오만을 반성한 건지는 확실하지 않다. 어쨌거나 아라크네는 스스로 목숨을 끊었다. 아테나는 그녀를 거미로 부활시켰다. 대대손손 몸에서 줄을 뽑아내고, 그 줄에 매달려 살라면서 말이다. 아테나의 이 행동, 사실상 저주가 아닐까?

7

왕실이 하늘 신의 직계 후손이라고?

일본 최고신 탄생 신화

일본 신화의 가장 큰 특징은 정부가 나서서 신화를 집대성했다는 점이다.

이를 기록한 책이 『고사기』와 『일본서기』다.

이미 여러 차례 목격했듯, 신화는 권력의 정당성을 뒷받침하는 훌륭한 수단이 된다.

칼로 물을 베어보라, 생채기 하나 낼 수 있는지. 절대 그럴 수 없다. 부부 싸움도 이래야 한다. 뒤끝 없이 깔끔하게! 그래서 부부 싸움을 칼로 물 베기라 하는 거 아니겠나? 평생을 같이 살다 보면 싸울 일이 한둘이 아니다. 그때마다 폭발한다면 이혼을 수백, 수천 번은 해야 한다. 그러니 참으면서 사는 거다. 뭐, 그러면서 정도 든다. 그래서 부부다.

그렇지 않은 부부도 많다. 서로를 죽일 듯 미워하고 배척한다. 이 정도면 부부 싸움이 아니라 전쟁이다. 일본 신화에 이런 부부 신이 있었다. 남매지간이었지만 지상 세계로 내려와 부부의 연을 맺고 일본을 창조한 신이다. 앞에서 이미 얘기한 이자나기와 이자나미를 말한다.

일본 초기 신화에는 신들끼리 피 튀기는 전쟁을 벌이는 장면이 등장하지 않는다. 그 대신 이 부부의 대결이 꽤나 눈에 띈다. 거의 전쟁 수준이다. 꽤나 다정했던 것 같은데, 이 부부는 어쩌다 그토록 사이가 나빠진 걸까?

본격적으로 시작하기 전에 일본에 대해 조금 더 이야기해보자. 일본은 왕이 존재하는 입헌 군주국이다. 2019년 5월, 제126대 나루히토 일왕이 등극했다. 126대까지 이어진 왕조라니, 정말 대단하다. 초대 일왕 진무는 기원전 711년경 등극했다고 한다. 일본은 진무 일왕이 등극했다는 2월 11일을 건국 기념일로 삼고 있다. 진무의 등극을 신화나 전설이 아닌 역사로 간주하는 걸까? 이거 좀 뜯어봐야겠다. 사실일 확률은 아주 낮다. 일본은 기원전 300년 무렵까지도 신석기 문화를 벗어나지 못했다. 섬이라는 지리적 특성 때문에 대륙 문화를 받아들이지 못해서다. 중앙 집권 체제가 시작된 것도 7세기 이후다. 진무 일왕이 127세 혹은 137세에 죽었다니, 이것도 사실일 리 없다. 역사가 짧다는 약점을 일본 정치인들은 신화로 메웠다.

일본 신화가 다른 나라의 신화와 가장 다른 점이 바로 이것이다. 오랜 시간에 걸쳐 구전되거나 조금씩 기록된 게 아니다. 물론 각 지방별로 우리의 무속 신앙처럼 신화가 전해 내려오기는 했다. 하지만 최고신을 비롯해 핵심적인 신들은 8세기경 일본 정부의 국책 사업을 통해 정비되었다. 그때 만든 『고사기』와 『일본서기』가 이 신화의 출처다. 일본 정부가 왜 이런 사업을 벌였을까? 하고 싶은 말이 있었기 때문이다.

신들의 전쟁

"일본 왕가는 하늘 최고신의 직계 후손이다!"

일본에서 최고신은 아마테라스라는 여신이다. 미리 말하자면 아마테라스는 일본 왕실의 직접 조상이다. 신화가 현실로 이어지고 있다. 일본으로서는 이런 기조를 지금도 유지하고 싶은가 보다. 그래서 아마테라스는 여전히 최고신의 지위를 누리고 있다.

일본 창세 신화를 앞에서 살짝 다루었다. 이자나기와 이자나미 부부가 세상을 창조한 뒤 여러 자연신을 출산했다. 그러다 이자나미가 불의 신을 낳던 중 음부에 화상을 입어 사망한다. 그 다음은 어떻게 됐을까? 이야기를 이어가보자.

부부의 금실이 무척 좋았나 보다. 격노한 이자나기는 갓 태어난 불의 신을 죽여버렸다. 그렇다 한들 아내가 되살아나겠는가? 그리움이 커졌다. 결국 이자나기는 아내를 되찾기 위해 황천으로 향했다. 이런 설정은 세계 여러 신화에서 자주 보인다.

황천의 법칙이 하나 있다. 그곳에서 저승의 음식을 먹으면 이승으로 돌아오기가 쉽지 않다는 것! 사실 이런 설정도 세계 여러 신화에서 자주 보인다. 고대인들이 동서양을 막론하고 비슷하게 저승 세계를 상상했던 것이다. 역시 사람들은 똑같은 방향으로 나아가나 보다.

이자나미는 이미 저승의 음식을 먹었다고 했다. 이러니 남편인 이자나기가 당황하지 않을 수 없다. 그렇다고 해서 아내를 포기할 수는 없었다. 이승으로 돌아가자고 조르는 남편을 지긋이 바라보던 이자나미가 말했다. "그렇다면 잠깐만 기다리세요. 이곳의 신들과 상의해보

겠습니다. 단, 제가 나갈 때까지는 제가 있는 곳으로 들어오거나 훔쳐
보시면 안 됩니다."

신화에서 금기는 반드시 깨진다. 오히려 그런 일이 일어난다는 암시
에 가깝다. 이자나기 또한 호기심을 누르지 못하고 아내의 처소를 들
여다보고야 말았다. 그 순간, 이자나기는 비명을 지르며 뒷걸음질을
쳤다. 저승의 음식을 이미 먹은 아내는 더 이상 아름다운 여신이 아니
었다. 온몸에 구더기가 들끓고 있었고 몸은 썩고 있었다. 모든 죽은 자
가 그렇듯이 말이다.

이 부부의 사랑, 정말 허망하다. 아내를 살려내겠다며 저승으로 뛰
어갔던 자가 아니던가? 이제 사랑은 두려움과 적개심으로 바뀌었다.
이자나기는 몸을 돌려 냅다 도망치기 시작했다. 이자나미도 사랑을 잊
었다. 그녀는 귀신과 마귀를 불러 남편을 잡아오라 했다.

러브스토리가 갑자기 무협 영화로 바뀌었다. 이자나기가 도망가면
서 그 괴물들을 물리쳤다. 그러자 이자나미가 직접 남편을 추격했다.
남녀 관계란 게 확 달아올랐다가도 순간 얼어붙을 수 있다지만 이건
좀 심하다. 죽음도 초월한 부부가 너 죽고 나 살자 식으로 변하지 않
았는가?

추격전의 결말이다. 이자나기는 황천을 벗어난 후 커다란 바위로
황천의 입구를 막아버렸다. 바위 안쪽에서 아내의 목소리가 들려왔
다. "이 바위를 치우세요. 그렇지 않으면 매일 인간 1,000명을 죽이겠
습니다." 이자나기는 태연하게 응수했다. "그렇게 해보시오. 그러면

난 매일 인간 1,500명을 태어나게 할 테니!"

요즘도 하루 동안에 수많은 사람이 죽고 태어난다. 이 부부의 저주와 맞대응이 원인이란다. 부부가 이혼하는 것 또한 이 부부 신의 결별에서 비롯되었다고 한다. 이승과 저승이 완전히 다른 세계가 된 이유? 이자나기가 거대한 바위로 저승 입구를 막아버렸기 때문이다.

이렇게 해서 이자나기와 이자나미의 스토리가 끝이 나는 듯했다. 하지만 이자나기가 해야 할 일이 남았다. 최고신이 탄생하는 징검다리 역할이다.

황천에서 도망친 이자나기는 더러운 기운을 씻어내리려고 몸을 씻었다. 이때 왼쪽 눈에서 아마테라스, 오른쪽 눈에서 츠쿠요미, 코에서 스사노오가 태어났다. 이 가운데 장녀인 아마테라스가 최고신이 되었다. 그녀는 태양신으로서 천상 세계를 통치했다. 동생 츠쿠요미는 밤, 스사노오는 바다를 맡았다. 참고로 이 스토리는『고사기』에 따른 것이다.『일본서기』에는 이자나미가 죽기 전에 세 남매를 낳은 것으로 기록되어 있다.

막내가 엄마의 품을 가장 그리워했을까? 스사노오가 그랬다. 스사노오는 엄마가 보고 싶다며 매일 울어댔다. 이자나기가 호통을 쳐도 소용이 없었다. 스사노오는 바다의 신. 그러니 그의 울음은 거대한 해일과 흡사했으리라. 이자나기가 두 손을 들었다. "그래, 황천으로 가거라."

아버지의 허락을 받은 스사노오가 짐을 꾸렸다. 그는 누나에게도 작별 인사를 고하겠다며 천상 세계로 올라갔다. 바다를 다스리는 신이었으니 난폭할 터. 아마테라스는 동생이 천상 세계를 빼앗으러 왔을 거라 생각했다. 중무장한 채로 동생을 맞았다.

스사노오는 자신의 결백을 입증하겠다며 그 어떤 테스트도 받아들이겠다고 했다. 이 방식이 묘하다. 두 신은 서로 물건을 교환해 씹은 다음 뱉어냈다. 그러자 또 다른 신들이 태어났다. 일본 신들은 정말 다양한 방식으로 생겨난다.

오해가 풀리자 스사노오는 천상 세계를 마음껏 둘러볼 수 있게 되었다. 하지만 폭력적인 성격이 문제였다. 갖은 말썽을 일으켰다. 아마테라스가 애지중지 가꾸던 정원을 망치는가 하면 그녀의 방에 용변을 보기도 했다. 정말 못 말리는 신이다. 아마테라스도 화가 났다. "다 꼴보기 싫다. 난 더 이상 관여하지 않겠다. 깊은 동굴로 들어갈 테니 찾지 마라!"

신들의 수장이 사라졌다! 하물며 그녀는 태양신이다. 그런 신이 동굴로 들어가버렸으니 세상이 암흑천지가 되어버렸다. 어떻게든 아마테라스를 동굴 밖으로 데리고 나와야 했다. 하지만 그 어떤 설득도 먹히지 않았다. 여신의 고집은 소의 힘줄보다 강하고 질겼다.

세상의 모든 신들이 모여 대책 회의를 열었다. 좋은 아이디어가 떠올랐다. 신들은 동굴 밖에서 떠들썩하게 잔치를 열었다. 춤의 여신이 화려한 동작으로 시선을 끌었다. 나머지 신들도 왁자지껄 떠들며 흥겨

• 아마테라스 아내 이자나미를 찾으러 황천에 갔던 이자나기가 황천의 실상을 목격하고 도망쳐 몸을 씻던 중에 왼쪽 눈에서 태어난 여신이다. 일본인들은 아마테라스를 일본 왕실의 직계 조상으로 여긴다.

운 분위기를 연출했다. 동굴 안에서 칩거하던 아마테라스가 호기심을 품었다. "무슨 일이지?" 그녀가 얼굴을 내밀자 여신이 거울을 비추었다. 거울에 아마테라스의 얼굴이 반사되었다. 좀 더 자세히 보려고 아마테라스가 고개를 내미는 순간 신들이 냉큼 잡아 끄집어내고는 동굴을 봉쇄했다. 이로써 모든 문제가 해결되었다. 아마테라스는 다시 천상 세계를 다스렸고, 세계는 질서를 되찾았다. 이후 아마테라스는 최고신으로서의 확고부동한 위치를 지켜냈다.

이미 말한 대로 일본에서는 아마테라스를 일본 왕실의 직계 조상이라 여긴다. 물론 역사라기보다는 신화적 발상이다. 생물학적으로도 불가능하다. 아마테라스는 평생 결혼하거나 출산한 적이 없다. 오로지 신화적으로 자식을 낳았을 뿐이다. 스사노오의 결백을 입증하는 테스트를 떠올려보라. 서로 물건을 교환해 씹었다가 뱉었을 때 여러 신이 태어났다고 했다. 아마테라스의 자식도 바로 그때 태어났다. 그 자식 중의 한 명이 아메노오시호미미이고, 그에게서 난 자식이 니니기다.

니니기는 나중에 지상으로 내려가 나라를 세우라는 아마테라스의 특명을 받는다. 아마테라스는 거울, 검, 구슬 세 가지를 손자인 니니기에게 증표로 주었다. 일본에서는 이 세 가지 물건을 신령스럽게 여기며 '삼종신기三種神器'라 부른다. 또한 니니기가 지상으로 내려온 사건을 '천손강림'이라 부른다. 짐작했겠지만 이 니니기가 일왕의 직계 조상이다.

신들의 전쟁

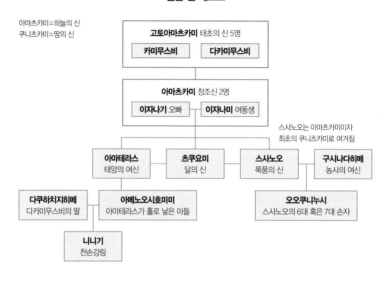

일본 신 계보도

아마츠카미=하늘의 신
쿠니츠카미=땅의 신

고토아마츠카미 태초의 신 5명
카미무스비　**다카미무스비**

아마츠카미 창조신 2명
이자나기 오빠　**이자나미** 여동생

스사노오는 아마츠카미이자
최초의 쿠니츠카미로 여겨짐

아마테라스 태양의 여신　**츠쿠요미** 달의 신　**스사노오** 폭풍의 신　**구시나다히메** 농사의 여신

다쿠하치지히메 다카미무스비의 딸　**아메노오시호미미** 아마테라스가 홀로 낳은 아들　**오오쿠니누시** 스사노오의 6대 혹은 7대 손자

니니기 천손강림

　앞에서 말했듯이 일본 신화는 『일본서기』와 『고사기』에 뿌리를 두고 있다. 현재 일본 전역에서는 무속 신, 지역 신, 불교가 일본에 수입된 후 각색된 신을 비롯해 종류만 수백만에 이르는 신을 섬기고 있다. 하지만 이런 신들은 『일본서기』와 『고사기』에 등장하지 않는다. 이 신화는 왕실의 신성함을 강조하려고 만든 것이기 때문이다. 그러니 민간의 신들이 감히 명함이나 내밀겠는가?

　남의 나라 신화에 감 놔라 배 놔라 간섭할 생각은 없다. 신화의 정치적 속성을 이야기하려는 것이다. 중국처럼, 혹은 중동의 여러 나라처럼 일본의 권력자들은 정치적 정당성을 획득하기 위해 신화를 이용했다. 물론 정치인의 처지에서 생각해보면 이해가 가지 않는 것은 아니다. 권력을 유지할 수 있다면 그 어떤 술수도 마다하지 않는 게 정치이니까 말이다.

중국의 황제와 치우의 탁록대전도 현실 세계의 권력 투쟁을 반영한 이야기다. 일본 신화도 본질은 중국의 탁록대전과 크게 다르지 않다. 일본 왕실을 신성하게 포장하려는 것이 그 목적이다. 사실 권력자를 신격화하기 위해 국가가 신화를 이용한 사례는 상당히 많다. 다만 일본 사례가 다른 점은 모든 작업이 정부에 의해 상당히 조직적으로 이루어졌다는 것이다. 이런 식으로 신화를 만드는 사례는 전 세계에서 유례를 찾기 힘들다.

이런 점 때문에 일본 신화를 두고 가장 정치색이 강한 신화라고 하는 이들도 있다. 이 해석에 굳이 반기를 들고 싶지는 않다. 내가 보기에도 당시의 일본 정치인들은 신화를 만들면서 이 점을 염두에 두었을 테니까 말이다. "우리는 신의 혈통을 이어받았다! 그러니 백성은 왕을 신으로 추앙해야 한다!"

이렇게 만들어진 신화라도 나름대로 다 의미가 있다. 신화 조작 아니냐며 괜히 배척할 필요는 없다. 게다가 우리나라의 일도 아닌데, 지나친 간섭은 부당하게 느껴지기도 한다. 다만 신화 조작이든 아니든, 그와 비슷한 작업을 지금 이 순간에 하려 한다면 결연히 반대해야 한다. 마찬가지로 잘못된 과거에 대해서도 정치적으로 꼼수를 쓴다면,

이 또한 묵과해서는 안 된다.

　지금은 21세기다. 국가가 주도해 신화를 뚝딱 만들어냈던 8세기가 아니다. 일본의 정치인들은 이 사실을 모르는 것일까? 답답할 따름이다. 역사적 과오는 조작으로 덮을 수 없다. 명백한 사과부터 선행해야 하는 것이다. 신화는 신화답게, 역사는 역사답게!

신화집인가, 역사책인가?

우리나라에서 가장 오래된 역사서는 『삼국사기』다. 12세기 중반에 만들어졌다. 이 책과 함께 우리나라 고대 역사서의 양대 산맥인 『삼국유사』는 13세기 후반에 만들어졌다. 단순하게 정리하자면 『삼국사기』는 정사, 『삼국유사』는 야사와 설화집이다.

일본은 우리보다 고대사를 기록한 역사서가 많다. 그중에 대표적인 것이 『고사기』와 『일본서기』다. 두 책 모두 우리보다 앞선 8세기 초반에 만들어졌다. 굳이 따지자면 『고사기』는 야사와 설화집, 『일본서기』는 정사를 다룬 역사서다. 『일본서기』는 일본은 물론 우리나라 삼국의 역사까지 꼼꼼하게 기록하기도 했다. 하지만 두 책 모두 신화에 가까운 대목이 많다. 심지어 "이 책, 역사서 맞아?"라고 의문을 제기하는 일본 역사학자들이 있을 정도다.

두 책 모두 일본 왕의 지시로 만들어졌다. 과대 포장할 수밖에 없다. 왕실을 하늘 신의 혈통이라 설정한 것도 그 때문이다. 예나 지금이나, 일방적 지시에는 늘 '의도'가 숨어 있다.

Part 3

· ● ·

신들의 세계,
요지경 세상

1

초대형 슈퍼스타 신이 납신다!

천둥 신 토르의 원맨쇼

인간들 사이에서 북유럽 신화의 오딘과 토르는 최고신의 자리를 놓고 경합한다.

오딘은 준엄한 아버지의 이미지, 토르는 든든한 맏형 이미지가 강하다.

왕족은 오딘을 최고신으로 추앙했고, 서민들은 토르를 최고신으로 여겼다.

왕족과 일반 민중의 성격이 두 신에게 투영되었다.

할리우드 영화 〈어벤저스〉 시리즈는 전 세계적으로 크게 흥행했다. 국내도 마찬가지. 1편 관객 수 700만 명에 이어 2·3·4편 모두 1,000만 명을 넘겼다. 가히 신드롬이라 할 만하다. 이 시리즈에 북유럽의 신 토르가 등장한다. 이제 토르는 세계에서 가장 유명한 신이 되었다. 초대형 슈퍼스타. 하지만 토르가 신화에서도 최고신은 아니다. 북유럽 최고신은 오딘이다.

오딘은 세상과 인간을 창조했고, 신들의 세계를 건설했다. 최고 마법사로서 미래를 내다볼 줄도 안다. 이 능력을 얻으려고 온갖 고행을 자처했다. 세상 이치를 꿰뚫고 있는 현인 미미르의 우물에 한쪽 눈알을 내놓았고, 세계수 이그드라실에 목을 맸다. 그 상태로 9일 동안 명상을 단행했다. 그때 의식이 저승까지 다녀왔다. 더 많은 지혜를 얻으려고 적들인 거인의 땅 요툰헤임까지 여행하기도 했다. 지혜를 얻기까지의 과정은 이토록 험난하다.

미미르의 우물에 눈알을 내놓은 후로 오딘은 허름한 외눈박이 노인으로 묘사된다. 그래도 모든 신이 그를 아버지로 추종한다. 그는 나이도 가장 많고 세상 돌아가는 일도 모두 안다. 아침마다 까마귀 두 마리가 날아와 오딘에게 세상사를 전해주기 때문이다.

북유럽 사람들에게 오딘은 없어서는 안 될 신처럼 보인다. 하지만 이미 말한 대로 가장 비중이 큰 신은 토르다. 요즘만 그런 게 아니다. 과거에도 그랬다. 8세기 전까지만 해도 토르가 최고신이었다. 바이킹 집단이 권력을 잡으면서 서열을 바꾸어놓았다. 바이킹 권력자들은 농민의 신인 토르보다 마법을 부릴 줄 알고 전쟁에 관여하는 신인 오딘을 더 숭배했다. 오딘이 최고신이 될 수 있었던 이유다. 권력이 신화를 바꾼다는 사실은 이미 여러 차례 확인했잖은가?

그래도 대다수의 농민이 숭배한 신이니 토르의 인기는 식지 않았다. 권력자들이 신의 서열을 바꿀 수는 있지만 민심까지 바꿀 수는 없었나 보다. 때문에 북유럽 신화에서 토르와 관련된 내용이 압도적으로 많다. 사실 토르는 신들에게도 거인을 막아주는 수호신 역할을 했다. 이 때문에 토르에게는 거인과 관련된 에피소드가 특히 많다.

토르가 로키 그리고 자신의 인간 시종인 샬비와 함께 했던 거인국 여행 이야기가 유명하다. 셋은 여행 도중 빈집을 발견해 잠을 청했다. 하지만 밤새 천지가 진동해 잠을 잘 수가 없었다. 새벽에야 그 이유를 알게 되었다. 거인이 집 밖에서 자고 있었다. 그 거인이 몸을 뒤척이자 땅이 울렸고 코를 골자 하늘이 무너질 것 같은 소리가 들렸던 것이다. 빈집도 알고 보니 거인의 장갑이었다. 이쯤 되니 천하무적의 토르도 당황할 수밖에 없었다.

그 거인이 함께 여행하자며 토르 일행의 가방을 자신의 자루에 집어넣고는 앞서 걸어갔다. 아, 식량이 그 가방에 있는데……. 거인과의 간격이 벌어지자 식량을 꺼낼 수가 없었다. 토르 일행은 하루 종일 쫄쫄 굶어야 했다.

밤이 되어 거인이 곯아떨어졌다. 그제야 토르가 자루를 풀려 했지만 마법이 걸려 있어 불가능했다. 화가 난 토르가 거인의 이마를 몇 번이나 내려쳤지만 거인은 말짱했다. 토르는 처음으로 공포를 느꼈다. 아침이 되자 토르 일행은 거인과 헤어졌다. 셋의 말수가 확 줄었다.

머잖아 거인국의 성이 나타났다. 거인국의 왕 로키가 그들을 맞았다. 아, 토르 일행의 로키와 이름이 같다. 헷갈리지 마시기를. 거인국의 왕은 능력을 보여달라며 대결을 제안했다. 이어 신과 거인의 진기한 대결이 벌어졌다. 첫 번째 대결은 빨리 먹기. 로키는 식탁의 모든 음식을 눈 깜짝할 사이에 먹어치웠다. 거인 쪽 선수도 동시에 식사를 마쳤다. 하지만 거인은 음식뿐 아니라 뼈와 식탁까지 모조리 먹어치웠다. 그러니 거인의 승리. 두 번째 빨리 달리기 대결에서도 샬비가 거인

• **토르** 북유럽 최고신인 오딘의 아들로 알려져 있다. 왕족과 귀족이 오딘을 최고신으로 대접한 반면 유럽의 북방 민족과 아이슬란드 등지의 서민들은 토르를 최고신으로 여겼다. 거인족에게는 준엄하고 인간에게는 관대했다. 로마 신화의 주피터(제우스)와 동일시 되기도 한다. 목요일을 뜻하는 Thursday가 토르(Thor)에서 비롯되었다.

아이 후기에게 일방적으로 패했다. 2차전도 거인의 승리. 토르만 남았다. 이번에는 빨리 마시기 경주. 거인국의 왕은 술이 가득한 잔을 내놓았다. "우린 아무리 못 마셔도 세 모금이면 끝이네. 자네는 어림도 없겠지만. 껄껄." 오기 발동. 토르가 술을 벌컥벌컥 마셨지만 거의 줄어들지 않았다. 2차, 3차 도전 때도 겨우 손잡이 부분까지만 마셨을 뿐이다. 3차전도 거인의 승리. 거인 왕이 만회할 기회를 주겠다며 거인들의 애완용 고양이를 들어 올려 보라 했다. 토르는 고양이의 한쪽 다리밖에 들지 못했다. 그 다음에는 왕의 늙은 유모와 씨름을 했는데, 이기기는커녕 오히려 토르가 넘어져 무릎을 다쳤다. 토르의 완패였다. 거인 왕 로키는 더 이상 해볼 것도 없다며 파티를 끝냈다.

아, 치욕이다. 토르는 밤새 뒤척이다 일출을 맞았다. 헤어질 시간. 풀 죽은 토르에게 거인 왕 로키가 말했다. "이제 고백해야겠소. 당신들은 소름이 끼치도록 강하오. 그 정도로 강한 줄 알았다면 우리 영토에 못 들어오게 했을 거요. 다시는 이곳에 오지 마시오."

사실 모든 게 마법이었다. 여행 도중에 만난 거인은 큰 산맥이었다. 토르가 망치로 내려친 바람에 지축이 흔들리고 산들이 무너졌다. 먹기 대결을 벌인 거인은 불꽃이었기에 뼈와 식탁도 태운 것이다. 달리기 상대였던 거인 아이는 '생각'이란 관념이었다. 아무리 빨리 달린다 한들 생각의 속도를 따라잡을 수는 없다. 토르가 마신 술은 바닷물이었으니 줄어들 턱이 없다. 그런 바닷물을 손잡이 부분까지 마셨으니 토르가 바닷물의 흐름을 바꿔버렸다. 이때 썰물이 생겨났다. 토르가 한쪽 발을 들어 올린 고양이는 지구를 감싸고 있는 세계 뱀 요르문간드였다. 그렇다면 유모는? 늙음이었다. 늙음을 이길 자는 없다. 꼬꾸라지지 않은 것만으로도 대단한 성공인 셈이다.

또 다른 일화 하나. 신들이 바다 거인의 황금 궁전에서 연회를 가질 때였다. 술을 담을 큰 냄비가 없었다. 연회에 술이 빠져서야……. 전쟁의 신 티르가 자신의 아버지에게 거대한 냄비가 있다는 사실을 떠올렸다. 다만 그 아버지가 거인이라는 점이 문제였다. 이번에도 토르가 해결사로 나섰다. 티르와 토르가 거인 아버지 집으로 갔다. 티르의 거인 아버지는 토르가 큰 냄비를 가질 자격이 있는지 보겠다며 다음 날 바다로 데리고 갔다. 거인은 고래를 두 마리나 잡고는 기고만장했다. 토르는 묵묵히 먼 바다로 나아갔다. 얼마 후 토르는 세계 뱀 요르문간드와 맞닥뜨렸다. 뱀은 맹독을 토해내며 괴성을 질렀다. 토르가 망치를 단단히 잡았다. 일격을 가하려는 순간, 겁에 질린 거인이 낚싯대의 줄을 끊었다.

집으로 돌아온 후 토르는 뱀을 잡지는 못했지만 실력을 입증했으니 냄비를 달라 했다. 거인이 잔 하나를 들어 보이며 그것을 깨뜨리면 냄비를 내어주겠다고 했다. 힘이라면 누구에게도 뒤지지 않는 토르였지만 그 잔은 깨뜨릴 수 없었다. 그때 티르의 어머니가 슬쩍 귀띔을 했다. 자신의 남편 머리가 세상에서 제일 단단하다고. 단단함은 더 단단함으로 깨뜨려라! 토르가 잔을 거인의 머리에 내려쳤다. 와장창! 토르와 티르는 냄비를 들고 거인의 집을 나섰다. 다른 거인들이 쫓아왔지만 토르의 상대가 되지 않았다. 토르는 모든 거인을 때려죽이고, 유유히 바다 거인의 황금 궁전으로 갔다.

토르가 천하무적인 까닭은, 그가 장사이기도 하지만 힘을 증강시켜 주는 허리띠와 망치 묠니르 덕분이기도 하다. 목표를 타격한 후 토르에게 돌아오는 이 망치와 관련된 일화도 있다.

거인국의 한 왕이 미의 여신 프레이야에게 푹 빠졌다. 그 거인은 토르의 망치를 훔친 뒤 프레이야를 요구했다. 토르는 당장이라도 그 거인을 때려죽이고 싶었지만 그러면 망치가 숨겨진 곳을 알아낼 수 없다. 어떻게 할까? 오직 망치 생각밖에 없는 토르가 프레이야를 찾아갔다. 시집을 가란다. 참 눈치도 없다. 프레이야에게 뺨 안 맞은 게 다행이다. 로키가 대책을 내놓았다. "토르! 네가 프레이야로 변장해 시집가는 것처럼 연기를 하는 건 어때?" 이 작전대로 토르는 프레이야로 변장해 거인국으로 갔다. 로키가 토르를 수행했다. 축하연이 벌어졌다. 산해진미를 보더니 토르가 순식간에 소 한 마리와 술 몇 통을 해치웠다. 이쯤 되면 프레이야가 아니라는 사실을 알 텐데, 거인들은 둔감했다. 거인은 숨겨두었던 묠니르를 내주었다. 다음은 빤하다. 토르가 면사포를 휙 벗어던지고 망치를 잡았다. 연회장은 쑥대밭으로 변했다. 토르는 거인 왕은 물론 모든 거인들을 다 죽여버렸다.

토르 이야기를 할 때 늘 따라다니는 존재가 있다. 바로 로키다. 로키는 프레이야 결혼 해프닝 때는 신들을 도왔지만, 그런 사례는 많지 않

북유럽 신 계보도

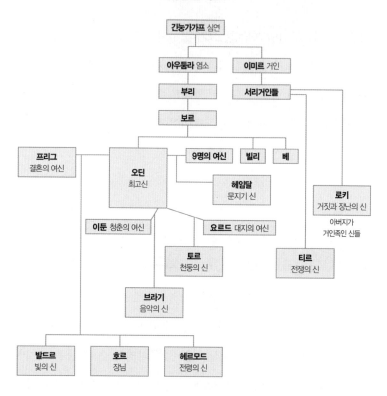

긴눙가가프 심연

아우둠라 염소 　　　**이미르** 거인

부리 　　　**서리거인들**

보르

프리그 결혼의 여신　**오딘** 최고신　**9명의 여신**　**빌리**　**베**

헤임달 문지기 신

로키 거짓과 장난의 신
아버지가 거인족인 신들

이둔 청춘의 여신　**요르드** 대지의 여신

토르 천둥의 신

티르 전쟁의 신

브라기 음악의 신

발드르 빛의 신　**호르** 장님　**헤르모드** 전령의 신

뇨르드 바다의 신

프레이 풍요의 신　**프레이야** 미의 여신

신들의 세계, 요지경 세상

다. 오히려 협잡꾼에 가깝다. 그는 자신에게 이익이 된다면 적과도 손을 잡는다. 배신? 밥 먹듯이 한다. 로키 또한 북유럽 신화에서 꽤나 자주 등장하는 신이다. 이번엔 로키 이야기를 해보자.

토르에게는 산양 두 마리가 있었다. 산양은 토르의 전차를 끌다가 저녁에는 식량이 된다. 살코기만 발라먹고 뼈를 잘 보관하면 아침에 부활하니 화수분 같은 식량이다. 토르와 로키가 언젠가 농가에서 하루를 보낼 때도 산양을 잡았다. 장난기가 발동한 로키가 농부의 아들에게 속삭였다. "뼈 안의 골수를 빼먹어. 그게 가장 맛있어." 농부의 아들은 로키의 말대로 했다. 골수가 없으니 뼈가 붙을 리가 없다. 그 결과 산양이 발을 절뚝이게 되었다. 토르는 농부의 아들을 죽이겠다고 난리를 쳤다. 로키는 뒤돌아서 휘파람만 불었다. 이럴 땐 뒤통수를 한 대 확 때려주고 싶다. 어쨌거나 화를 삭인 토르는 아들을 용서하는 대신 시종으로 삼았다. 그 시종이 바로 거인국 여행을 함께 했던 샬비다.

또 한 번은 로키가 토르 아내의 머리카락을 잘랐다. 물론 장난이었다. 정말 겁도 없다. 민머리가 된 아내의 모습을 본 토르가 폭발했다. 로키는 머리를 조아리며 빌었다. 그러면서 소인 장인들을 다그쳐 황금으로 된 머리카락을 얻어다 주었다. 수완도 좋다. 이때 토르의 망치도 만들어졌다. 이 모든 걸 감안하면 토르와 로키는 앙숙이면서도 떼어놓을 수 없는 사이다.

아직 신들의 성채가 없던 시절, 한 목수가 거인의 침략에도 끄떡없는 성을 만들어주겠다고 했다. 물론 공짜는 없다. 목수는 태양, 달 그리고 미의 여신 프레이아를 달라고 했다. 군침은 당기는데 대가가 너무 크다. 신들이 우왕좌왕할 때 로키가 말했다. "뭘 고민해? 반년 이내에 성채를 완성하라는 조건을 내걸면 되지 않겠어? 그렇게 빨리 성채를 완성할 수는 없잖아?"

미완성의 성을 얻어 마무리 작업만 할 심산이었다. 의외로 목수가 받아들였다. 단, 말 한 마리를 사용하게 해 달라고 했다. 신들은 말 한 마리 더 있다고 해서 기한 내에 성채를 완성하지는 못할 것이라 여겼다. 이 판단은 틀렸다. 그 명마의 활약 덕분에 6개월의 기한이 끝나갈 무렵 성채는 웅장한 모습을 드러냈다. 모든 신들이 로키를 비난했다. 로키도 당황했다. 로키가 갑자기 사라졌다. 이 문제를 해결하겠다는 말을 남기고.

딱 사흘이 남았을 때 이상한 일이 벌어졌다. 목수의 말이 일하기를 거부하고 숲으로 달려갔다. 매력적인 암말이 숲에서 유혹했던 것이다. 결국 목수는 약속을 이행하지 못했다. 화가 난 목수가 정체를 드러냈다. 거인이었다. 토르는 망치를 휘둘러 거인을 쓰러뜨렸다.

결국 암말이 신들을 구한 셈인데……. 로키가 새끼 말을 데리고 오자 모든 수수께끼가 풀렸다. 로키가 암말로 변신해 목수의 말을 유혹했던 것이다. 이 새끼 말은 '사랑의 결실'인 셈. 황당한 결말 아닌가? 어쨌든 로키는 자신의 말에 책임을 졌고, 신들은 든든한 성채를 얻었다.

결과적으로는 로키가 신들에게 큰 도움이 되었지만, 조금 전에도 밝했듯 이런 사례는 흔치 않다. 로키는 늘 말썽을 부렸으며 라그나뢰크를 유발했다. 왜 로키가 이렇게 악행을 저지르는 것일까?

로키는 다른 신들과 소통하지도, 교류하지도 못했다. 원래 로키는 거인족의 아들이었다. 오딘이 여행할 때 만나 의형제를 맺은 게 인연이 되어 신들의 세계로 왔다. 혈통이 다른 신이다. 어쩌면 따돌림의 대상이었을 수도 있겠다. 그러니 늘 겉돌았다. 이 책임은 누구에게 있을까? 슈퍼스타 토르에게만 집중하지 말고, 때론 로키에게도 관심을 가져보자. 또한 지금 내 주변에 로키 같은 사람은 없는지도 확인해보자. 더불어 사는 세상이니까.

북유럽 신화에서 요일 이름이 정해졌다

메소포타미아 문명의 주역인 수메르인들은 1주일을 7일로 나누었다. 각각의 날에 이름을 붙여 요일이라 부른 것은 언제부터일까? 4세기 초반 로마 제국 콘스탄티누스 대제의 지시에 따라 각각의 날에 별과 행성의 이름을 붙여 구분한 게 요일이 생긴 연원이다.

영국에 정착한 앵글로색슨족은 북유럽 신화의 영향권 안에 있었다. 북유럽 신화를 다른 말로 게르만 신화라 한다. 앵글로색슨족 또한 게르만족의 일파이니 당연한 일이다. 앵글로색슨족은 요일의 이름을 바꾸었다. 태양과 달, 토성에서 비롯된 일, 월, 토요일은 건드리지 않았다. 다만 화~금요일에는 게르만 신의 이름을 붙였다. 예를 들면 목요일은 로마 시절 목성(Jupiter)이었지만 이후의 영어에서는 달라진다. 전쟁의 신 티르(Tyr)에서 화요일(Tuesday)이, 최고신 오딘(Odin) 혹은 보덴(Woden)에서 수요일(Wednesday)이, 토르(Thor)에서 목요일(Thursday)이, 최고 여신 프리그(Frigg)에서 금요일(Friday)이란 영어가 만들어졌다.

2

모든 길은 로마로 통한다

그리스 로마 신화의 완성

•

로마는 그리스를 정복한 뒤 그리스 문화를 흡수했다. 신화도 마찬가지였다.

신들의 이름을 그리스어에서 라틴어로 바꾸었을 뿐 서사 구조를 그대로 계승했다.

앞선 문화를 흡수함으로써 변방의 소국 로마는 제국으로 성장할 수 있었다.

고대 서양 역사에서 로마의 존재감은 실로 크다. 현대의 법과 정치 제도 기원을 거슬러 올라가다 보면 로마와 만난다. 로마는 강력한 제국 그 이상의 제국이었다. 모든 길은 로마로 통한다! 이 말은 거저 생겨난 게 아니다. 그만큼 로마가 서구 세계에 미친 영향이 크다.

로마는 기원전 8세기 무렵 탄생했다. 그리스에서 온 이주민들이 현지 주민들과 함께 세웠다. 처음에는 7개의 언덕 마을로 시작했다. 물론 건국 신화도 있다. 신화에 따르면 영웅 아이네이아스가 트로이 유민을 끌고 이곳으로 왔다. 그의 후손인 로물루스가 정식으로 나라를 세웠다. 로마라는 이름은 바로 이 로물루스에서 비롯되었다.

로마는 왕정 체제로 출범했다. 하지만 시민들은 이 독재 체제에 동의하지 않았다. 오랜 투쟁 끝에 로마는 공화정으로 탈바꿈했다. 바로 이 대목에서부터 로마와 그리스의 연결 고리가 만들어진다. 로마는 그리스의 도시 국가인 폴리스의 정치 체제를 흠모했고 벤치마킹했다. 폴리스는, 비록 지금과는 다르지만 민주적 정치 체제가 통하는 곳이었다.

로마 공화정은 탄탄하게 발전했다. 속주와 식민지가 확대되었고, 로마 살림살이도 커졌다. 그러다가 공화정의 전통에 서서히 금이 가기 시작했다. 카이사르와 아우구스투스가 잇달아 등장하면서 공화정 전통이 마침내 깨졌다. 로마 공화정은 로마 제국이 되었다.

역사 이야기는 여기까지. 우리는 지금 로마 신화에 대해 알아보려는 것이니까. 왕정에서 공화정, 다시 제국으로 성장하면서 로마는 세계의 중심이 되었다. 메소포타미아 문명권을 떠올려보라. 권력자는 모든 것을 자기 입맛에 맞게 바꾼다. 최고신을 끌어내리고, 자신이 숭배하는 신을 그 자리에 앉힌다. 로마의 통치자들도 그러했을까? 결론부터 말하자면, 아니다.

기원전 146년, 로마가 그리스를 정복했다. 하지만 문화적으로는 그렇지 못했다. 이미 오래전부터 로마가 그리스 폴리스들의 문화를 받아들였으니 어쩌면 당연한 결과일지도 모른다. 심지어 로마의 어떤 시인들은 로마가 오히려 그리스에 정복됐다고 표현하기도 했다. 이 말은 결코 틀리지 않다. 군사적으로는 로마가 앞섰을지 모르나 문화적으로는 확실히 그리스가 앞섰다. 신화도 예외가 아니다. 사실 로마에는 변변한 신화가 없었다. 그런 로마인들에게 그리스 신들의 세계는 무척 매력적이었다.

바빌론은 수메르 신화를 받아들이면서 최고신을 살짝 바꾸었다. 바빌론의 수호신 마르두크를 최고신의 지위에 올려놓고 뿌듯해했다. 로마는 그러지 않았다. 그리스 신들을 그대로 재활용했다. 고대 그리스어인 희랍어를 로마의 언어인 라틴어로 바꾸었을 뿐이다. 신들의 성격도 거의 변하지 않았다. 오늘날 우리가 그리스 로마 신화라 부르는 것은 이렇게 완성되었다. 결국 그리스 신화를 제대로 알면 로마 신화도 자연스럽게 알게 된다는 이야기다. 따라서 그리스의 올림포스 12신부터 살펴보는 게 옳을 듯하다.

제우스에게는 두 명의 형과 세 명의 누나가 있다. 아버지 크로노스가 그들을 다 삼켰다. 다행히 이 몹쓸 운명을 제우스는 피했다. 나중에 제우스는 형제들을 모두 살려낸다. 6남매는 똘똘 뭉쳐 거인 신들과 전쟁을 벌인다. 마침내 승리. 이들 6남매의 시대가 되었다.

6남매는 영역을 나누었다. 제우스는 하늘, 포세이돈은 바다, 하데스는 저승을 맡았다. 세 명의 누나도 역할이 있다. 헤라는 제우스의 아내이자 최고 여신으로서 출산과 양육의 신이 되었다. 데메테르는 곡물과 대지의 여신, 헤스티아는 화로의 여신이 되었다.

하데스를 제외한 다섯 신은 올림포스 산에 신전을 짓고 살았다. 하데스의 거처는 저승이다. 그러니 올림포스산에서 살 수 없다. 이때부

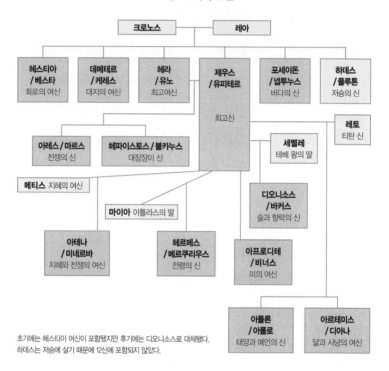

그리스 로마의 12신

크로노스 ——— 레아

헤스티아
/베스타
화로의 여신

데메테르
/케레스
대지의 여신

헤라
/유노
최고여신

제우스
/유피테르
최고신

포세이돈
/넵투누스
바다의 신

하데스
/플루톤
저승의 신

레토
티탄 신

아레스/마르스
전쟁의 신

헤파이스토스/불카누스
대장장이 신

세멜레
테베 왕의 딸

메티스 지혜의 여신

디오니소스
/바커스
술과 향락의 신

마이아 아틀라스의 딸

아테나
/미네르바
지혜와 전쟁의 여신

헤르메스
/메르쿠리우스
전령의 신

아프로디테
/비너스
미의 여신

아폴론
/아폴로
태양과 예언의 신

아르테미스
/디아나
달과 사냥의 여신

초기에는 헤스티아 여신이 포함됐지만 후기에는 디오니소스로 대체됐다.
하데스는 저승에 살기 때문에 12신에 포함되지 않았다.

터 올림포스 신들의 시대가 열렸다. 더불어 인간의 삶과도 한층 가까
워졌다. 저기 보이는 높은 산, 그 산에 신들이 살고 있잖은가? 또한 올
림포스 신들이 각각 맡은 영할은 인간 생존에 꼭 필요한 영역이다. 그
러니 이들을 주요 신으로 숭배했다. 이들을 포함해 올림포스산에 살았

던 주요 신들을 올림포스 12신이라 불렀다. 하데스는 여기에 포함되지 않는다. 이미 말한 대로 하데스는 저승에 살았다.

이들 6남매 신의 이름이 로마에서는 어떻게 바뀌었을까? 제우스는 유피테르로 바뀌었다. 태양계 행성 중 가장 큰 것이 목성이다. 이 목성을 영어로 주피터Jupiter라고 한다. 유피테르를 영어로 발음한 것이 주피터다. 바다의 신 포세이돈은 넵투누스, 저승의 신 하데스는 플루톤으로 바뀌었다. 헤라는 유노, 데메테르는 케레스, 헤스티아는 베스타가 되었다.

헤스티아의 이야기를 살짝 하고 넘어가자. 헤스티아는 6남매 중 장녀다. 게다가 고대 인류에게 가장 중요한 불씨를 담당했으니, 올림포스 12신에 무난히 이름을 올렸다. 하지만 시간이 흐르면서 헤스티아는 12신에서 슬그머니 사라진다. 술과 향락을 상징하는 새로운 신이 그 자리를 차지했다. 바로 디오니소스다. 인간들이 음주가무의 쾌락을 알게 되었으니 당연한 일인 걸까?

헤스티아의 로마 버전인 베스타는 좀 다르다. 화로의 여신인 점은 달라지지 않았다. 다만 그 중요성이 훨씬 커졌다. 로마에서는 불 자체를 베스타 신으로 여겼다. 베스타 신전에는 이 신을 상징하는 성화가 늘 활활 타올랐다. 베스타 신전의 무녀들은 40대에 은퇴하기 전까지 '처녀의 순결'을 지켜야 했다. 그래야 성스러움을 유지할 수 있다고 믿었던 것이다. 만약 남자와 관계를 맺었다가 들키면 산 채로 매장되었다. 일반 가정집에서도 베스타의 제단을 갖추고 불을 숭배했다. 그리스 신화의 헤스티아는 올림포스 12신에서 탈락되는 '수모'를 겪었지만 로마의 베스타는 국가와 가정의 수호자로 우뚝 섰다.

올림포스 12신을 더 알아보자. 일단 헤스티아는 제외한다. 제우스, 포세이돈, 헤라, 데메테르에 이어 살펴볼 5번째 신은 미의 여신 아프로디테다. 그녀는 제우스의 할아버지 우라노스의 정액이 바다와 합쳐져 생긴 거품에서 탄생한 것으로 알려져 있다. 그렇다면 제우스의 어머니뻘 아닌가? 아프로디테는 그리스는 물론 로마에서도 추종자가 많은 신 중 한 명이었다. 아프로디테는 로마 시대에 비너스라 불렸다.

오늘날 그리스의 수도는 아테네다. 고대 폴리스 중에 가장 먼저 민주적 전통이 발달했던 나라도 아테네였다. 이 아테네의 이름에는 '아테나 여신의 도시'란 뜻이 담겨 있다. 맞다. 여신 아테나를 숭배했던 도시다. 이 아테나가 6번째 주신이다. 아테나는 로마 시대에 미네르바라는 이름으로 불렸다.

아테나는 풋풋한 처녀의 아름다움을 상징한다. 동시에 아테나는 지혜와 전쟁의 여신이다. 그녀 또한 제우스에 버금가는 인기를 누렸다. 아테네에는 높이 10미터의 아테나 신상이 서 있었다. 당시 올림피아에 있던 제우스 신상이 13미터였으니 규모에서 큰 차이가 나지 않는다. 안타깝게도 이 두 신상 모두 현재는 남아 있지 않다.

아테나는 출생부터 남달랐다. 제우스가 헤라 이전에 메티스라는 지혜의 여신을 아내로 들인 적이 있다. 그녀가 아테나를 임신했을 때 불

● 아테나 전쟁의 신인 아레스와 마찬가지로 아테나는 전쟁의 여신으로 여겨진다. 다만 아레스가 폭력과 피를 부르는 전쟁을 상징하
  는 반면 아테나는 전쟁의 문명적이고 기술적인 측면을 상징한다.

길한 예언이 나돌았다. 메티스가 낳은 자식이 제우스를 능가할 거란 다. 제우스의 심기가 불편해졌다. 속 좁은 제우스는 메티스가 해산을 할 때 옆에서 지키고 있다가 아이가 태어나자 덥석 삼켜버렸다. 이제 예언은 이루어질 수 없는 걸까? 아니다. 오산이었다. 아테나는 제우스 의 머리 안에서 자라났다. 제우스의 두통이 심해졌다. 제우스는 대장 장이 신이자 아들인 헤파이스토스에게 자신의 머리를 깨보라고 했다. 쩍! 그 머리 안에서 아테나가 태어났다. 이미 그녀는 성인의 모습이었 다. 갑옷을 입고 창과 방패를 든, 여성 전사의 모습이었다. 이 일화는 어떤 상징을 담고 있을까?

아마도 아테네라는 폴리스가 그만큼 영향력이 강했다는 의미일 것 이다. 실제로 아테네는 군부 국가인 스파르타와 맞설 수 있는 유일한 폴리스였다. 그리스 내전인 펠로폰네소스 전쟁도 사실은 아테네의 욕 심 때문에 발생했다. 아테네가 주변 폴리스들에게 공물을 뜯어냈기 때 문이다. 동네 양아치처럼 말이다. 아테네가 강하니 아테네가 섬기는 여신의 지위가 높은 것은 당연한 일이다. 그런데 어떻게 아테나가 아 테네의 수호신이 된 걸까? 재미있는 일화가 있다.

신들이 자신의 도시를 점찍을 때였다. 아테나와 바다의 신 포세이 돈이 이 도시, 아테네를 원했다. 제우스는 전체 신들을 모아 회의를 열고 이렇게 결정했다. "그곳에 사는 인간들이 결정케 하겠다. 두 신 은 그 도시의 인간들에게 필요한 것을 만들라. 판단은 인간들이 할 것 이다."

신들의 세계, 요지경 세상

포세이돈이 먼저 삼지창으로 바위를 갈랐다. 그 속에서 건장한 말들이 나타났다. 포세이돈이 으스대며 말했다. "이 말은 인간들의 삶을 편안케 하리라. 이 말을 타고 전쟁터로 나가라. 이 말에 재갈을 물려 밭을 갈게 하라. 이 말을 타면 어디든 갈 수 있다." 이번엔 아테나의 차례. 아테나도 창으로 땅을 쳤다. 그러자 나무 한 그루가 쑥쑥 자라났다. 올리브나무였다. 말보다 덜 필요한 게 아닐까? 아테나는 단호하면서도 부드러운 표정으로 말했다. "이 나무의 열매로 기름을 만들도록 하라. 그 기름은 인간들의 삶을 풍요롭게 하리라." 인간들은 한참 동안 고민했다. 그러다가 올리브 나무를 택했다. 아테나가 아테네의 주인이 된 과정이 이러했다. 자연스럽게 도시 이름도 아테네가 되었다.

제우스와 헤라는 여러 아들을 낳았다. 그 가운데 전쟁의 신 아레스와 대장장이 신 헤파이스토스가 각각 7번째와 8번째 주신이다. 로마 시대에는 아레스를 마르스, 헤파이스토스를 불카누스라고 불렀다.

제우스가 티탄 신족인 레토와의 사이에 낳은 쌍둥이 신이 있다. 태양과 예언의 신 아폴론과 달과 사냥의 여신 아르테미스다. 이들이 올림포스 9번째와 10번째 주신이다. 로마 시대에 아폴론은 아폴로가 되었고, 아르테미스는 디아나가 되었다.

아르테미스는 순결을 상징하는 여신이기도 하다. 그녀에게 순결은 목숨만큼이나 소중하다. 실제로 그녀의 순결을 탐했다가 목숨을 잃은 이들의 이야기도 전해진다.

테베 왕자 악타이온이 사냥을 갔다가 숲 속 샘물에서 아르테미스가 목욕하는 장면을 목격했다. 아르테미스의 시종들이 그녀의 알몸을 얼른 가렸지만 상반신은 그대로 노출되었다. 우연히 일어난 사건이다. 하지만 아르테미스는 순결이 침해되었다고 생각한 듯하다. 모욕감에 몸을 떨었다. 아르테미스는 악타이온에게 저주를 걸었다. 악타이온은 사슴이 되어버렸다. 악타이온은 해명하기 위해 목소리를 높였다. 하지만 이미 사슴의 몸. 그 소리는 오히려 사냥개들을 부르는 역효과를 낳았다. 자신이 데리고 온 사냥개들에게 악타이온은 물어 뜯겨 죽었다. 솔직히 악타이온이 많이 억울할 듯하다. 이 여신, 정말 소름 돋지 않는가?

두 신의 어머니인 레토의 뒷이야기도 있다. 그녀는 제우스의 정실 헤라로부터 꽤 핍박을 받았다. 아폴론과 아르테미스를 임신했을 때도 그랬다. 헤라는 산과 들 그 어느 곳에서도 출산할 수 없도록 방해했다. 레토는 천신만고 끝에 간신히 출산할 곳을 찾았고, 다른 신들의 도움으로 몰래 쌍둥이를 낳았다. 헤라는 아이들이 태어난 후에야 레토가 올림포스산에 사는 걸 허락했다.

11번째 주신은 전령의 신 헤르메스다. 그는 제우스의 명령을 신들에게 전달한다. 로마 시대에는 메르쿠리우스라 불렸다. 마지막 12번째 주신은 이미 말한 대로 디오니소스로, 로마식으로는 바커스가 된다.

로마가 대제국이 될 수 있었던 건 우수한 문화를 스펀지처럼 흡수했기 때문이다. 개방적이고 진취적이었던 자세가 로마 성장의 원동력이었다. 그 초심을 잃어버렸을 때 로마는 기울기 시작했다. 예나 지금이나 이 점은 다르지 않다. 스스로를 가두지 말고, 삶이 다할 때까지 열어두어야 한다. 그래야 내 이름의 신화 한 편을 만들 수 있으리니.

두 얼굴의 신, 야누스

로마의 '토종 신'은 없는 걸까? 있다. 딱 한 명의 신! 바로 야누스다. 행동과 말이 다른 사람 또는 상황에 따라 대처법이 다른 사람 혹은 이중적인 사람에게 보통 '야누스의 얼굴'을 가졌다고 한다. 이 야누스가 바로 유일한 로마 토종 신이다.

야누스는 문을 지키는 수호신으로, 로마에서 꽤 많은 사람의 숭배를 받았다. 로마에서 문은 시작 혹은 출발을 뜻한다. 그래서 1월을 영어로 'January'라고 한다. 이 말 또한 야누스(Janus)에서 비롯되었다.

그런데 왜 야누스를 이중인격자의 상징으로 여기는 것일까? 그건 야누스의 얼굴이 2개였기 때문이다. 2개의 얼굴은 반대 방향을 바라보고 있다. 출구와 입구에 경계가 없다는 뜻에서 그랬다. 출입구가 따로 없으니 2개의 얼굴이 반대 방향을 보게 된 것이다.

열 길 물속은 알아도 한 길 사람 속은 모른다는 이야기가 있다. 어쩌면 우리 모두가 야누스의 얼굴을 하고 있는 건 아닐까 하는 생각이 든다.

3

어머니는 가장 강하다!

이집트 오시리스 신화

·

신화의 세계는 때때로 인간의 현실보다 비정하다.

그런 중에도 이집트 신화의 여신 이시스는 남편과 자식을 향한 지극한 사랑을 보여 준다.

어머니의 희생을 통해 성장한 호루스는 이집트 신화의 정점에 서고, 모든 파라오의 아버지가 된다.

이 세상 무엇과도 비교할 수 없는 모성애를 바탕으로 왕좌에 올랐기에 호루스는 가장 막강한 신이 되었다.

"어머니는 자장면이 싫다고 하셨어." 오래전 인기를 끌었던 가요의 한 대목이다. 그 상황이 머릿속에 그려진다. 가난해도 자식만큼은 잘 먹이고 싶은 엄마의 마음. 다시 노래를 들어봐도 여운이 남는다. 먹먹하다. 어린 마음에는 엄마의 말이 진심인 줄 알았으리라. 아니, 진심이라고 믿고 싶었을지도 모른다. 그저 자장면이 먹고 싶었으니 엄마의 진심 같은 것은 중요하지 않았다. 그렇게 아이들은 큰다.

난 이집트 신화에서 위대한 어머니를 발견했다. 최고신들 사이에 권력 투쟁이 벌어졌다. 많은 사람들이 그 투쟁에 주목한다. 난 이 이야기에서 위대한 어머니를 보았다.

우선 고대 이집트의 세계관부터 알아두자. 이집트인들은 내세를 철석같이 믿었다. 미라와 스핑크스를 만들어 내세의 삶을 준비했다. 관 속에는 사후 세계를 안내하는 두루마리 문서를 넣었다. 그게 「사자의 서」다. 그 안내서를 보고 사후 세계를 잘 찾아가라는 거다.

이집트인들은 사람이 죽으면 육신은 이승에 있지만 영혼인 '카'는 저 승으로 간다고 생각했다. 「사자의 서」에 등장하는, 흰 옷 입은 사람들 이 바로 카다. 자칼의 머리를 한 신 아누비스가 이들을 법정으로 데리 고 간다. 법정의 검사는 오시리스의 아들 호루스다. 호루스 앞에서 죽 은 자는 자신이 깨끗하게 살았음을 항변한다. 변호인은 따로 없다. 그 대신 이승에서의 행적을 평가하는 '진리의 저울'이 있다. 저울의 한쪽 접시에는 새의 깃털이 올라 있다.

판정의 시간. 아누비스가 죽은 자의 심장을 저울의 다른 쪽 접시에 올려놓는다. 깃털보다 심장이 무겁다면? 이승에서 죄를 지었다는 뜻 이다. 죄를 짓지 않았다면 심장은 깃털만큼 가벼워진다. 심장은 양심 을 상징한다.

재판 결과는 따오기의 머리를 한 지혜와 정의의 신 토트가 기록한 다. 결과지는 최종 심판관인 오시리스에게 전달된다. 이집트 신의 족 보를 기억하는가? 게브와 누트의 4남매 중 장남, 바로 그 오시리스다. 그의 뒤로는 아내 이시스와 여동생 네프티스가 수행원처럼 서 있다. 오시리스가 최종 판결을 내린다. "저울추가 평형을 유지하는구나. 깃 털만큼 심장이 가벼우니 무죄다. 네 영혼은 다시 육신을 찾아가라. 육 신과 영혼이 결합한 후 낙원으로 가서 영생을 누려라." "저울추가 기울었구나. 죄가 무겁도다. 영혼조차 살 가치가 없다. 넌 끝없는 지옥으로 떨어질 것이다."

지옥 판결이 떨어지면 처참해진다. 악어 머리에 사자의 갈기를 치렁치렁 단 괴물이 냉큼 영혼을 삼킨다. 죽은 자는 지옥으로 떨어진다. 지금 우리의 심장을 달면 무게가 얼마나 될까? 계량적 수치가 아닌, 양심의 무게 말이다. 새털만큼 가볍게 살고 있는 사람이 얼마나 있을까 궁금해진다. 혹시 심장에 죄를 차곡차곡 쌓아두는 건 아닐까? 조금은 숙연해진다.

자, 본격적으로 4남매 신과 오시리스의 아들인 호루스 이야기를 하겠다. 이 이야기를 따로 '오시리스 신화'라고도 한다. 그리스 작가 플루타르코스가 문학 작품으로 발표하기도 했다. 죽음과 삶, 권력 투쟁, 정의와 불의, 사랑 등 인간사의 축소판이라고나 할까?

오시리스와 이시스 부부는 천상 세계에 살다가 인간을 이롭게 하려고 세상에 내려왔다. 단군 신화에 등장하는 환웅처럼 말이다. 환웅이 그랬던 것처럼 오시리스 부부는 인간들을 교화시켰다. 농사짓는 법부터 날짜 세는 법, 천문을 보는 법 등 모든 문명을 가르쳤다. 부부를 추종하는 인간들이 많아졌다. 결국 오시리스 부부는 왕에 올라 이집트를 통치했다.

때로는 행복에 저주가 틈입한다. 오시리스 부부의 삶이 그랬다. 어느 날 밤, 오시리스는 평소처럼 아내와 잠자리를 가졌다. 아니, 정확히 말하자면 오시리스는 곁에 있는 여성을 아내로 착각했다. 그런데 아니었다. 그 여성은 동생 세트의 부인 네프티스였다^{네프티스는 오시리스의 여동생이기도} 하다. 이 부적절한 관계가 불행의 씨앗이 되었다. 의도적인 불륜은 아니었지만 네프티스는 이 관계로 인해 임신했고 아이를 낳았다. 자칼 머리를 한 아누비스가 바로 그 아이다. 세트의 기분이 어땠을까? 평소에도 형 오시리스가 맘에 들지 않았으니, 적개심은 더욱 커졌다. 세트는 복수심을 감추고 오시리스에게 접근했다. 때 아닌 방문에 이시스가 경계심을 드러냈다. 하지만 순진한 오시리스는 개의치 않았다. "걱정할 일이 있겠는가? 동생이 멀리서 왔는데, 어찌 환영하지 않겠는가?"

그때부터였다. 이집트에 갑자기 전염병이 나돌았다. 해가 자취를 감추기도 했다. 민심도 나빠졌다. 이시스는 세트의 영향 때문이라 믿었다. 오시리스는? 여전히 동생을 믿었다. 오시리스는 걱정하지 말라며 아내 이시스에게 왕위를 맡기고 시찰을 떠났다.

오시리스가 귀환하던 날 세트가 찾아왔다. 형의 노고를 위로하기 위해 연회를 준비했으니 집에 와달라는 부탁. 이시스의 촉이 발동했다. 분명히 음모가 있을 것이라고 생각했다. 이시스는 오시리스의 출타를 말렸다. 오시리스는 껄껄 웃으며 말했다. "아직도 그 걱정이오?"

연회가 한창 무르익자 세트가 무언가를 꺼냈다. 모두가 탐을 낼 정도로 화려한 석관이었다. 세트가 너스레를 떨기 시작했다. "자, 다들 석관에 들어가 보세요. 몸이 딱 들어맞는다면 석관을 그냥 드리지요. 도전하실 분?" 갑자기 신데렐라 동화 분위기다. 그 자리에 있던 많은 이들이 석관을 탐내며 달려들었다. 하지만 그 누구도 몸이 딱 들어맞지 않았다. 당연히 그럴 수밖에 없었다. 이 석관은 애초에 오시리스를 염두에 두고 만든 것이니까! 곧 모두 탈락하고 오시리스밖에 남지 않았다. 세트가 분위기를 띄웠다. "이 세계를 다스리는 오시리스여, 한번 석관에 들어가보소서." 내키지 않았다. 하지만 동생의 부탁이니 어쩔 수 없이 석관에 들어갔다. 기다렸다! 세트가 부하들에게 신호를 보냈다. 그들이 일제히 달려들어 관 뚜껑을 닫고는 못질을 해댔다. 틈으로 공기가 들어가지 못하도록 밀랍을 부었다. 오시리스는 꼼짝없이 석관 안에서 죽고 말았다. 세트는 석관을 강물에 흘려보냈고, 이집트의 왕좌를 차지했다. 명백한 반란이다.

편의상 구분하자면 여기까지가 1막이다. 1막과 2막에서는 큰 전투가 발생하지 않는다. 2막은 석관을 찾아 나선 이시스의 모험 이야기가 주를 이룬다. 이시스를 따라가보자.

이시스는 스스로 머리카락을 자르고 상복을 입었다. 남편의 시신을 찾는 게 급선무. 결연한 마음으로 길을 나섰다. 보이는 생물마다 붙잡고 석관의 행방을 물었다. 하늘을 나는 새는 말했다. "석관을 봤습니다. 하염없이 강물을 따라 흘러갔습니다." 자맥질하는 물고기도 말했다. "비블로스 왕국 쪽으로 흘러가는 걸 봤습니다." 새와 물고기의 목격담은 사실이었다. 석관은 흐르고 흘러 오늘날의 레바논 근처 비블로스 왕국에 닿았다. 석관은 수초, 나무에 엉켜 더 이상 흘러가지 못했다. 얼마 후 석관에서 줄기가 솟아나왔다. 그 나무는 석관을 감싸고 향기를 뿜어내며 웅장하게 자랐다. 비블로스 왕국의 왕이 그곳을 지나다 나무를 발견했다. 왕은 탐스럽다며 나무를 베어 왕궁 기둥으로 썼다.

이시스가 이 사실을 모두 알게 되었다. 왕궁으로 들어가야 한다. 이시스는 왕자의 보모를 자처했다. 왕의 아들을 키우던 중 그녀의 정체가 밝혀졌다. 이시스는 그간의 사정을 털어놓았다. "저 기둥 안에 이집트 왕이자 최고신인 오시리스의 석관이 있소. 기둥을 내어주지 않겠소?" 신의 절박한 요구를 거절할 수는 없다. 마침내 오시리스의 관을 찾았다. 고향으로 돌아오던 배 위에서 이시스는 참았던 눈물을 터뜨렸다. 관 뚜껑을 열고 오시리스의 얼굴에 자신의 얼굴을 비비며 다시 통곡했다. 그 순간 이시스가 임신했다. 나중에 태어난 이 아이가 호루스다.

이시스가 오시리스 석관을 찾아냈다는 소식이 세트의 귀에 들어갔다. 그는 오시리스의 부활이 두려웠다. 모든 부하를 풀어 오시리스의 시신을 빼앗았다. 세트는 오시리스의 시신을 열네 조각으로 갈가리 찢은 뒤 이집트 전역에 흩뿌렸다. 그제야 세트는 안도의 한숨을 내쉬었다.

이시스는 주저앉지 않았다. 오시리스의 시신 조각을 찾기 위해 다시 길을 나섰다. 여동생인 네프티스와, 네프티스와 오시리스 사이에 태어난 아들 아누비스가 그녀를 도왔다. 시신 열세 조각을 찾았다. 하지만 오시리스의 성기 조각을 끝내 찾지 못했다. 일설에 따르면 물고기가 그것을 삼켜버렸고, 이 때문에 이집트인들은 물고기를 잘 먹지 않는다고 한다.

이시스는 오시리스의 시신 조각을 붙인 후 마법의 약물을 뿌렸다. 그 다음에는 아누비스가 오시리스를 미라로 만들었다. 고대 이집트인들은 육신이 훼손되면 영혼도 죽는다고 믿었다. 반대로 육신이 온전하면 영혼은 영생할 수 있다고 여겼다. 오시리스는 부활해 승천했다.

이제 신화는 하이라이트인 마지막 3막으로 치닫는다. 세트와 호루스의 결전이 주 내용이다.

세트가 이시스의 임신 사실을 알게 되었다. 이시스는 세트의 감시가 미치지 않는 늪지대에 숨어 호루스를 출산했다. 늪지대도 안전지대는 아니었다. 독사로 변신한 세트가 호루스를 찾아내 덥석 물었다. 맹독이 호루스의 혈관을 타고 퍼져나갔다. 호루스가 사경을 헤매기 시작했다. 이시스는 태양신 라에게 빌었다. "호루스를 살려주십시오. 죽어서는 안 되는 아이입니다." 태양신 라가 이시스의 기도를 들었다. 라는 호루스의 몸에서 독을 빼냈다. 라는 깨어난 호루스에게 선언했다. "오시리스는 저승 세계를 다스릴 터이니 지상 세계는 네가 맡도록 하라."

세트는 이 결정에 따르지 않았다. 권좌를 내놓으라는데 어떤 권력자가 그러겠는가? 여전히 지상 세계는 세트가 지배하고 있었다. 그 사이에 청년으로 성장한 호루스가 세트에게 도전장을 던졌다. 신들은? 당연히 호루스를 지지했다. 결국 세트와 호루스의 전쟁이 시작되었다.

전투는 치열했고, 오랫동안 이어졌다. 이 전투에서 호루스는 한쪽 눈을 잃기까지 했다. 그래도 최종적으로는 세트를 제압하고 이집트 왕좌를 차지했다. 호루스는 세트를 멀리 추방해버렸다. 이어 아버지 오시리스의 미라에 승리를 바쳤다.

세상에 평화가 찾아왔다. 인간들은 호루스를 라에 이은 태양신으로 추앙했다. 이후 이집트에서는 왕을 파라오라 불렀다. 파라오들은 모두 호루스의 아들이자 태양신의 아들로 여겨졌다. 파라오는 하늘에 있다 땅에 내려와 왕이 되었다가 죽은 후에는 저승으로 올라가 다시 신이 된다. 그러니까 파라오는 호루스요, 오시리스인 셈이다.

이시스가 아마도 가장 흐뭇했으리라. 사실 그녀가 이 모든 결과를 가져온 일등 공신이다. 생각해보라. 모든 역경을 이겨낸 이가 바로 이시스였다. 이시스라는 이름에는 '왕좌'란 뜻도 담겨 있다. 단순한 왕비가 아니라 공동 통치자였다는 의미다. 오시리스는 왕으로 있을 때 문명을 전파하기 위해 이집트 전역을 여행했다. 그때마다 왕의 공백을 메운 인물이 바로 이시스였다.

호루스가 강력해진 것도 이시스 덕이다. 호루스가 성장하고 있을 무렵 태양신 라는 많이 노쇠해졌다. 침을 질질 흘렸고 행동이 굼떠졌다. 이시스는 그런 라에게 독사를 보냈다. 독사는 라를 물었고, 그 결과 라의 목숨이 위태롭게 되었다. 이시스가 미소를 지었다. 그 독은 이시스의 마법 없이는 제거할 수 없기 때문이다. 계획은 착착 진행되었다.

이시스가 라에게 접근했다. 이때까지만 해도 라의 진짜 이름을 아는

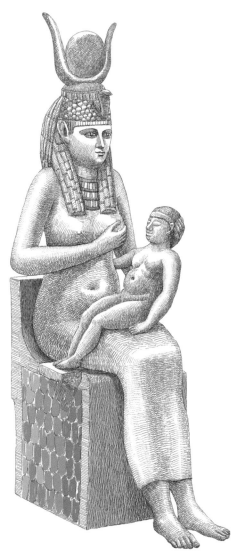

• 이시스 웬만한 신들의 힘을 능가하는 능력을 가진 여신. 마법사이자 치유의 권능을 가지고 있었다. 그래서 이집트 사람들은 병자
의 치유를 빌며 이시스의 이름을 불렀다. 이집트 신화의 다른 버전에 따르면 아들 호루스와 동생 세트가 대결할 때 세트에게 동정
심을 품었다가 참수되었다고도 하나. 이집트 신화학과 민간신앙에서는 호루스와 이시스를 완전한 모자 관계로 정립했다. 이시스
가 젖을 먹이고 있는 아기가 호루스다.

신은 없었다. 이름을 아는 신에게만큼은 라가 힘을 쓰지 못하기 때문에 알려주지 않았던 것이다. 이시스가 노린 것이 그것이었다. 라의 진짜 이름을 알아내는 것! 아무리 최고신이라도 죽어버리면 끝이다. 라는 어쩔 수 없이 진짜 이름을 털어놓았다. 이시스는 그 이름을 호루스에게 알려주었다. 덕분에 호루스가 세트를 물리칠 힘을 얻었다.

이집트의 대서사시는 이렇게 끝이 난다. 어떤가? 오시리스와 호루스에만 주목할 게 아니다. 이 서사시의 진짜 승자는 이시스다. 역시 어머니는 위대하다.

나일강은 원래 신이었다

인도인에게 히말라야산맥은 그 자체가 신이었다. 이집트인들에게도 나일강은 그 자체가 신이었다. 단순히 강이 아니라 신으로 숭배되었다. 이름도 따로 있었다. 바로 하피다.

바티칸 박물관에는 하피 신의 조각상이 보관되어 있다. 이 조각상에서 하피는 비스듬히 누워 있는데, 다른 신들과 마찬가지로 인간처럼 생겼다. 하지만 이집트의 고대 기록에 전하는 하피의 생김새는 다르다. 일단 피부색이 파란 쌍둥이 남자인데, 여자처럼 큰 가슴이 달렸다. 고대에는 이집트가 상하로 나뉘어 있었는데 두 지역의 나일강을 상징한 것으로 보인다.

고대 이집트인들은 나일강이 범람하면 하피 신이 방문한 거라 믿었다. 그때가 되면 사람들은 강에 제물을 바치며 과유불급을 기원했다. 홍수가 심하면 마을이 다 잠겨버리니 곤란하다. 반대로 범람이 전혀 없어도 문제다. 땅이 비옥해지지 않아 농사가 잘 되지 않으니까 말이다. 적당히 넉넉해야 한다. 나일강이 이집트의 젖줄이란 말이 그냥 생긴 게 아니다.

4

수메르 버전의 '사랑과 전쟁'

수메르 인안나 신화

기독교 성서의 카인과 아벨 이야기와 유사한 내용이 수메르 신화에도 전한다.

시기적으로 따졌을 때 수메르 신화의 두무지와 엔킴두 이야기가 앞선다.

이 신화에는 토착 민족과 그 지역에 침입한 민족의 대결이 상징적으로 그려지고 있다.

죽음도 갈라놓지 못하는 게 사랑이라고 한다. 정말 그럴까? 사랑하면서도 끝내 결별하는 커플을 심심찮게 본다. 그들은 왜 갈라서는 걸까? 나름대로 이유가 있겠지만 어쩌면 남자는 여자의 마음을 모르고, 여자는 남자의 처지를 이해하지 않아서가 아닐까?

가장 오래된 수메르 신화의 사랑 이야기를 하려 한다. 이야기의 주인공은 인안나다. 이난나라고도 하는데, 미의 여신이자 사랑의 여신이다. 풍요의 여신이기도 하고, 때로는 전쟁의 여신으로도 묘사된다. 수메르 신화에서 차지하는 비중이 상당히 큰 여신이란 뜻이다.

수메르 신화에서 최고신 한 명만 대라면 보통은 엔릴을 꼽는다. 엔릴의 아내이자 여동생인 닌후르사그도 상당히 중요한 여신이다. 여신 남무만 인간을 창조한 게 아니다. 닌후르사그도 흙으로 인간을 빚었다. 수메르의 여신 중에서 인안나에 필적할 만한 유일한 여신이 아닐까 싶다. 하지만 인기 측면에서 닌후르사그는 인안나를 이기지 못한다.

인안나는 신과 인간을 통틀어 가장 아름다웠다. 인안나는 금성을 상징한다. 여러 남자 신들이 그녀를 흠모했다. 그중에서 두 명의 신이 그녀를 아내로 맞으려고 지극정성을 들였다. 첫째 도전자는 목동의 신 두무지. 인안나를 얻으려면 주변을 구워삶아라! 두무지는 그녀의 오빠에게 접근했다. 그녀가 오빠에게 꽤 고분고분했기 때문이다. 그 오빠가 바로 태양신 우투다. 두무지는 우투에게 선물을 듬뿍 안겨주면서 점수를 땄다. 둘째 도전자는 곡식의 신 엔킴두였다. 인안나의 마음은 두무지보다는 엔킴두에게 더 기울어 있었다. 하지만 엔킴두는 정치적 수완이 부족했다. 태양신 우투를 좀처럼 감동시키지 못했다. 꽤나 무뚝뚝했나 보다. 우투는 여동생에게 두무지와 결혼하라고 했다.

엔킴두가 불안해졌다. 곡식의 신이란 직을 걸고 싸워보자! 두무지를 찾아갔다. 수확한 곡식을 모두 줄 테니 그녀를 양보해달라 했다. 곡식의 신이 곡식을 모두 주겠다는 걸 보면 배수진을 친 건데, 먹혀들지 않았다. 두무지는 비아냥대면서 거절했다. "그럴 수 없소. 우리 결혼식에 당신은 친구로 초대받게 될 것이오."

결국 두무지가 승리했다. 신들의 축복 속에 인안나와 두무지의 결혼식이 치러졌다. 엔킴두는 객석에서 축하의 박수를 쳐야 했다. 인안나의 심정은 어땠을까? 오빠의 뜻에 따라 이행한 결혼이었다. 사랑 없이도 한 이불을 덮다 보면 정이 생긴다는데, 이 부부도 그렇게 될까?

서아시아는 사방이 평원 지대다. 드나드는 민족이 많았다. 수메르인들도 이런 민족의 이동을 했던 것 같다. 두무지는 유목 생활, 엔킴두는 농경 생활을 상징한다. 이 이야기는 유목 민족과 농경 민족이 뒤섞인 역사적 사실을 반영한다. 이런 식의 설정은 히브리 신화에도 있다. 바로 아벨과 카인 형제 이야기다. 신에게 제사를 지낼 때 아벨은 양을, 카인은 곡물을 바쳤다. 아벨은 외부에서 들어온 유목민, 카인은 그 전부터 그 지역에 살던 농경민을 상징한다. 하느님 야훼는 카인이 바친 곡식을 거절했다. 왜 그랬겠는가? 야훼를 믿는 히브리인들이 외부에서 들어온 세력이기 때문이다. 그러니 토착 세력의 제물을 신이 거부한 것이다. 신화는 역사를 반영한다는 점, 잊지 마시길.

다시 인안나 이야기로 돌아가자. 이후 부부가 깨를 볶으며 살았는지, 아니면 매일 부부 싸움을 했는지는 알 수 없다. 이야기가 기록된 점토판의 상태가 온전치 않기 때문이다. 다만 이야기의 뒷부분은 남아 있어 결말은 알 수 있다.

왜 그랬는지는 모르지만 인안나가 지하 세계, 즉 저승으로 갔다. 저승의 통치자는 인안나의 언니였다. 미의 여신과 저승의 여신이 자매다. 두 신의 사이가 좋을 턱이 없다. 인안나도 저승에서 봉변을 당할 수 있다고 생각했다. 인안나는 저승에 내려가기 전에 시종을 불렀다.

"내가 사흘 안으로 돌아오지 않으면 애도의 곡을 해라. 그리고 최고신들에게 그 사실을 알려라."

인안나는 저승으로 내려갔다. 우려는 현실이 되었다. 언니는 스포트라이트를 받아왔던 동생을 핍박했다. 지하 세계의 규칙을 따라야 한다며 문을 하나씩 통과할 때마다 몸에 지니고 있는 것을 떼어내도록 했다. 모든 문을 통과하고 나니 인안나는 알몸이 되어버렸다. 이것만으로도 큰 모욕일 터. 하지만 언니는 고약했다. 끝내 인안나를 죽이고 그시신을 말뚝에 매달았다.

인안나의 시종이 신들에게 도움을 요청했다. 신들의 반응은 엇갈렸다. 최고신 엔릴과 달의 신 난나는 도와주기를 거절했다. 지혜의 신이자 늘 인간의 편에 섰던 엔키만이 돕겠다고 나섰다. 엔키는 부활에 필요한 약초와 물을 만들어 내어주었다. 시종이 저승 세계로 내려가 그약물을 주검에 뿌리자 인안나가 부활했다. 하지만 곧바로 세상으로 돌아갈 수는 없었다. 언니는 분이 안 풀렸는지 조건을 달았다. "너 대신죽어 지하 세계에 살겠다는 자가 있으면 보내줄게. 그 대신 그자는 이곳에서 살아야 돼."

내가 살자고 남을 죽이라는 얘기다. 차마 못할 짓이다. 다른 신이 몇차례 붙들려왔지만 인안나는 고개를 저었다. 그러다가 남편 두무지가있는 집에 들렀을 때 인안나는 폭발했다. 아내는 저승에 잡혀 있는데, 남편은 천하태평이었다. 두무지에게서 슬픈 기색은 전혀 찾을 수 없었다. 인안나는 언니에게 말했다. "저 쓸모없는 남편이란 작자를 저승으로 데려가세요."

이렇게 해서 인안나는 풀려났지만 두무지가 대신 저승에 끌려갔다. 두무지는 억울했고 황당했다. 두무지는 태양신 우투에게 자신을 구해 달라고 간청했다. 너무나 간절했기에 우투도 외면할 수 없었다. 우투는 두무지를 도마뱀으로 둔갑시켜 달아나도록 했다. 하지만 저승의 신에게 곧 꼬리가 밟혔다. 두무지는 다시 저승으로 끌려갔다.

사실 우투가 두무지에게 선처를 베푼 이유가 있다. 두무지는 목동의 신이자 자연에 새 생명을 부여하는 힘을 갖고 있다. 들판에 풀어놓은 가축들의 먹이가 되는 풀이 자라게 하는 것은 두무지의 역할이다. 게다가 두무지가 인안나와 함께 있으면 지상에 풍요를 가져오는 역할도 했다. 그 신이 저승으로 끌려갔으니 봄이 와도 풀이 자라지 않는다. 세상은 메말라갔고 자연은 황폐해졌다. 모두 굶어죽을 판이다. 이 때문에 두무지를 도주시켰던 것이다.

이제 어떻게 해야 할까? 또 다른 고민의 시작이다. 바로 그때 두무지의 누나가 손을 들었다. 스스로 저승에 가겠다고 했다. 이후 두무지와 누나가 번갈아가며 저승에 살기로 했다. 저승을 다스리는 인안나의 언니도 그 제안을 받아들였다. 이때부터 겨울에는 두무지가 저승에서 살고, 봄이 되면 두무지의 누나가 저승에 살았다.

이 대목은 의미심장하다. 자연의 순환 법칙이 고스란히 들어 있기 때문이다. 두무지가 저승에 있는 동안은 이 세상이 궁핍해진다. 그때가 겨울이다. 두무지가 봄에 지상으로 올라오면 세상이 다시 풍요로워

신들의 세계, 요지경 세상

진다. 일회성이 아니라 무한 반복이다. 자연이 그런 것처럼 말이다.

일단 인안나와 두무지 이야기는 여기에서 끝이 난다. 얼핏 보기에는 막장 불륜 드라마를 닮은 것 같지만, 실제로는 자연의 섭리를 담았다는 사실이 놀랍다. 놀라운 점이 또 있다. 이 인안나의 이야기와 흡사한 내용이 그리스 신화에도 여러 개 있다는 점이다. 우연일까? 글쎄다. 일단 그 이야기를 먼저 해보자.

그리스 여신 데메테르는 대지의 여신이자 풍요의 여신으로 올림포스 12신 중 한 명이다. 제우스와의 사이에 페르세포네라는 딸을 낳았는데, 지하 세계를 통치하는 신 하데스가 납치해버렸다. 하데스는 데메테르와 남매 사이. 그러니 조카를 납치한 셈이다.

어쩌면 제우스는 형인 하데스가 총각을 면하길 바랐는지도 모른다. 슬쩍 하데스에게 귀띔한다. 저승의 음식을 먹으면 돌아올 수 없다고. 이 말을 들은 하데스는 석류를 페르세포네에게 주면서 달래는 시늉을 했다. "이걸 먹으면 지상으로 돌려보내주마." 순진한 페르세포네가 속아 넘어갔다. 그 결과 페르세포네는 저승에 속한 몸이 되어버렸다. 다만 예상치 못한 문제가 생겼다. 딸을 잃은 데메테르가 비탄에 빠져 아무것도 하지 않다 보니 대지가 메말라 버렸다. 이러면 제우스도 어쩔 수 없다. 페르세포네를 지상으로 불러내 데메테르와 함께 지내도록 할 수밖에! 다만 1년 중 4개월은 지하 세계에 있도록 했다.

페르세포네가 지상에 있는 기간이 봄과 여름이다. 데메테르도 행복

• 인안나 이난나라고도 하고, 아카드어로는 이슈타르라고 한다. 미의 여신이자, 성애의 여신, 다산의 여신으로 여겨졌다. 인안나의 성
전에서는 '신성한 매춘'이 관행적으로 이루어졌다. 수메르 문명의 도시들 가운데서도 특히 우르크에서 수호신으로 추앙받았다.

하기에 만물이 번창한다. 하지만 페르세포네가 저승으로 내려가 사는 겨울에는 데메테르의 상심이 도져 만물이 얼어붙는다.

인안나, 두무지 신화의 내용과 너무나 비슷하지 않은가? 맞다. 학자들은 인안나 이야기가 페르세포네 이야기의 원조일 것으로 추정하고 있다. 수메르 신화가 주변 지역으로 전파되었고, 나중에는 바다를 건너 그리스까지 영향을 미쳤다는 것이다. 놀랍지 않은가?

사실 인안나는 신화에 등장하는 모든 미녀 신의 원형이다. 그리스의 아프로디테, 로마의 비너스 등 미의 여신들 유래를 추적하다 보면 인안나에 이른다. 굳이 원조를 따지자면…… 그렇다. 인안나가 미의 여신의 원조다.

수메르가 멸망하고 바빌론이 메소포타미아 일대를 지배할 때도 인안나 스토리는 살아남았다. 단 여신의 이름이 이슈타르로 바뀌었다. 남편 두무지의 이름도 탐무즈로 바뀌었다. 스토리는 거의 그대로다. 사소한 에피소드가 첨삭되었을 뿐이다. 다만 이슈타르의 성격이 더 과격해졌다. 인안나와 달리 이슈타르는 지옥의 문지기를 보고 호통을 쳤다. "지금 당장 지하로 가는 문을 열어주지 않는다면 다 부숴버릴 거야!"

그 다음 이야기도 크게 다르지 않다. 저승의 여왕과의 대결에서 이슈타르가 패했고 죽음을 맞았다. 세상이 난리가 났다. 사랑의 여신이 없으니 사랑을 하는 이들이 없어졌다. 인구가 급격히 줄기 시작했다. 사람의 수가 줄어들면 가장 크게 고통을 받는 이들은 신들이다. 왜?

인간이 신을 대신해 노동을 하니까! 결국 지혜의 신 에아가 이 문제를 해결하기 위해 나섰다.

최종 결과도 똑같다. 남편 탐무즈가 저승으로 끌려갔다. 탐무즈가 저승에 갇히니 지상 세계가 메말라버렸고, 신들이 해결하겠다고 나섰다. 이후 탐무즈는 봄이 되면 지상으로 올라왔다가 겨울이 되면 저승으로 내려갔다.

이슈타르 여신은 바빌론이 몰락한 후에도 여전히 인기를 누렸다. 바빌론의 뒤를 이은 아시리아에서도 이슈타르 여신을 숭배하는 열풍은 식지 않았다. 그뿐만이 아니다. 이슈타르 캐릭터를 본뜬 여신들이 가나안이나 이집트에서도 큰 인기를 얻었다. 이를테면 가나안 지방에서 가장 인기 있는 여신은 아나트다. 최고신 바알의 여동생이자 아내다. 아나트는 바알조차 두려워하는 무시무시한 여신이었다. 이슈타르 캐릭터에 용맹한 전사 이미지를 추가한 셈이다. 여기만 그런 게 아니다. 다른 지역에서도 이슈타르 캐릭터에 자기 지역의 특성을 얹어 새로운 여신들을 창조해냈다.

다만 이 여신들은 나중에 대부분 사악한 여신으로 둔갑한다. 이 지역에 히브리인들이 정착한 이후부터다. 그들은 이 여신을 모시는 신전에서 성적 행위가 자주 벌어지는 것이 못마땅했다. 돌려 생각하면, 당시의 도덕관념에서 그럴 수도 있을 것 같다. 사랑의 여신이니 그 여신을 추앙하면서 신전에서 남녀의 성관계가 이루어지는 게 뭐 문제냐고 생각했을 것 같다. 바로 이런 모습이 유대인들에게는 사탄의 모습처럼 여겨졌던 것 같다. 그래서 이 여신들은 대체로 나중에 악마처럼 적대시된다. 유대인들은 유일신 야훼만을 섬겼다. 도덕적이기를 권했다. 그러니 성적으로 타락한 것처럼 여겨지는 여신들을 그냥 내버려두었겠는가? 악과 사탄의 굴레를 씌워야지! 이집트의 여신 하토르 또한 인안나에서 비롯되었다고 보는 학자들이 많다.

미의 여신 계보를 정리해보자. 인안나, 이슈타르, 아나트, 하토르, 아프로디테, 비너스……. 이 모든 여신의 원조는? 맞다. 인안나다. 그나저나 두무지의 처신을 좀 생각해보자. 아내가 위기에 처했을 때 나 몰라라 하는 남편들. 조금은 뜨끔하지 않은가? 이러니 남편들이 욕먹는 것이다. 제발 아내를 열렬히 사랑했던 그 젊은 시절을 떠올리시라.

수메르 신들의 의회가 있었다?

그리스의 주요 신들은 올림포스산에 모여 살았기에 올림포스 12신이라 부른다. 이집트에서는 주요 9신을 엔네아드라 불렀다. 메소포타미아에도 이런 사례가 있다. 메소포타미아에서는 상위 서열의 신 50명을 아눈나키(Anunnaki)라 부르며 숭배했다. 최대 규모의 집단 숭배인 셈이다.

50명의 신들 중에서도 최상위급 7명의 신은 특별했다. 이 7명의 신은 최고신 중 한 명인 엔릴의 신전에 모여 종종 회의를 했다. 우주와 인간 세상의 운명을 결정하는 회의였으니 신들의 의회인 셈이다. 그런데 왜 7명의 신만 참가할 수 있었을까? 그 7명의 신은 각 도시의 수호신이었다. 힘센 도시 7개의 주신이 아눈나키 중에서도 특별대우를 받았다는 뜻이다.

상위 7명의 신을 보자. 첫째, 신들의 아버지이자 최초의 신인 안이다. 2세대 신 엔릴, 엔키, 닌후르사그가 각각 둘째와 셋째, 넷째 주신이다. 다섯째 주신은 다음 세대인 달의 신 난나, 여섯째 주신은 그 다음 세대인 태양신 우투이며 마지막 일곱째 주신이 바로 인안나다.

5

최고신과 커플의 로맨스 엿보기

인도의 최고 3신 이야기

인도 신화의 최고 3신은 브라흐마와 비슈누, 시바다.

오늘날 브라흐마를 숭배하는 힌두교 신자는 많지 않다. 브라흐마의 역할이 끝났기 때문이다.

현실에 영향을 미치는 비슈누와 시바는 여전히 큰 인기를 누리고 있다.

어쩌면 종교는 이상이 아니라 현실적 욕구가 투영된 관념일지도 모른다.

고대 인도의 종교와 철학, 우주관을 담은 책이 『베다』다. 비유하자면 크리스트교의 『성경』과 같다. 네 종류의 베다를 합치면 분량이 성경의 6배에 이른다고 한다. 이 베다에서 브라만교가 태동했고, 그것이 나중에 힌두교로 발전했다.

인도의 최고 3신을 트리무르티^{Trimurti}라고 한다. 브라흐마, 비슈누, 시바 세 신을 가리킨다. 이 세 신이 베다 시절부터 최고신의 지위를 누린건 아니다. 일부는 존재했지만 변방의 신이었거나 일부는 아예 존재하지 않았다. 시간이 흐르면서 서열이 높아졌다는 이야기다.

처음에는 어땠을까? 하늘의 신 디아우스와 대지의 여신 프리비티로부터 여러 자식이 태어났다. 그리스 신화처럼 자식들이 부모를 몰아내고 최고 3신 자리에 올랐다. 최고 3신은 인드라, 아그니, 수르야다. 이후로도 3신은 수시로 바뀌었는데, 결국에는 브라흐마, 비슈누, 시바로 확정되었다. 한때 서열 1위였던 신들은 사방과 사계를 지키는 신 로카팔라 (Lokapala)으로 하향 조정되었다.

이제 궁금한 것은 세 신 중 누가 으뜸이냐다. 이 문제는 좀 어렵다. 일종의 삼위일체, 그러니까 3신이 모여 우주 전체를 이루기 때문이다. 브라흐마는 우주와 세계를 창조한다. 비슈누는 그렇게 창조된 우주와 세계를 유지한다. 시바는 그것들을 파괴한다. 세 신의 상호 작용 덕분에 우주는 끝없이 순환한다. 세 신 중 으뜸을 가리기 힘든 이유다.

브라흐마, 비슈누, 시바는 모두 브라만의 화신이다. 브라만은 고대 인도인들이 우주의 근본 원리를 지칭했던 용어다. 그러니까 태초에 존재했던 것이 브라만이고, 최후에 남는 것도 브라만이 된다. 복잡하다고? 이렇게 이해하자. '우주의 근본 원리가 세 신을 통해 작동한다!'

브라흐마는 우주와 세계를 창조한 신이다. 브라흐마의 생애가 끝나면 창조와 멸망의 반복도 끝을 맺는다. 우주는 불, 물, 바람, 흙, 공간의 다섯 개로 완전 해체된다. 브라흐마의 창조와 관련해 몇 가지 설이 있다. 태초에 황금 알에서 태어났다고도 하고, 우주의 근본 원리가 응축돼 탄생했다고도 한다. 대체로 가장 널리 받아들여지는 설은 이렇다. '태초. 우주가 시작될 무렵에 비슈누의 배꼽에서 연꽃이 피어났다. 브라흐마는 그 연꽃에서 태어났다.'

브라흐마는 4개의 머리에 4개 혹은 4쌍의 팔을 가지고 있다. 4개의 머리는 각각 4개의 방향을 향하고 있다. 이 4개의 머리로 사방을 모두 지켜본다. 공교롭게도 베다는 4종류다. 세상이 창조되고 멸망하는 기간인 유가도 4단계다. 인도인의 신분을 결정하는 카스트의 계급도 4종류다. 맞다. 브라흐마의 4개의 머리는 이 모든 것을 상징한다.

최고 3신 중에 요즘에는 브라흐마가 가장 인기가 없다. 브라흐마를 모시는 사원은 인도 전역에 딱 한 곳뿐이라고 한다. 비슈누 혹은 시바를 모시는 사원이 셀 수 없이 많은 것과 대조적이다. 이유가 흥미롭다. 인도인의 생각을 요약하면 이런 식이다. '창조주의 역할은 끝났어. 브라흐마가 우리 인간에게 해줄 수 있는 것도 더 이상 없지. 하지만 비슈누나 시바는 우리를 잘살게 해주거나 극락세계로 인도해줄 거야. 난 비슈누와 시바를 숭배할 거야.'

브라흐마가 이 말을 들으면 꽤나 섭섭할 것 같다.

이어 비슈누 이야기를 해보자. 그는 우주와 세계를 유지하는 신이다. 세계의 질서가 무너지지 않도록, 선이 악을 제압해 정의가 사라지지 않도록 한다. 이 때문에 비슈누는 종종 착한 신, 즉 데바를 돕는다.

그 방식이 독특하다. 비슈누가 직접 해결할 때도 있지만 그보다는 화신avatar의 형태를 더 선호한다. 인도 신화의 가장 큰 특징 중 하나가 이 화신이다. 인도 토착 신, 브라만교의 신, 힌두교의 신이 섞이면서 만들어진 현상이다. 일종의 구조 조정인 셈이다.

칼키

화신은 환생과 비슷하다. 비슈누는 지금까지 아홉 번에 걸쳐 각기 다른 아바타로 세상에 나왔다. 인도 신화의 대표적 영웅인 라마와 크리슈나는 각각 비슈누의 일곱 번째와 여덟 번째 화신이다. 놀라지 마시라. 아홉 번째 아바타가 바로 고타마 붓다, 즉 석가모니라고 한다. 비슈누가 정의를 실현하기 위해 부처의 모습으로 환생했다는 뜻이다. 그렇다면 언제 열 번째 아바타로 환생할까? 종말이 다가왔을 때다. 그때 비슈누는 칼키라는 이름의 아바타로 돌아온다. 왜? 우주를 유지하기 위해서다. 맞다. 인류를 구원하겠다는 거다.

요즘 인도인들은 브라흐마보다 비슈누를 더 추종한다. 사실 비슈누는 브라흐마, 시바보다 훨씬 오래전부터 존재했던 신이다. 탄생 시점으로 치면 3신 중에 가장 앞서 있다. 이미 말한 대로 브라흐마는 비슈누의 배꼽에 있는 연꽃에서 태어났다. 시바는 비슈누의 이마에서 태어났다. 좀 더 과거로 거슬러 올라가서…… 비슈누는 태초의 바다에 앞서 존재했다. 태초의 바다에 뱀이 있었는데, 그 뱀 위에 누워 있는 신이 비슈누다.

비슈누도 브라흐마처럼 팔이 4개다. 각각의 팔에는 방망이, 소라고둥, 연꽃, 원반이 들려 있다. 우유 바다 휘젓기를 끝냈을 때 불사의 약을 몰래 마신 아수라를 제거할 때 썼던 무기가 바로 그 원반이다. 원반은 악과의 투쟁을, 나머지 세 물건은 우주의 근본 원리를 상징한다.

시바는 파괴의 신이다. 그래서 무시무시하고 과격하며 폭력적이라 생각하기 쉽다. 비슈누와 비교한다면 확실하게 시바는 무자비하다. 하지만 이처럼 단순하게 규정할 수는 없다. 시바는 상당히 복잡한 신이다. 우선 파괴라는 단어가 주는 부정적 뉘앙스에서 벗어나야 한다. 낡은 것을 무너뜨려야 새로운 것을 세울 수 있다. 때로 파괴는 재건의 전 단계다. 따라서 파괴는 창조의 또 다른 얼굴이기도 하다. 지나친 궤변이라고? 고대 인도인들은 파괴의 개념을 이처럼 넓게 해석했다.

시바의 특성이 복잡한 게 이 때문이다. 파괴의 신이지만 남근을 상징하기에 다산과 풍요의 신이기도 하다. 죽음뿐 아니라 행복까지 관장하는 셈이다. 이율배반적인 설정은 또 있다. 시바는 춤을 창시했기에 퇴폐적이고 에로틱하다. 끈적끈적하고 관능적이며 반이성적이다. 그런데 시바는 명상과 요가를 통해 늘 금욕을 추구한다. 이렇게 종잡을 수 없는 캐릭터가 또 있을까?

시바가 히말라야산맥에서 명상과 요가를 할 때 사랑의 신 카마가 어슬렁거린 적이 있다. 시바는 명상을 방해했다며 이마에 있는 눈에서 불을 쏘아 그 신을 태워 죽였다. 맞다. 시바는 눈이 세 개다. 이마에 있는 눈에서는 불을 뿜는다. 이 불은 파괴를 상징한다. 시바의 목은 푸르스름하다. 우유 바다 휘젓기를 할 때 뱀의 독을 삼켰기 때문이다. 머리가 네 개이고 팔이 열 개이며 삼지창을 든 모양으로 묘사되기도 한다.

시바는 요즘 인도인에게 가장 인기 있는 신이다. 어쩌면 비슈누보다 더 많은 추종자를 거느리고 있을지도 모른다. 사람도 마찬가지가 아닐

• 시바 산스크리트어로 '상서로운 존재'라는 뜻이다. 파괴의 신이자 생식의 신인 동시에 재건자이며, 관능을 상징하면서도 수행자의
면모를 갖추고 있다. 자비로운 목자였다가 복수의 화신이 되기도 한다. 시바의 이처럼 복잡한 성격은 앞선 신화적 인물들의 성격을
시바에 투영한 결과일 수도 있고, 하나의 존재에 여러 가지 특징을 보완하는 힌두교의 경향 때문이기도 하다.

까? 설명하기 힘든 여러 가지 매력을 가진 사람에게 끌리는 것처럼 인도인들도 좌충우돌 시바에게 빠지는 건지도 모른다.

시바는 비슈누, 브라흐마보다 뒤늦게 등장했다. 하지만 이미 베다 시대에 비슷한 성격의 신으로 폭풍의 신 루드라가 있었다. 인도인들은 이 루드라를 바탕으로 불의 신 아그니, 폭풍의 신 인드라의 성격을 흡수해 시바가 완성되었다고 여긴다.

인도 신화에서만 볼 수 있는 독특한 점이 있다. 최고 3신 브라흐마, 비슈누, 시바가 모두 배우자가 있다는 것! 이 세 여신을 트리데바^{Trideva}라고 불렀다. 최고 3신 배우자의 이야기도 해보자.

브라흐마의 아내는 사라스바티다. 학문의 여신 혹은 지혜의 여신이다. 인도 고대 언어인 산스크리트어를 이 여신이 발명했다고 한다.

사라스바티는 여인이 그리웠던 브라흐마가 창조해냈다. 여신은 처음에는 브라흐마가 싫었는지 그의 시선이 닿지 않는 데로 도망만 다녔다. 그녀가 뒤쪽으로 달아나자 브라흐마의 뒤통수에 머리가 돋아났고, 위쪽으로 달아나자 위쪽에 머리가 돋아났다. 브라흐마의 머리가 여러 개인 이유가 아내 때문이었던 셈인데, 브라흐마가 최고 3신 중에 가장 인기가 낮은 것 또한 아내에 원인이 있다. 사라스바티가 독한 저주를 걸었던 것이다.

브라흐마가 중요한 의식을 치를 때 사라스바티가 늦자 그녀의 자리에 다른 여신을 임시로 앉혔다. 그걸 본 사라스바티가 화가 나서 신들에게 저주를 걸었다. "브라흐마는 인간에게 숭배 받지 못할 것이다. 비슈누는 몇 번의 생에 걸쳐 아내를 쫓아다녀야 할 것이다. 시바는 인간의 모습을 잃어버릴 것이다. 인드라는 악마에게 시달릴 것이다."

이 저주대로 되었다. 브라흐마 추종자는 급감했다. 비슈누가 환생할 때마다 그의 아내도 환생했다. 시바는 남근의 형태로 숭배되었다. 인드라는 힘을 잃어 아수라와의 싸움에서 패해 비슈누의 도움을 요청하게 된다. 여자가 한을 품으면 오뉴월에 서리가 내린다는 말, 틀리지 않다.

비슈누의 아내는 락슈미다. 바다 깊은 곳에서 잠들어 있다가 우유바다 휘젓기 때 깨어났다. 그녀는 미의 여신으로 여겨진다. 그리스의 아프로디테, 중국의 서왕모, 북유럽의 프레이야와 같은 레벨이라고 생각하면 얼추 맞다. 그녀는 미의 여신답게 황금빛 옷을 입고 다닌다.

브라흐마 신의 아내 사라스바티의 저주대로 비슈누가 환생할 때마다 아내도 따라 환생했다. 이를 달리 해석하면 아주 로맨틱한 저주다. 이별이 없는 영원한 사랑이 아닌가? 실제로 락슈미와 비슈누는 가장 이상적인 부부의 상징으로 여겨진다. 또 락슈미는 주로 비슈누와 함께 커플 신으로 숭배된다. 또한 락슈미는 행운을 가져다주는 여신으로도 숭배된다.

시바의 아내는 여러 명이다. 시바가 양다리 걸쳤다는 게 아니라 시바 아내의 화신이 많다는 뜻이다. 아리아인이 인도에 정착하기 전부터 존재했던 여신 데비가 원조다. 데비는 이후 사티, 파르바티, 두르가,

인도 신화 계보

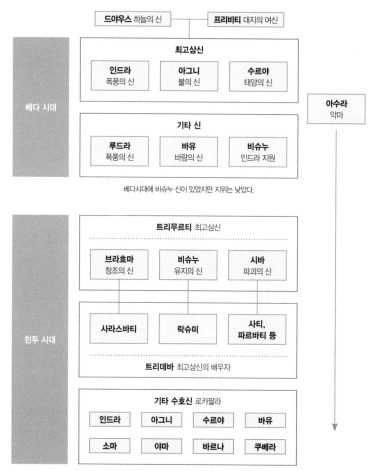

드야우스 하늘의 신 —— **프리비티** 대지의 여신

베다 시대

최고삼신
인드라	**아그니**	**수르야**
폭풍의 신	불의 신	태양의 신

기타 신
루드라	**바유**	**비슈누**
폭풍의 신	바람의 신	인드라 지원

베다시대에 비슈누 신이 있었지만 지위는 낮았다.

아수라
악마

힌두 시대

트리무르티 최고삼신
브라흐마	**비슈누**	**시바**
창조의 신	유지의 신	파괴의 신

사라스바티	**락슈미**	**사티,** **파르바티 등**

트리데바 최고삼신의 배우자

기타 수호신 로카팔라
인드라	아그니	수르야	바유
소마	야마	바르나	쿠베라

베다시대의 삼신과 주요신의 지위가 격하됐다.

칼리 등 여러 화신으로 등장한다. 이들 모두가 시바의 아내다.

사디는 아빠의 반대를 무릅쓰고 시바와 결혼했다. 결혼 이후에도 장인과 사위 관계는 개선되지 않았다. 그러다가 장인이 시바를 부정하는 의식을 치르면서 사태는 최고조로 악화했다. 사티가 이를 막기 위해 불속으로 뛰어들었다. 소식을 듣고 달려온 시바는 죽어버린 아내를 품에 안고 절규했다. 그가 분노하면 아무도 말릴 수 없다. 시바는 장인의 목을 쳤고 미친 듯 춤을 추었다. 인도에는 남편이 죽으면 아내를 함께 화장시키는 풍습이 있었다. 이 풍습을 사티라 불렀다. 사티는 '정숙한 아내'란 뜻이란다. 이 야만적인 풍습은 19세기에 폐지되었다.

시바는 사티를 잃은 후 히말라야산맥으로 들어가 명상에 몰두했다. 사티의 화신인 파르바티가 다가갔지만 시바는 눈길도 주지 않았다. 보다 못한 사랑의 신 카마가 나섰지만 시바가 쏜 불에 타 죽고 말았다. 파르바티는 히말라야의 딸이다. 파르바티는 스스로 고행을 자처했다. 고통의 시간이 꽤나 흘렀다. 고행으로 단련된 그녀의 몸에서 황금색 빛이 뿜어져 나왔다. 그제야 시바는 그녀의 진심을 알게 되었고, 두 신은 부부의 연을 맺었다.

두르가는 앞의 두 여신과 좀 다르다. 무시무시한 학살의 신이다. 언젠가 신들을 능가한 악마가 나타난 적이 있다. 신들은 모두 천상 세계에서 쫓겨났고, 악마 숭배가 판쳤다. 이때 나선 전사가 바로 두르가였다. 그녀는 신들에게 각각 최고의 무기를 받았다. 남편인 시바는 삼지창을, 비슈누는 원반을, 인드라는 금강 방망이를, 불의 신 아그니는 창을, 바람의 신 바유는 활을 주었다. 이때 받은 무기가 총 10개. 그러니 두르가의 팔도 10개다.

인도 신화에서 숫자를 다룰 때면 늘 혀를 내두르게 된다. 악마 군대의 전차만 1억 대가 넘었다. 두르가도 황당하게 맞섰다. 자기 몸에서 900만 명의 병사를 생산하고 팔을 1,000개 만들어냈다. 결과는 두르가의 승리. 하지만 악마는 천년만년 고행하면서 힘을 키운 뒤 다시 신을 공격한다. 또 두르가가 출전해 승리한다. 무한 반복! 이 또한 인도 신화의 특징이다.

칼리는 두르가의 직접적 화신. 그러니 외모가 더 무섭고 성격도 더 잔인하다. 칼리는 학살을 즐긴다. 칼리의 목에는 해골이 주렁주렁 걸려 있다. 인도 신화 그림에서 이런 여신을 본다면 '아, 칼리구나.'라고 생각하면 된다. 내 아내가 칼리 같지 않으니 정말 다행이다.

인도 3신이 불교에도 존재한다?

인도의 악마 아수라는 불교에서도 여전히 악마다. 우유 바다 휘젓기 때 불사의 음료를 몰래 마신 아수라의 목을 비슈누가 베어버린 적이 있다. 당시에 비슈누에게 그 사실을 알려준 것은 해와 달이었다. 이 아수라는 이후 복수하겠다며 해와 달을 쫓아다니면서 덥석 삼킨다. 하지만 해는 너무 뜨거워서, 달은 너무 차가워서 뱉어낸다. 이때 각각 일식과 월식이 일어난단다.

불교는 힌두교를 토대로 생겨났다. 그래서일까? 아수라는 불교에서도 여전히 악의 구렁텅이다. 흥미로운 점이 또 있다. 인도의 최고 3신 또한 불경에 등장한다! 불교에서는 세계를 수호하는 12신을 십이천이라 부른다. 십이천 중의 하나인 범천은 브라흐마가 바뀐 것이다. 비슈누의 9번째 화신이 석가모니라 한다. 이 때문인지 비슈누는 석가를 뜻하는 비로자나로 불린다. 시바는 마음대로 이것저것 부릴 수 있다는 뜻의 대자재천(大自在天)이 되었다. 아, 하나 더. 인도 신들의 우두머리인 인드라도 불교식 이름을 가졌다. 사천왕과 32신을 통솔하는 제석천(帝釋天)이 그것이다.

6

신들의 세상은 요지경?
서왕모 이야기와 중국 신화 특징

·

신화는 인간의 욕구가 다양해지고 경험이 쌓이면서 보다 다채로운 이야기가 보태지며 풍부해진다.

중국의 황제들은 불로불사의 약을 구하기 위해 방사(方士)들을 중국 각 지역으로 보냈다.

이때 수집된 이야기가 결합하여 중국 신화를 형성했다.

오래전 코미디의 한 장면. 자식의 장수長壽를 바라는 아버지가 작명소를 찾았다. 얼치기 작명인은 장수하는 생물의 이름을 모조리 갖다 붙였다. 세상에서 가장 긴 이름이 탄생했다. 김수한무거북이와두루미삼천갑자동방삭……

이 코믹송에 등장하는 삼천갑자 동방삭은 중국 신화 속 신선이다. 동방삭은 인간 세상으로 내려와서 한 무제 황제의 광대가 되었다. 갑자는 보통 60년을 뜻한다. 삼천갑자를 살았다고 하니 수명이 18만 년이란 얘기다. 상상 초월. 그래서 동방삭은 장수의 상징으로 여겨진다.

중국 신화에서 최고신은 황제다. 최고 여신은? 원래는 인간을 창조한 여와였지만 시간이 흐르면서 서왕모西王母로 바뀌었다. 서쪽에 사는 최고 어머니란 뜻. 서왕모 또한 황제처럼 곤륜산에 살았다. 곤륜산에는 서왕고의 복숭아 과수원도 있다. 여기서 재배되는 복숭아는 불로불사의 과일이다. 동방삭이 삼천갑자를 살 수 있었던 것도 이 복숭아 덕이다. 동방삭은 서왕모 몰래 복숭아를 훔쳐 먹었다.

중국에서는 신화가 종종 불교 혹은 도교와 범벅이 된다. 전설이나 신화 속의 신이 도교에서 신선이 되기도 한다. 서왕모도 도교의 최고 여신으로 추앙받는다. 도교에서는 신을 신선이라 불렀다. 서왕모는 그 신선들의 우두머리가 된다. 모든 신들을 거느리는 것이다.

서왕모는 어떤 모습일까? 그녀는 늙지 않는다. 늘 서른 살 전후의 외모다. 너무 어리지도, 너무 늙지도 않은, 신체적으로 여성 최고의 황금기라 할 수 있는 서른 살이다. 당연히 늘씬한 몸매에 절세미녀 캐릭터로 설정되어 있다. 화환을 머리에 썼고, 최고급 비단옷을 입었다.

이처럼 젊음을 유지할 수 있는 비결? 당연히 불로불사의 복숭아다. 어디서 많이 본 듯한 설정이다. 맞다. 이런 설정은 세계 여러 나라의 신화에 등장한다. 가장 유사한 캐릭터가 북유럽 신화의 여신 이둔이다. 그리스 신화의 헤라 여신도 황금 사과나무를 가지고 있다. 과일은 아니지만 인도 신화의 여신 락슈미는 불사의 음료 암리타를 관리한다.

동방삭의 일화를 조금 더 이야기해보자. 때는 한 무제 시절이다. 군이 시기를 따진다면 기원전 1세기 무렵이다. 한 무제는 중국 역사 전체를 통틀어 대단히 강력한 황제 중 한 명이었다. 한 제국의 영토를 무

● 서왕모 『산해경』에서는 서왕모를 사람 형상에 범의 꼬리를 갖고 있으며 호랑이 이빨을 가진 모습으로 묘사하고 있다. 하지만 대체로 인간에게 호의적이며, 시대가 변하면서 미의 여신으로 둔갑한다. 곤륜산에 살며, 불로불사의 복숭아가 열리는 과수원을 가꾸었다고 전해진다.

지막지하게 넓혔고 실크로드까지 개척했다.

한 무제가 도교에 푹 빠졌다. 왜? 불로장생을 원했으니까! 무제는 서왕모에게 제사를 지냈다. 정성이 지극하면 통하는 법. 서왕모가 시녀를 무제에게 보내 만나자고 했다. 무제가 뻑적지근하게 잔치를 열었다. 이때 영접 잔치를 책임진 이가 바로 무제의 광대 동방삭이었다. 서왕모가 답례로 복숭아를 무제에게 내밀었다. 하지만 이 복숭아는 인간에게 큰 효력을 발휘하지 못한다. 그러니 무제로서는 큰 실망. 그때 서왕모의 눈이 반짝거렸다. 무제 뒤에 서 있던 동방삭을 본 것이다. "어라, 넌 내 과수원에서 복숭아를 세 번이나 훔쳐 먹은 놈 아니냐?"

영생을 바라는 무제의 소원은 이루어졌을까? 일단 복숭아 말고도 영생의 비결이 또 있었다. 서왕모가 그 비결을 알려주었다. 전쟁을 중단하고 열심히 도를 닦으면 신선이 될 수 있단다. 이 말과 함께 서왕모는 책과 부적을 건네주었다. 역사 속의 무제는 정복 군주다. 그러니 제 버릇 남 줄 수 없다. 전쟁을 계속했고, 그 과정에서 이 비서秘書와 부적을 잃어버렸다고 한다. 그러니 신선이 될 수 없었을 터. 무제는 70세에 죽었다.

복숭아 말고도 서왕모에 얽힌 이야기가 많다. 언젠가 국내 연예인이 〈세상은 요지경〉이라는 재미있는 노래를 부른 적이 있다. 요지경瑤池鏡은 여러 가지 재미있는 그림을 내부에 그려놓은 확대경을 뜻한다. 황당한 상황이나 풍경을 거론할 때 주로 사용하는 용어다. 하지만 원래 뜻은 그렇지 않다. 더 이상 아름다울 수 없는 최고의 비경을 요지경이라고 했다.

서왕모의 궁전은 사방으로 천리가 넘었다. 가히 짐작할 수도 없는 규모다. 이 궁전에는 아무나 갈 수 없다. 우선 곤륜산에 접근하는 것부터 힘들다. 1차로 곤륜산 밑에 흐르는 약수라는 강을 건너야 한다. 이 강은 괴물들이 지키고 있다. 그러니 통과하기가 어렵다.

궁전의 한쪽에 아름다운 연못이 있다. 규모가 상당히 컸으니 호수라고 해도 무방하다. 이 연못이 바로 요지瑤池다. 서왕모는 이 요지에서 종종 신들을 불러 연회를 가졌다. 이 연회 풍경을 요지경瑤池景이라 했다. 이랬던 요지경이 요즘에는 다른 뜻으로 쓰인다. 모든 이야기는 시대의 흐름을 비켜가지 못한다.

견우와 직녀 이야기에도 서왕모가 등장한다. 견우와 직녀 이야기를 우리나라의 전래 동화나 설화쯤으로 알고 있는 이들이 많다. 아니다. 견우와 직녀는 중국 신화에 있는 이야기다.

직녀는 천제, 즉 옥황상제의 딸이다. 그런데 아버지에게 찍혀도 단단히 찍혔다. 천제는 시집보냈더니 친정에는 코빼기도 비치지 않고 남편과의 사랑에만 정신이 팔린 딸이 못마땅했다. 결국 둘을 하늘에서 쫓아내고 만나지 못하게 했다. 생이별의 안타까움에 발만 동동 구르던 때 서왕모가 도움의 손길을 내밀었다. 서왕모가 천제에게 하소연해서 두 사람이 1년에 한 번, 칠석날만이라도 만나게 해준 것이다. 이런 은인이 또 있나?

이런 점만 봐도 서왕모가 사랑의 여신이란 사실을 알 수 있다. 물론 서왕모 자신의 러브스토리도 있다. 주나라 5대 왕인 목왕과의 사이에 있었던 이야기다.

당시 목왕은 서쪽 세계로 모험을 하고 있었다. 그 목왕이 서왕모가 사는 곤륜산에 당도했다. 목왕은 서왕모를 만나고 싶었다. 간절하면 이루어지는 법이다. 서왕모가 목왕을 불러 요지에서 연회를 베풀었다. 목왕은 서왕모에 푹 빠졌다. 본국으로 돌아가는 것조차 잊어버렸다. 목왕이 곤륜산에 머무는 동안 주나라는 쑥대밭이 돼버렸다. 그런데도 목왕은 정신을 못 차렸다. 훗날 주나라가 멸망했는데, 그 시발점이 이 사건이라고 말하는 이들도 있다.

목왕이 서왕모를 흠모했듯 서왕모도 목왕을 사랑했을까? 글쎄, 진실은 알 수 없다. 다만 서왕모에게도 묘한 감정이 있었던 것 같다. 목왕에게, 나중에 와도 좋다고 허락한 걸 보면 말이다. 물론 그렇다고 해서 목왕이 다시 올 수는 없었다. 곤륜산이 인간의 눈에 쉽게 보이는 곳인가? 영영 찾을 수 없으니 두 사람의 재회는 이루어지지 않았다.

이런 식의 이야기는 영웅의 모험담에 종종 등장한다. 그리스 신화만 봐도 그렇다. 오디세우스는 본국으로 돌아가는 도중 한 섬에서 여신에게 푹 빠져 세월을 허송했다. 이아손의 아르고스 원정대는 여성들만 사는 섬에서 세월을 잊은 채 지내기도 했다. 한참의 시간이 지난 후에야 이들은 정신을 차리고 다시 모험에 나선다. 이렇듯 이런 환상의 세계는 오래 지속되지 않는다.

흥미로운 점이 있다. 많은 권력자가 숭배했던 서왕모가 원래는 미의 여신이 아니었다. 그녀는 생명과 죽음을 관장했고, 더 좁히자면 죽음의 여신이었다. 외모도 아름다움보다는 흉측함에 더 가까웠다. 최초로 서왕모가 등장한 문헌에 따르면 그녀는 표범의 꼬리와 호랑이의 이빨을 가졌다. 거처도 궁전이 아니라 동굴이었다. 요지경? 그런 건 없다. 야수의 삶과 다르지 않았으니까 말이다. 그러니 처음에는 서왕모의 인기도 그다지 높지 않았다.

중국 신화에 서왕모가 '짠' 하고 등장한 것은 전국 시대 때다. 이미 말한 대로 처음에는 죽음의 여신이었다. 그러나 시간이 흐르면서 서왕모의 외모와 성격 자체가 변했다. 아무래도 중국을 대표하는 미의 여신이 필요했던 탓일 게다. 필연적인 변화인 셈이다.

서왕모가 미의 여신으로 바뀌면서 열성 팬들이 생겨났다. 마침 하루가 멀다 하고 전쟁이 터지던 시대였다. 현실은 지옥이었다. 민중들은 내세의 삶에 관심을 가졌다. 더불어 불로와 영생을 원했다. 도교가 서민의 이런 정서를 파고들었다. 그 결과 서왕모가 최고 여신이 되었다.

나중에 서왕모의 팬들은 황당무계한 발상을 떠올렸다. 서왕모는 미의 여신이라고는 하나 배우자가 없다. 혼자 있는 밤은 외롭고 적적하다. 그래서 도교에서는 서왕모에게 딱 어울리는 신랑감을 점지해주었다. 새로이 남자 신선을 창조해낸 것이다. 그 신선이 동왕부東王父다. 동쪽에 있는 신의 아버지쯤으로 해석할 수 있다.

정말로 못 말릴 팬들이 아닌가? 하지만 동왕부는 별로 인기를 끌지 못했다. 아마도 서왕모를 솔로로 남겨두길 원했던 사람들이 더 많았던 것 같다. 요즘에도 서왕모의 인기는 여전히 대단하다고 한다. 놀라운 일이 아닌가?

서왕모에 못잖은 미의 여신이 또 있다. 바로 구천현녀九天玄女다. 구천현녀는 전쟁을 담당했다. 그러니 당연히 무서운 모습을 하고 있었으리라. 하지만 시간이 흐르면서 구천현녀의 성격도 변했다. 도교에서는 구천현녀를 서왕모에 버금가는, 상당히 높은 여신으로 대우했다.

구천현녀가 서왕모의 또 다른 모습이라고 말하는 이들도 있다. 인도 신화의 화신처럼 구천현녀가 서왕모의 아바타라는 것이다. 황제가 치우와 전쟁을 벌이던 중 퇴각한 적이 있었다. 실의에 빠진 황제에게 병법서를 전해준 여신이 구천현녀인데, 실제로는 서왕모가 변신한 모습이라고 한다. 어쨌든 구천현녀는 이 세계에 존재하지 않는 최고의 병법을 영웅들에게 전한다. 소설 『수호지』에서도 구천현녀는 양산박의 두령 송강의 꿈에 나타나 병법서를 전해준다.

구천현녀 또한 시간이 흐르면서 미의 여신 속성을 가지게 된다. 『소녀경』이란 책이 있다. 이 책에서는 구천현녀가 방중술을 가르치는 여신으로 나온다. 전쟁의 신이 갑자기 관능적인 여신으로 변했다.

끝으로 중국 신화의 신들 계보를 살펴보려 한다. 사실 이게 어렵다. 중국 신화의 큰 줄기는 이미 살펴보았던 삼황오제 이야기다. 그리스처

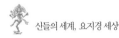

럼 올림포스 12신의 다양한 이야기가 있는 것도 아니고, 북유럽처럼 라그나뢰크라는 비장한 결말도 없다. 심지어 인도나 중동 신화처럼 다양한 신들의 이야기도 덜하다.

물론 불교 혹은 도교와 결합해 여러 신들의 이야기가 중국에도 전해진다. 하지만 체계적이지는 않다. 그러다 보니 삼황오제를 이어 중국 전역에 전해지는 공통된 신화는 거의 없다. 그것보다는 각 부족 혹은 씨족별로 전해 내려오는 신화가 많다. 중국이 워낙 넓은 데다 다양한 부족과 민족이 있기 때문에 씨족별로 시조의 신화가 전해지는 곳도 많다. 삼황오제라는 굵직한 이야기를 빼면 대부분 '전국구'라기보다는 '지역구'인 경우가 많다는 얘기다.

이런 점 때문에 중국 신화는 상당히 방대하다. 중국 전역에 존재하는 신들의 이름을 다 외우기란 쉽지 않다. 요괴들은 신들보다도 많아서 그 종류나 숫자가 상상을 초월한다. 가히 셀 수 없을 정도다. 게다가 온갖 괴물로부터 기인한 인간 등 생김새나 성격이 정말로 다양하다.

여러분이 어떤 요괴를 상상해냈다고 치자. 아마 중국 신화가 기록된 책들을 뒤적이다 보면 그것과 비슷한 요괴가 반드시 있을 거라 장담한다. 예를 들어보자. 머리는 용인데, 몸은 개다. 꼬리는 원숭이고 몸에는 뱀의 비늘이 있다. 발굽은 소를 닮았다. 이런 요괴가 있을까? 있다. 바로 탐이란 요괴다. 이번에는 육·해·공을 모두 아우르는 짬뽕 생명체를 창조하고 싶다. 이런 요괴, 중국 신화에 있을까? 있다. 몸통은 뱀인데 머리는 사람이며 날개가 달린 요괴가 신화에 기록되어 있다. 이

탐

요괴를 화사라고 한다.

　이처럼 황당한, 혹은 기발한 신과 요괴들, 신적인 이야기들이 수록된 책이 중국에는 여러 종류가 있다. 그중에서 가장 유명하고 가장 오래된 것이 바로『산해경』이다. 정체불명으로 보이는 요괴 화사의 출처 또한『산해경』이다.

　『산해경』은 중국 전역에 흩어져 있는 기이한 동물과 이야기를 엮은 책이다. 궁금하다면 직접 구해서 읽어보시라. 황당한 요괴들의 그림도 수록되어 있다. 별별 요괴가 다 있다는 말이 절로 나올 것이다. 이참에 '나만의 요괴 사전' 같은 걸 만들어보는 것도 괜찮을 듯하다. 나의 상상력은 지금도 살아 있을까? 나는 몇 마리의 요괴를 창조해낼 수 있을까? 갑자기 궁금해진다.

여성을 위한 나라는 있다

그리스 신화의 아마존은 여성 전사들이 살던 곳이다. 중국 신화에도 여성만의 나라가 있다. 바로 동여국(東女國)이다. 이 나라 말고도 티베트 서쪽에 여인국이 있었나 보다. 그 나라를 여국이라 했다. 여국의 동쪽에 있었다고 해서 동여국이라는 이름이 붙은 것이다.

20세기 들어 이 동여국이 실존했던 것으로 밝혀졌다. 중국과 티베트 사이의 협곡 지대에 있었고, 약 4만 호가 살았다. 왕은 당연히 여자였고, 수백 명의 시녀를 거느렸다. 남성도 있었지만 아이를 돌보고 가사 노동만 담당했다. 남자들이 때로는 집을 짓는 일에도 투입되었지만 주업인 농사는 여인들의 몫이었다. 다만 외부와 전쟁이 터지면 남자들이 나가 싸웠다.

이와 비슷한 여성의 마을이 현존한다. 중국 사천성에서 며칠을 들어가면 해발 3,500미터의 외진 계곡이 나타난다. 모계 사회인 자바족의 마을인데, 여기서는 어머니가 모든 의사 결정을 한다. 재산은 장남이 아니라 장녀가 상속한다. 결혼할 때도 여자가 남자를 선택한다.

7

권력을 잡으면 신성함과 권위도 따라온다?

삼종신기(三種神器)와 스사노오 이야기

•

역사의 여백을 신화로 메우려는 시도가 종종 있었다.

그런데 일본은 정부가 나서서 신화와 역사의 연결 고리를 만들고 한데 묶는 일에

국가적인 역량을 쏟은 특이한 사례를 보인다.

스스로를 '신의 백성'으로 여기고 주변 국가를 얕잡아 보는 속성이 이때 형성된 것인지도 모른다.

일본에서는 왕을 천황이라고 한다. 우리나라에서는 일본의 왕을 공식적으로 일왕이라 부른다. 일단 다른 나라를 존중하는 의도로 일본식 표현을 써보자. 초대 천황은 진무다. 일본 역사서에 따르면 진무 천황은 기원전 660년에 즉위했다. 진무 천황은 기원전 585년, 127세의 나이에 사망했다. 와우!

우리 건국 신화를 보자. 우리 민족의 시조인 단군은 기원전 2333년에 나라를 세웠다. 무려 1,908세의 나이에 신선이 되었다. 이 또한 와우! 진무 천황은 비교도 되지 않는다. 단군이 훨씬 이전에 나라를 세웠고, 수명도 훨씬 길며, 죽지도 않고 신선이 됐잖은가?

신화 속 이야기니 가능하다. 단군이 특정인의 이름이 아니라 왕이

나 대통령 같은 직위일 것이란 해석은 이미 오래전에 나왔다. 기원전 2333년에 세웠다는 나라도 부족 연합체 정도일 것 같긴 한데……. 어쨌든 역사적으로 충분히 해석이 가능한 신화다.

일본은 다르다. 2019년 일본에서는 왕이 바뀌었다. 새로이 나루히토 왕이 즉위했는데, 일본식 표현대로 하자면 126대 천황이다. 초대 천황 진무로부터 지금까지 왕조가 유지되고 있다는 거다. 이쯤 되면 역사와 신화가 짬뽕 범벅이다.

일본에서 신석기 시대가 끝난 시기는 대략 기원전 300년 무렵이다. 신화라면 신석기 시대가 아니라 구석기 시대에도 천황이 등장할 수 있다. 그런데 그걸 역사라고 규정해놓았다. 안 그러면 '126대'라는 수치가 나올 수 없다. 요약하자면, 일본에서는 신석기 시대에 이미 천황이 일본을 통치한 셈이다. 그러니까 신석기 시대가 끝나기 360여 년 전에 천황이 즉위했다는 거다. 신화 속 이야기라고 한다면 다 용인된다. 그런데 그걸 역사라고 우기면? 복잡해진다.

일본에서는 새 왕이 즉위할 때 독특한 의식을 치른다. 시종들이 무언가를 들고 있다. 아주 신성한 보물을 대하듯이 조심스레 다룬다. 제단에 그 물건을 두었다가 이내 거두어들여 잘 보존한다. 이 시종들이 들고 있는 물건은 셋이다. 거울과 칼, 곡옥曲玉. 옥을 반원 모양으로 다듬은 뒤 끈을 꿰어서 만든 장식이다. 일본에서는 이 셋을 삼종신기라고 한다. 최고신 아마테라스가 손자인 니니기를 지상 세계로 보낼 때 준 것들이란다. 니니기가 지상에 온 사건을 두고 일본에서는 '천손강림'이라고 한다.

그러고 보니 우리의 환웅 신화와도 상당히 비슷하다. 환웅은 하늘의 신이었다. 아버지이자 천제인 환인의 명을 받아 세상을 구하고 인류를 이롭게 하기 위해 지상 세계로 내려왔다. 군이 비교하자면 환인은 아마테라스, 환웅은 니니기 역할이라 할 수 있다.

환웅에게도 일본의 삼종신기와 같은 보물이 있다. 바로 천부인이다. 천부인은 환인이 환웅에게 준 것으로 청동 검, 청동 거울, 청동 방울이다. 우리에게도 신성한 보물이 세 가지다. 이 밖에 환웅은 풍백, 우사, 운사와 함께 3,000명의 무리를 거느렸다. 규모 면에서는 환웅이 니니기를 앞선다.

하늘에서 신이 내려온 것이나, 신성한 보물을 가져왔다는 것은 역사적인 사실을 반영한다. 외부의 부족이 새로운 문물을 가지고 이 땅으로 들어왔다는 뜻이다. 그 부족이 토착 부족보다 강했다. 그러니 토착 부족을 제압했을 테고, 정복 과정을 정당화하기 위해 신성함이란 포장지를 씌운 것이다.

우리는 환웅 이야기를 신화로 본다. 천부인이 실존했다고 믿는 사람은 거의 없다. 하지만 일본은 다르다. 삼종신기가 원래 있었다고 보는 이들이 많다. 이 삼종신기는 초대 천황 진무 이후 현재에 이르기까지 왕과 왕실의 권위를 상징해왔다. 하지만 너무나도 신성하기에 왕조차도 진품을 직접 볼 수 없다고 한다. 실제로 즉위식 때도 진품을 쓰지 않는다. 솔직히 이는 당연한 일 같다. 과학적으로 생각해보면 진품이 있을 리 없잖은가?

현재 삼종신기는 각각 다른 신궁에서 보관하고 있다. 물론 이것 또한 진품은 아니다. 다만 삼종신기 가운데 몇 개의 진품이 지금도 어디선가 보존되어 있다고 주장하는 이들이 있다. 얼마나 많은 사람들이 이 말을 믿는지는 모르겠지만 말이다.

삼종신기는 최고신 아마테라스 혹은 동급의 신들과 관련된 에피소드에서 등장한다. 이 세 물건의 탄생 과정에서 만들어진 이야기를 따라가보자.

아메노우즈메란 새벽의 여신이 있다. 굳이 따지자면 아프로디테, 프레이야, 서왕모, 인안나와 비슷하다. 맞다. 미의 여신이다. 다만 서열이 그다지 높지는 않다. 좀 더 노골적으로 말하면 아메노우즈메는 성性의 여신이다. 이 여신은 문제가 생길 때마다 '몸'으로 해결한다. 어쩌면 일본 특유의 개방적인 성문화가 반영된 신일지도 모른다.

일본의 최고신은 아마테라스다. 사실 그녀 말고도 중요한 두 신이 더 있다. 아마테라스의 남동생들이다. 이 3남매가 세상을 나누어 통치했다. 아마테라스는 천상 세계, 츠쿠요미는 달, 스사노오는 바다와 폭풍을 담당하거나 통치했다.

이 가운데 막내인 스사노오는 어머니가 있는 황천에 가기로 한다. 그 전에 누나에게 작별 인사를 하겠다며 천상 세계로 갔는데, 거기에서 온갖 말썽을 부린다. 화가 난 아마테라스는 동굴로 들어가버린다.

앞에서 다룬 이야기다. 이 위기를 넘긴 신이 바로 아메노우즈메다. 그녀는 동굴 앞에서 춤을 추었다. 고의였든 아니었든 이 과정에서 그녀의 옷이 모두 벗겨졌다. 역시 그녀는 몸을 쓴다. 실오라기 하나 걸치지 않고 춤을 추는 여신. 신들은 그 여신을 보면서 왁자지껄 떠들었다. 그 소리를 들은 아마테라스가 어리둥절한 표정으로 얼굴을 내밀었다. 바로 그때 아메노우즈메가 아마테라스에게 거울을 들이댔다. 거울에는 아마테라스의 모습이 비쳤다. 자신의 모습인지 헷갈렸나 보다. 아마테라스가 의아해하면서 동굴 밖으로 나왔다. 그 순간을 기다렸다가 신들이 동굴 입구를 막았다. 이렇게 해서 태양신 아마테라스를 다시 세상으로 끌어낼 수 있었다. 결국 아메노우즈메의 나체 춤이 일등 공신이었던 셈인데, 이때 그녀가 사용했던 거울이 바로 삼종신기 중 첫 번째인 그 거울이다.

두 번째 삼종신기인 곡옥은 반달 모양으로 만든 일종의 구슬이다. 이 물건 또한 아마테라스가 동굴에 숨었을 때 등장한다. 일반적으로 거울을 만들 때와 비슷한 시기에 한 신이 만들었고, 그것을 나무에 걸어두었다고 알려져 있다.

마지막 삼종신기, 칼에 대해 알아보자. 이 칼은 아마테라스의 동생 스사노오의 일화에 등장한다. 이야기는 스사노오가 천상 세계에서 난동을 부린 이후부터 시작된다. 아마테라스는 스사노오를 지상 세계로 추방했다. 이때 그가 도착한 곳이 이즈모. 오늘날 시마네현의 동부 지방으로 추정되고 있다.

신들의 세계, 요지경 세상

일본에서 신은 크게 두 종류로 나뉜다. 하늘로부터 내려온 신과 원래부터 땅에 있었던 신이다. 앞의 신을 아마츠카미, 뒤의 신을 쿠니츠카미라 불렀다. 일본의 최고신 아마테라스는 이자나기와 이자나미 사이에 태어난 맏이다. 그녀의 부모는 일본을 창조한 신들이다. 모두 하늘로부터 내려왔다. 그러니 아마테라스는 하늘의 신인 아마츠카미에 속한다.

츠쿠요미와 스사노오도 아마테라스와 남매지간이니 당연히 하늘의 신인 아마츠카미가 될 터. 하지만 아니다. 막내인 스사노오는 종종 땅의 신인 쿠니츠카미로 분류된다. 피를 나눈 형제인데 왜 그럴까?

그리스 신화에도 비슷한 사례가 있다. 제우스의 형인 하데스는 중요한 신 중 한 명이다. 하지만 그리스의 주요 신을 모아놓은 올림포스 12신에는 속하지 않는다. 하데스가 올림포스산에 살지 않고 저승에 살기 때문이다. 스사노오도 똑같다. 나중에 스사노오는 결국 황천으로 가서 저승의 신이 된다. 그러니 하늘의 신 출신인데도 땅의 신으로도 분류되는 것이다.

고대 일본인들은 왜 신을 굳이 하늘 신과 땅 신으로 나누어놓았을까? 일본 신화의 특성이 여기서도 드러난다. 일본 신화는 정치적 목적에 따라 새로이 만들어지거나 개작되었다. 결말을 간략히 말하자면, 땅의 신이 하늘의 신에게 나라를 양보한다. 무슨 의미일까?

땅 신은 아주 오래전 일본에 살았던 원주민이 숭배한 신으로 해석된다. 그렇다면 하늘 신은? 그 뒤에 일본을 장악했고, 현재 일본의 조상이 되는 야마토 부족의 신들이다. 하늘 신의 승리는 곧 야마토 부족이 일본의 주인이 되었다는 상징이다. 이런 설정이 필요한 까닭은 명확하다. 정치적 명분과 정당성! "봐라. 신화에도 이렇게 나와 있잖아! 우리 말이 틀려?"

이런 설정, 사실 우리 건국 신화에도 있다. 곰과 호랑이가 환웅을 찾아가 인간이 되기를 청하는 대목. 최종적으로 인간이 되는 동물은 곰이다. 호랑이는 끈기가 없다. 마늘만 먹고 참기를 거부하며 동굴을 뛰쳐나갔다. 곰의 승리다. 일본 신화에 비하면 정치색도 덜하고 소박하지만 이 신화에도 역사적 사실이 담겨 있다. '곰을 숭배하는 부족이 호랑이를 숭배하는 부족을 정복했거나 포섭했다!'

자, 다시 삼종신기의 칼 이야기를 하자. 이즈모에 도착한 스사노오가 강의 상류에 이르렀을 때였다. 어디에선가 울음소리가 들려왔다. 소리가 나는 곳을 따라가보니 노부부가 다 큰 처녀를 안고 통곡하고 있었다. 이유를 물었다. "우리 부부에게는 딸이 여덟 명 있었습니다. 그런데 야마타노 오로치라는 괴물이 매년 와서 한 명씩 잡아먹었습니다. 이제 이 막내 아이만 남았습니다. 이 아이도 곧 괴물의 먹이가 돼야 합니다. 그러니 서러워 우는 것입니다."

야마타노 오로치는 뱀처럼 생긴 거대한 괴수다. 머리와 꼬리가 각각 8개였으며 등에는 나무가 자랐다. 나무가 자라고 있다는 점만으로도 짐작했겠지만 덩치가 장난이 아니다. 무려 8개의 골짜기와 봉우리를 모두 덮을 정도로 거대했다. 괴수는 살아 있는 것이라면 가리지 않고 닥치는 대로 잡아먹었다. 그래서인지 눈은 새빨갛고 배는 피범벅이었다.

한 명 남은 그 딸의 이름은 구시나다히메. 스사노오는 그녀가 맘에 들었다. 그녀와의 결혼을 허락하면 괴물을 처치하겠다고 제안했다. 노부부는 스사노오가 신적 존재임을 감지하고 있었다. 그러니 결혼을 마다할 이유가 없었다. 게다가 딸도 살릴 수 있잖은가?

스사노오는 그 딸을 빗으로 변신시킨 뒤 자신의 머리카락에 꽂았다. 구시나다히메란 이름이 만들어진 게 이 행동에서 비롯되었다. 이 이름의 뜻이 '머리빗의 여자'다. 아내가 될 여인을 안전하게 모셨다. 그러고 나서 본격적으로 괴물과의 싸움을 준비하기 시작했다. 스사노오는 노부부에게 독한 술을 만들어달라고 했다. 이어 8개의 문을 만들고, 각각의 문에 독주가 담긴 항아리 8개를 두었다.

잠시 후 야마타노 오로치가 나타났다. 쿵쿵. 잘 익은 술 냄새가 괴수의 코를 자극했다. 여덟 개의 머리가 동시에 항아리에 머리를 처박고 술을 마셨다. 술 앞에 장사 있나? 괴물도 마찬가지다. 야마타노 오로치는 곧 뻗어버렸다. 스사노오가 머리를 베기 시작했다. 싹둑, 싹둑, 싹둑……. 괴수의 꼬리 부분을 난도질할 때였다. 금속 같은 것이 부딪치는 소리가 났다. '철컹.' 스사노오의 칼도 명검인데, 그 검의 날이 상할 정도였다. 이상하다 싶어 괴수의 배를 갈랐다. 비범해 보이는 검이 나왔다. 스사노오는 보통 검이 아니라고 생각하고는 아마테라스

• 스사노오 일본 열도를 창조한 부부인 이자나기, 이자나미 사이에서 태어난 3남매 가운데 막내다. 황천에 있는 어머니를 그리워해
서 황천으로 향하는 모험을 떠난다. 원래 하늘 신이었으나 땅 신이 되었다가 저승을 다스리는 신이 된다. 일본의 한 마을에는 스사
노오가 괴수 야마타노 오로치를 격파하는 동상이 세워져 있는데, 괴수가 용의 생김새를 한 게 특이하다.

에게 바쳤다. 이것을 '구사나기의 검'이라고 하는데, 삼종신기 중 하나인 바로 그 검이다.

위험이 제거되었으니 그 다음은 행복한 결말이다. 스사노오는 구시나다히메와 결혼한다. 두 신은 이즈모에서 새 출발을 하는데, 자식도 많이 낳는다. 이렇게 해서 땅 신의 조상이 된다. 아, 첨언 하나. 스사노오는 나중에 끝내 어머니가 있는 황천으로 가서 저승의 신이 된다. 사실 이 이야기는 아직 끝나지 않았다. 뒤에 다시 다룬다. 조금만 기다리시라.

일본 신화를 둘러싼 논쟁

일본의 천상 세계를 다카마가하라라고 한다. 일본 신화에 따르면 다카마가하라는 흔들다리를 통해 외부와 연결되어 있는데, 이 외부가 한반도라고 주장하는 이들이 있다. 일본의 어떤 학자는 이 다카마가하라가 경상북도 고령이라는 내용의 논문까지 발표했다. 스사노오가 천상 세계에서 쫓겨나 강림한 이즈모 지역이 신라 주변이었을 것이라고 말하는 이들도 있다.

일본 신화와 우리 신화가 유사한 점도 많다. 대표적인 것이 천손강림이나 삼종신기다. 똑같은 설정이 우리 신화에도 있다. 왜 그런지에 대해서는 여러 설이 있고, 주장도 많다. 연구가 더 필요하다. 다만 우리 문화가 우월해서 일방적으로 전파한 것이라거나 두 민족의 뿌리가 원래 같아서 그런 것이라는 식의 해석은 곤란하다. '일선동조론'을 주장한 일제 강점기의 식민주의자들이 근거로 내세운 것 중 하나가 이런 신화적 유사성이니까 말이다.

신화는, 정치적으로 해석할 때 가장 위험해질 수 있다. 이 점을 명심 또 명심해야 한다.

Part 4

영웅,
그들이 그립다

"신화는 역사보다 더 중요하고 진실하다."
_조셉 캠벨(Joseph Campbell)

1

마무리가 훌륭해야 진정한 영웅이다

페르세우스와 이아손

용맹함과 지혜를 갖춘 숱한 영웅들이 신화를 장식한다.

하지만 그들의 영웅담이 모두 행복한 결말로 끝나는 것은 아니다.

아름다운 마무리를 결정짓는 것은 항상 신의와 초심이었다.

주윤발저우룬파은 1980년대 중반 이후 홍콩 누아르 영화의 전성기를 이끈 배우다. 〈영웅본색〉 시리즈를 통해 톱스타로 부상했다. 그때, 정말 대단했다. 10대와 20대 남자들 사이에 입에 성냥개비를 물고 잘근잘근 씹어대는 게 유행이었으니까 말이다. 영화 속 주인공을 흉내 내면서 영웅 심리에 취하고는 했다.

2018년 주윤발은 평생 벌어들인 재산 8,100억 원을 사회에 기부하겠다고 선언했다. 어떤 사람들은 쇼일 거라고 했다. 아니었다. 대중에 공개된 그의 진솔한 모습에 사람들은 놀랐다. 대단히 평범했다. 보통 사람들과 똑같이 대중교통을 이용하고, 명품 브랜드로 치장하지 않았다. 2019년 홍콩이 중국의 범죄인 인도 법안에 반대하는 시위를 벌일 때도 그는 묵묵히 옳은 길을 걸었다.

이런 영웅이 또 있을까? 세상을 살아가면서 위대한 업적을 쌓은 인물은 참으로 많다. 하지만 단 한 번의 업적이 아니라 평생에 걸쳐 이처럼 소박한 삶을 줏대 있게 살아내는 것도 쉽지 않다. 권력, 부, 명예, 과시욕 등 숱한 욕망을 모두 털어낸 삶이 아닌가? 이런 영웅을 우리 사회는 얼마나 갖고 있을까?

신화에도 영웅 이야기가 많다. 신화 속 최고의 영웅이 누구냐고 묻는다면? 그리스 신화를 많이 접한 우리나라 사람들은 헤라클레스를 떠올릴 확률이 높다. 물론 헤라클레스만큼 위대한 영웅도 드물다. 하지만 그에 버금가는 영웅도 많다. 그리스 신화에만도 수십, 수백 명의 영웅이 존재한다.

그리스 신화의 여러 영웅 중에서 '원조' 혹은 '1세대' 영웅에 해당하는 두 명을 추려보았다. 페르세우스와 이아손이다. 두 영웅의 이야기는 그리스의 대표적 두 영웅인 헤라클레스, 테세우스의 이야기와도 연결된다. 그러니 얼개를 생각하며 미리 맛보는 것도 좋을 듯하다. 페르세우스부터 시작하자.

페르세우스는 헤라클레스의 증조부다. 그런데 두 영웅은 모두 제우스의 아들이다. 허 참, 족보가 엉켜도 너무 엉켰다. 페르세우스가 헤라클레스의 증조부이자 배다른 형제가 되는 셈인데…… 제우스의 바람기 때문에 인간 족보가 뒤엉킨 사례가 너무 많다.

페르세우스와 헤라클레스 계보

```
  제우스 ──────── 다나에
        │
     페르세우스 ──────── 안드로메다
        │
 ┌──────┴──────────────┬──────────────┐
알카이오스          알렉트리온        스테넬로스
   │                   │                │
암피트리온          알크메네 여      에우리스테우스
   └────────┬─────────┘
      이피클레스  헤라클레스
```

헤라클레스는 제우스와 알크메네 사이에서 태어났다.

페르세우스는 미케네를 건설했다. 여기서 잠깐, 그리스 역사도 알아두자. 그리스 문명은 가장 먼저 크레타섬에서 태동했다. 미케네는 그 뒤를 이어 문명을 발전시켰다. 미케네가 주축이 된 그리스 연합군이 트로이와 전쟁을 벌였는데, 그것이 유명한 트로이 전쟁이다. 이런 미케네를 건설한 인물이 페르세우스이니 신화에서 차지하는 비중이 클 수밖에 없다.

다나에라는 이름의 여인이 높은 탑에 갇혀 있었다. 그녀를 가둔 이는 그녀의 아버지였다. 사랑스런 딸을 왜 가두었을까? 그는 아르고스라는 나라의 왕이었는데, 나중에 외손자에게 죽을 것이라는 신탁을 받았다. 딸이 남자를 못 만나면 아이를 낳을 일도 없을 테지. 철저히 격리해놓으면 되겠네! 이런 이유로 가둔 거다.

신화의 세계에서는 인간의 얄팍한 꼼수로 신탁을 바꾸지 못한다. 기어이 외간 남자가 다나에와 접촉한다. 바로 제우스! 제우스는 다나에를 보고 한눈에 반해버렸다. 황금 비로 변해 탑 안으로 들어갔다. 둘은 사랑을 나누었다. 이후 다나에는 페르세우스를 낳았다.

왕은 화가 났지만 딸과 외손자를 제 손으로 죽일 수는 없었다. 그렇다고 해서 그냥 둘 수도 없다. 결국 왕은 그들을 바다에 버렸다. 모자를 태운 상자는 흐르고 흘러 세리포스라는 섬에 도착했다. 이번엔 세리포스의 왕이 다나에에게 반했다. 그 왕은 다나에를 아들 페르세우스로부터 떼어내면 그녀가 자신과 결혼해줄 거라 믿었다. 왕은 페르세우스를 불렀다. "메두사의 머리를 가지고 오라!" 가서 죽으라는 얘기다. 왜? 불가능한 미션이니까! 메두사는 머리카락이 뱀으로 된 여인이다. 그녀를 보기만 해도 돌로 변해버린다. 신들도 예외가 아니다. 지구를 떠받치고 있는 신 아틀라스마저 그녀의 얼굴을 보고 돌로 변했다는 이야기까지 전해진다. 그런데도 페르세우스는 기꺼이 도전한다. 모든 영웅 이야기에 나타나는 공통점이다. 영웅은 어떤 난관에 부닥쳐도 불가능하다는 말을 하지 않는다. 오히려 난도가 높을수록 성취도가 커진다. 이런 요소가 영웅 신화의 가장 큰 매력이다. 짜릿한 대리 만족을 느낄 수 있다.

페르세우스는 아테나 여신에게 청동 방패를 빌렸다. 메두사를 똑바로 보지 않고 방패에 비친 모습을 보면서 접근했다. 그러고는 잽싸게

머리를 싹둑! 나중에 페르세우스는 아테나 여신에게 메두사의 머리를 바친다. 아테나 여신은 자신의 방패에 이 머리를 부착한다.

임무를 완수하고 귀환하던 페르세우스가 한 해변에서 여인을 만났다. 그녀는 해변의 널찍한 바위에 앉아 울고 있었다. 몸은 쇠사슬로 꽁꽁 묶여 있었다. 영웅 이야기의 또 한 가지 공통점. 영웅은 약자의 사정을 헤아린다. 페르세우스가 가서 까닭을 물었다. "전 카시오페이아의 딸 안드로메다입니다. 어머니가 미모를 과시한 것에 신이 분노해 저를 제물로 바칠 것을 요구했습니다. 이제 곧 바다 괴물이 나타나 저를 집어삼킬 것입니다."

얼마 후 정말로 바다 괴물이 나타났다. 페르세우스는 단칼에 괴물을 베고는 안드로메다의 속박을 풀었다. 죽은 줄로만 알았던 안드로메다가 무사히 돌아왔으니 그녀의 집은 축제장으로 변했다. 페르세우스와 안드로메다는 서로에게 강하게 끌려 결혼식까지 치렀다.

뒤늦게 안드로메다의 약혼자라며 한 사내가 무리를 이끌고 나타났다. 약혼녀가 위기에 처했을 때는 코빼기도 보이지 않다가 이제 와서 행패다. 치졸하다. 페르세우스도 적당히 넘기지 않았다. 메두사의 머리를 높이 들어 사내와 패거리를 모두 돌로 만들어버렸다.

페르세우스는 안드로메다와 함께 무사히 귀환했다. 나중에 페르세우스는 미케네의 왕이 되었고, 훌륭한 통치자가 되었다. 부부는 행복하게 백년해로한 후 세상을 떠났다. 두 사람은 이후 아테나 여신의 축복을 받으며 하늘로 올라가 별이 되었다.

• 페르세우스 아르고스의 왕 아크리시오스의 딸인 다나에와 제우스 사이에 태어났다. 외손자에게 죽음을 맞을 것이라는 신탁을 두려워한 아크리시오스에 의해 바다를 떠돌다가 세리포스섬에 닿아 그곳에서 자랐다. 숱한 모험을 치르며 메두사를 처치하고 아르고스로 귀환한다. 훗날 미케네를 건설한다.

아 참, 페르세우스의 외할아버지가 외손자에게 죽는다는 신탁은 어떻게 되었을까? 고대인들은 신에 대해 두려움과 경외감을 동시에 갖고 있었다. 그러니 신탁은 신성한 명령이다. 아르고스의 왕은 어느 경기장에 관람하러 갔다가 페르세우스가 던진 원반에 맞아 죽는다. 의도하지 않았지만 신탁은 끝내 지켜지고 말았다.

외할아버지의 죽음을 막지 못한 점만 빼면 페르세우스의 삶은 대체로 행복한 결말을 맺은 것 같다. 하지만 모든 영웅의 결말이 이 페르세우스의 사례처럼 해피엔딩은 아니다. 정반대의 비극도 있다. 또 한 명의 1세대 영웅 이아손의 이야기가 그렇다. 그의 이야기를 해보자.

이올코스 왕국의 왕이 세상을 떠났다. 원래대로라면 그의 아들인 아이손이 왕위를 이어야 한다. 이 아들이 순해 빠진 것인지, 능력이 없는 것인지, 아니면 신들이 장난을 친 것인지는 모르지만 순리대로 되지 않았다. 포세이돈의 아들이자 아이손의 배다른 형제인 펠리아스가 왕위를 빼앗았다. 펠리아스는 아이손을 멀리 유배 보내기까지 했다.

유배 생활 중에 아이손이 아들을 낳았는데, 바로 이아손이다. 아이손은 펠리아스의 감시를 피하려고 아들이 죽었다고 보고했다. 그러고는 아들을 켄타우로스족의 현자인 케이론에게 보내 교육을 시켰다. 이 케이론은 헤라클레스를 포함해 수많은 영웅의 스승이다.

청년이 된 이아손이 복수하기 위해 돌아왔다. 펠리아스가 순순히 왕위를 내놓을 리 있겠는가? 조건을 단다. "콜키스라는 곳에는 잠들지 않는 용이 지키고 있는 황금 양털이 있다. 조카여, 그것을 내게 가져오라. 그러면 왕위를 넘겨주겠노라."

다시 말한다. 모든 영웅 모험담의 공통점! 영웅은 도전을 거부하지 않는다! 이아손은 그리스 전역에서 영웅들을 소집했다. 헤라클레스, 아킬레우스의 아버지인 펠레우스, 오르페우스 등 50여 명의 최고 영웅들이 모였다. 어떤 기록에는 테세우스도 포함되어 있다. 시간이 뒤죽박죽이지만, 여러 차례 말한 대로 신화란 세월이 흐르며 첨삭되는 것이다. 굳이 신경 쓰지 말자. 이 영웅들이 함께 타고 갈 배는 장인 아르고스가 만들었다. 그래서 이 배를 아르고호라고 하고, 이 원정대를 아르고스 원정대라 불렀다.

여정은 상당히 복잡하다. 예상치 못했던 사건들이 꼬리에 꼬리를 물고 일어난다. 너무 방대하니 여기에서는 일단 생략! 콜키스에 도착한 이후부터 이야기를 시작한다.

이아손은 콜키스 왕에게 황금 양털을 달라고 청했다. 그 왕이 바보가 아닌 이상 그런 보물을 그냥 줄 리가 없다. 하지만 그냥 거절하면 좀스럽다는 소리를 들을지 모른다. 이번에도 조건을 내걸었다. "저 들판에는 불을 내뿜는 황소가 있소. 그 황소에 멍에를 씌워 밭을 갈고, 그 다음에는 용의 이빨을 밭에 뿌리시오. 그러면 황금 양털을 내어주겠소."

또 다시 불가능한 조건이다. 하지만 이 조건을 이아손은 이행했다. 왕의 딸로서 마법을 자유자재로 부리는 마녀 메데이아가 이아손의 편에 섰기 때문이다. 메데이아는 이아손을 보고 한눈에 반했다. 고민 끝에 조국과 아버지를 배신하기로 하고 이아손을 도왔던 것이다.

왕은 약속을 지키지 않았다. 그렇다면 훔칠 수밖에! 이아손은 다시 메데이아의 도움을 받아 황금 양털을 훔쳐 출항했다. 왕이 추격대를 보냈다. 추격대를 이끈 인물은 메데이아의 친동생. 메데이아는 이미 사랑에 눈이 멀었다. 메데이아는 동생을 죽인 뒤 사지를 찢어 바다에 흩뿌렸다. 시신 조각을 건지느라 추격이 지연된 사이에 원정대는 콜키스를 빠져나왔다.

원정을 마치고 돌아온 이아손에게 충격적인 소식이 전해졌다. 이아손이 원정 도중에 죽었다고 펠리아스가 거짓말을 했단다. 그 말을 들은 부모가 상심한 나머지 스스로 목숨을 끊었다. 그냥 있을 수 없다! 마법을 자유자재로 구사하는 메데이아가 복수에 나섰다. 그녀는 늙은 숫양을 죽인 뒤 절단해 펄펄 끓는 솥에 집어넣었다. 마법의 주문을 외고 솥뚜껑을 열자 어린 양이 튀어나왔다. 마법 쇼다. 신기해하는 펠리아스의 딸들에게 말했다. "늙어가는 아버지가 안타깝지요? 이렇게 만들어드릴게요. 그러니 아버지를 모시고 오세요."

결과는? 쇼였잖은가! 회춘은커녕 갈가리 조각나서 죽고 말았다. 이아손과 메데이아는 추방됐다. 두 사람은 그 후 코린토스에 정착해 10여 년 동안 자식도 낳고 잘살았다. 그러다 문제가 생겼다. 코린토스 왕이 이아손을 사위로 삼겠다는 건데, 이아손이 제안을 받아들였다.

이아손을 위해 모든 것을 버린 메데이아였다. 그러니 그녀가 입은 마음의 상처는 너무나 컸다. 얼마 지나지 않아 그녀의 광기는 극에 달했다. 그녀는 음모를 꾸몄다. 축하한다며 코린토스 공주에 다가섰고, 그녀가 입을 예복에 독을 발랐다. 옷을 입은 공주는 그 자리에서 타 죽었고, 이를 말리려던 코린토스 왕도 죽었다. 메데이아는 이아손과의 사이에 낳은 자신의 자식들까지 모조리 죽였다. 이아손의 바람기는 끔찍한 비극으로 끝났다.

이윽고 메데이아는 용이 끄는 수레를 타고 아테네로 날아갔다. 메데이아는 그곳의 왕과 재혼해 새로운 삶을 살기 시작했다. 그 왕의 이름은 아이게우스. 이 이름을 기억하라. 조금 있다가 다시 등장하니까 말이다.

이아손의 결말이다. 졸지에 모든 것을 잃은 이아손은 절규했다. 광인이 되어 여기저기를 떠돌다가 어느 해안가에서 아르고호의 잔해를 발견했다. 추억에 빠진 것도 잠시. 아르고호의 뱃머리가 머리 위로 떨어지는 바람에 그 자리에서 숨졌다. 영웅의 비참한 결말이다.

두 영웅의 삶은 참으로 대조적이다. 확실한 게 있다. 삶의 전 과정에서 영웅다워야 영웅이란 칭호를 붙일 수 있다는 점이다. 모험을 끝내고 소박한 삶을 지향한 페르세우스, 그리고 조강지처까지 버리며 영웅의 삶을 추구한 이아손……. 이 시대에 필요한 영웅이 어떤 유형인지는 굳이 말할 필요가 없을 것 같다. 한때 영웅? 그런 건 지나가는 개에게나 줘버리자.

 영웅, 그들이 그립다

메두사는 원래 절세 미녀였다

메두사의 머리가 아테나 여신의 방패 장식품으로 쓰인 데는 이유가 있다. 메두사를 제거할 때 아테나가 도와준 대가이기도 하지만 그보다는 아테나와 메두사 사이의 악연 때문에 그랬다고 보는 게 옳다.

한 기록에 따르면 메두사는 남자들이 줄지어 청혼할 정도로 절세 미녀였다. 특히 머리카락이 아름다웠다. 신들이 반할 정도로. 포세이돈도 그중 하나였다. 아테나보다 훨씬 아름답다는 이야기까지 나돌았다. 아테나의 심기가 불편해졌다. 비극은 꼭 이럴 때 생긴다.

포세이돈이 하필이면 아테나 신전에서 메두사와 성관계를 가졌다. 설상가상으로 아테나가 또 그 현장을 목격했다. 참았던 분노가 마침내 터져버렸다. 아테나는 메두사의 아름다운 머리카락을 모두 실뱀으로 바꿔버렸다. 얼굴도 추악한 괴물로 바꾸었다. 메두사로서는 억울한 처사다. 그런데 죽어서까지 아테나 방패에 장식되었다. 너무한 거 아닌가, 이거?

2

쾌락과 미덕 중 어느 것을 원하는가?

헤라클레스 이야기

•

헤라클레스를 힘만 센 천하무적의 용사로만 기억하는가?

그는 자신에게 드리워진 어두운 운명을 헤치며

참회와 고난의 길을 걸은 고행자에 가깝다.

누가 신화 속의 최고 영웅일까? 단, 조건이 있다. 완벽하게 신의 몸
이어서는 안 된다. 그랬다가는 그리스의 제우스, 북유럽의 토르를 떠
올릴 수도 있으니까 말이다. 반은 인간, 반은 신인 존재까지는 허용된
다. 이런 단서를 단다면, 아마도 10명 중 7~8명은 예외 없이 이 이름
을 떠올릴 것이다. 헤라클레스!

맞다. 헤라클레스는 천하무적의 영웅이다. 하지만 마초 기질로 똘
똘 뭉친 근육질 사나이 정도로 생각해서는 안 된다. 헤라클레스는 사
실 평생을 고독하게 살았던 영웅이다. 죽음까지도 상당히 비극적이다.
출생도 마찬가지다. 처음부터 꼬였다!

페르세우스는 미케네 왕국의 창건자다. 페르세우스는 안드로메다와 결혼한 후 다섯 명의 사내와 한 명의 공주를 낳았다. 이 자식들이 결혼해 많은 아이를 낳았다. 복잡하니까 이 족보는 생략하자. 헤라클레스와 관련된 혈통만 정리하자면 이렇다. 페르세우스의 손자 암피트리온과 손녀 알크메네가 현실 세계에서의 헤라클레스 부모다. 사실 두 사람이 결혼에 골인하기까지도 많은 이야기가 펼쳐진다. 이 또한 복잡하니 패스. 헤라클레스에 대한 이야기를 하기도 전에 지쳐버리면 곤란하니까 말이다.

암피트리온과 알크메네 부부는 꽤나 금실이 좋았다. 두 사람은 서로에게 충실하며 행복하게 살았다. 제우스의 바람기가 다시 발동한 게 화근이었다. 제우스는 알크메네의 미모와 지혜에 홀딱 빠졌다. 제우스는 일단 맘에 들면 무조건 대시하고 본다. 제우스는 호시탐탐 그녀를 차지할 수 있는 기회를 노렸다. 마침 기회가 왔다. 암피트리온이 멀리 군사 원정을 떠났다. 제우스는 얼른 암피트리온으로 변장해 알크메네의 침실로 갔다. 남편이 예정보다 일찍 귀환하니 당연히 이상할 터. 하지만 제우스의 연기가 워낙 탁월해서 알크메네는 감쪽같이 속고 말았다. 하긴 워낙 바람을 많이 피웠으니 이런 쪽으로는 베테랑일 거다.

제우스는 알크메네와 사랑을 나누었다. 이 시간을 영원히 기억하고 싶었던 걸까? 제우스는 시간의 흐름도 조작했다. 하룻밤의 길이를 세 배로 늘여놓았다. 물론 알크메네는 그 사실을 알 턱이 없다. 하루처럼 여겨진 사흘이 그렇게 흘렀다. 그 다음날에야 진짜 암피트리온이 돌아왔다. 알크메네는 그제야 어제의 남편이 제우스였다는 사실을 깨달았다. 하지만 남편에게 그 사실을 차마 알리지는 못했다. 그녀는 모든 것을 숨긴 채로 남편과 사랑을 나누었다.

얼마 후 그녀가 임신한 사실이 알려졌다. 당연히 남편이 가장 기뻐했다. 물론 드러내지 않았지만 기뻐하는 이가 또 있었다. 제우스다. 이 무렵 미케네의 왕은 페르세우스의 또 다른 아들, 그러니까 헤라클레스의 삼촌이 맡고 있었다. 제우스는 헤라클레스가 태어나면 미케네의 통치자가 될 거라고 확신했다. 왜 미케네 왕이 되는 것에 혈안이 돼 있냐고? 그야 가장 강한 나라니까!

현실 세계의 아빠와 천상의 아빠가 손꼽아 출산 날짜만 기다렸다. 하지만 아이의 출산에 심기가 뒤틀린 이도 있었다. 바로 제우스의 아내인 헤라다. 헤라가 바보가 아닌 이상 남편의 불륜을 모를 리 없다. 헤라는 질투의 화신이다. 남편의 불륜을 묵과할 수 없었다. 어떻게든 보복해야 한다. 어떻게? 제우스의 바람이 이루어지지 않도록 하면 된다.

당시 미케네 왕국의 왕비도 임신한 상태였다. 출산 예정일은 알크메네가 앞서 있었다. 헤라는 출산을 관장하는 신이다. 알크메네의 출산 예정일을 일부러 지연시켰다. 왜? 미케네 왕비가 먼저 출산하면 그 아이가 왕위 계승 서열에서 앞서기 때문이다. 알크메네가 낳은 아이는 왕위 계승 서열에서 뒤로 밀린다. 그렇게 되면 제우스의 바람은 이루어지지 않는다.

헤라의 뜻대로 되었다. 미케네 왕비가 낳은 아이가 왕위 계승자가 되었다. 그 아이가 에우리스테우스다. 얼마 후 알크메네도 아이를 낳았는데, 쌍둥이였다. 한 명은 제우스의 아들 헤라클레스, 또 한 명은 암피트리온의 아들 이피클레스였다.

케이론

뜻을 이루었지만 헤라는 분이 풀리지 않았다. 죽여버리자! 헤라는 생후 10개월밖에 되지 않은 헤라클레스를 죽이려고 독사를 보냈다. 뜻밖의 일이 벌어졌다. 그 어린 아기가 천진난만하게 독사 두 마리를 목 졸라 죽이고는 장난감처럼 가지고 노는 게 아닌가? 그제야 암피트리온도 헤라클레스가 제우스의 아들임을 깨달았다.

성장기의 헤라클레스는 요즘의 중2병에 걸린 청소년과 비슷했다. 온갖 말썽을 다 부렸다. 스승인 켄타우로스족의 현자 케이론조차도 그를 통제하지 못했다. 케이론이 그럴 정도니 나머지 선생들이야 말할 것도 없다. 오히려 헤라클레스를 무서워해야 할 판이었다. 실제로 헤라클레스는 꾸중하는 음악 교사를 홧김에 때려죽이기도 했다. 암피트리온도 이러다 큰일 나겠다 싶었나 보다. 암피트리온은 헤라클레스를 키타이론산에 보내 양치기로 키웠다.

헤라클레스는 성인이 될 무렵 영웅의 면모를 보이기 시작했다. 키타이론산에서 날뛰는 사자가 있었는데, 아무도 제압하지 못하고 있었다. 사람을 해치는 사자를 그냥 둘 수는 없는 일. 헤라클레스가 그 사자를 제압하는 데 성공했다.

이어 테베의 공주 메가라와 결혼해서 세 아들을 낳고 오순도순 살았다. 신의 개입만 없었더라면 헤라클레스는 그렇게 평안한 삶을 보냈을지도 모른다. 문제는 헤라 여신이었다. 헤라는 헤라클레스의 존재 자체를 용납할 수 없었다. 헤라는 헤라클레스가 미치게 하는 마법을 씌웠다. 광기에 사로잡힌 헤라클레스는 아내 메가라와 세 아들을 모조리 죽여버렸다.

아테나 여신이 헤라클레스를 급히 재운 덕분에 더 이상의 참사는 막을 수 있었다. 하지만 잠에서 깨어난 헤라클레스의 고통마저 잠재울 수는 없었다. 그는 스스로 목숨을 끊으려 했다. 신이 중재에 나섰다. "미케네 왕 에우리스테우스의 노예가 되어 그 왕이 시키는 과업을 이행함으로써 죄를 씻도록 하라!"

이렇게 해서 헤라클레스의 본격적인 모험이 시작되었다. 12개의 과업이 떨어졌다. 첫 번째 과업은 불사의 몸을 가진 네메아의 사자 죽이기. 과업을 이행한 후 헤라클레스는 네메아의 사자 머리 가죽을 쓰고 다녔다. 이후 이 차림새가 헤라클레스의 상징이 되었다. 훗날 로마 제국의 미치광이 황제 코모두스도 사자 가죽을 뒤집어쓰고 다녔다. 물론 아무도 알아주지 않았지만.

• 헤라클레스 헤라클레스가 저승을 지키는 개 케르베로스를 제압하는 장면. 헤라클레스는 페르세우스의 손녀 알크메네와 제우스 사이에서 태어났다. 제우스는 헤라클레스를 아껴서 미케네의 왕이 되기를 바랐으나, 헤라의 질투로 인해 그는 고난으로 점철된 삶을 살아간다.

나머지 과업도 차근차근 이행했다. 머리가 아홉 개인 히드라 죽이기, 아르테미스 여신의 사슴 잡아오기, 에리만토스의 멧돼지 잡아오기, 아우게이아스 왕의 광활한 축사 청소하기, 호수의 괴조 잡아오기, 크레타의 황소 잡아오기, 사나운 말 사로잡기, 아마조네스 여왕의 허리띠 가져오기, 게리온의 소 잡아오기, 신들의 정원에 있는 황금 사과 따오기……

마지막 과제는 저승을 지키는 케르베로스를 잡아오는 것이었다. 케르베로스는 머리가 셋 달린, 개처럼 생긴 괴수다. 살아 있는 자가 저승에 간다는 것도 불가능하지만, 갔다 하더라도 그런 괴수를 끌고 나오는 건 더욱 불가능하다. 하지만 헤라클레스는 그 일을 해냈다. 흥미로운 대목. 당시 영웅 테세우스가 저승에 붙잡혀 있었는데, 헤라클레스의 도움으로 탈출할 수 있었다. 영웅들의 연결고리가 또 이렇게 만들어진다.

12개의 과업을 완수함으로써 헤라클레스는 노예 신분에서 벗어났다. 헤라클레스는 테베로 돌아갔다. 하지만 이후로도 헤라클레스는 좌충우돌을 반복한다. 그의 모험은 끝나지 않는다!

언젠가 그가 오이칼리아의 왕자를 살해한 적이 있다. 이번에는 죗값을 치르기 위해 리디아 여왕 옴팔레의 노예가 되었다. 헤라클레스는 리디아의 적을 모두 제거했고, 여왕과 결혼하기도 했다. 헤라클레스는 여인 복장을 한 채로 살림을 했다. 헤라클레스가 집안일을 하다니 믿어지는가? 물론 그 생활이 오래 지속되지는 않았다. 노예로 일해야 하

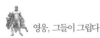

는 기간이 끝나자 헤라클레스는 그리스로 돌아갔다. 이후 디오니소스 신의 딸이며 인간인 데이아네이라와 결혼했다.

켄타우로스 종족 중 누군가가 데이아네이라를 흠모했다. 헤라클레스가 그런 사내를 가만히 둘 리가 없다. 그 사내는 죽음을 맞으면서 저주를 퍼부었다. 데이아네이라에게 독이 담긴 약물을 건네주며 속삭였다. "이 약은 사랑의 미약이오. 나중에 헤라클레스의 사랑이 식었다고 생각하면 그의 옷에 바르시오. 그러면 사랑이 돌아올 것이오." 물론 거짓말! 하지만 순진한 데이아네이라는 그 말을 철석같이 믿었다. 가보처럼 그 독약을 보관했다. 약을 쓸 일이 없을 거라 생각하면서. 이런 금기는 반드시 깨진다. 독약을 쓸 날이 온다는 뜻이다.

헤라클레스가 한 왕국을 정복한 뒤 그 나라의 공주를 인질로 데리고 돌아왔다. 헤라클레스가 그 공주를 사랑했던 것일까? 글쎄. 꼭 그런 것 같지는 않다. 하지만 데이아네이라는 남편이 바람을 피운다고 생각했다. 순간 독약이 떠올랐다. 그녀는 사랑이 되살아나기를 기도하며 독약을 헤라클레스의 옷에 발랐다. 그 옷을 입는 순간 헤라클레스의 살이 타들어갔다. 옷을 벗으려 하면 더 달라붙었다. 옷을 찢어내자 살도 뜯겨나갔다. 헤라클레스는 죽음을 직감했다. 장작을 쌓고 그 위에 누웠다. 이어 부하에게 불을 붙이라 했다. 헤라클레스는 불의 지옥을 경험하며 생을 마감했다. 이 사실을 전해 들은 데이아네이라도 충격에 빠졌다. 내가 무슨 짓을 한 거지……. 그녀도 목숨을 끊었다.

이승에서의 삶은 끝이 났다. 제우스는 헤라클레스를 하늘로 불러들였다. 헤라도 미안해진 걸까? 그토록 헤라클레스를 괴롭혔지만 최후에는 미움을 풀었다. 헤라클레스는 신이 되었고, 헤라의 딸이자 청춘의 여신인 헤베와 결혼해 신으로서의 새 삶을 시작했다.

자, 그렇다면 여기에서 문제! 헤라클레스는 행복했을까?

어쩌면 인간적인 삶과는 거리가 멀다. 아내들과의 관계도 늘 좋지 않았다. 게다가 죽음은 그야말로 비극적이다. 또 한 가지. 헤라클레스를 그저 마초 근성이 강한 영웅으로 평가하는데, 정말 큰 실례일 수 있다. 사람들은 헤라클레스의 모험담에 주로 초점을 맞춘다. 하지만 이미 말한 대로 그의 삶은 비극적이다. 평생을 비통하게 살았다. 헤라의 저주로 여러 차례 미치광이가 되었다. 심지어 광기에 사로잡혀 제 아내와 자식들을 때려죽일 정도로 말이다. 죽을 때조차 화염에 휩싸여야 했다.

헤라클레스가 영웅 대접을 받는 진짜 이유는 분명하다. 영웅이라면 지켜야 할 덕목을 그가 지켜냈기 때문이다. 그 덕목이 무엇일까? 여자를 휘어잡는 것도, 적을 마구잡이로 때려 부수는 것도, 질탕하게 놀아보는 것도, 새로운 것을 찾아 무조건 떠나는 것도 그 덕목이 아니다. 그 덕목은 바로 미덕이다.

헤라클레스가 18세가 되던 해였다. 쾌락이란 이름의 님프와 미덕이란 이름의 님프가 그 앞에 나타났다. 두 님프는 자신 중 한 명만을 선택하라 했다. 쾌락을 선택하면 삶이 즐겁다. 하지만 삶의 의미가 약해진다. 미덕을 택하면 고난을 겪을 수는 있지만 정의로운 삶을 살 수 있다. 쾌락의 님프는 요염한 몸짓을 하며 헤라클레스를 유혹했다. 유한한 삶에서 쾌락적인 삶을 사는 것이 최고의 선택이라 부추겼다. 선택의 시간. 헤라클레스는 쾌락 대신 미덕을 택했다.

　앞에서 이야기했던, 이 시대의 영웅들을 떠올려보라. 그들이 택한 것은 무엇이겠는가? 쾌락인가, 아니면 미덕인가? 이 질문에 대한 답은, 아마도 우리 모두가 알고 있으리라. 실천이 어렵기에 영웅이 되지 못하는 것이다. 영웅이 되려면 이런 질문을 스스로에게 해보자. "난 쾌락을 좇고 있는가, 아니면 미덕을 좇고 있는가?"

은하수의 유래

맑은 날 밤, 불빛이 없는 산골 깊은 곳에서 하늘을 올려다보면 별의 무리를 볼 수 있다. 이 무리가 구름처럼 보인다 해서 성운이라고 하는데, 대표적인 것이 은하수다. 회백색 성운이 강처럼 보인다고 해서 이런 이름이 붙었다. 영어로는 은하수를 'the Milky Way'라고 한다. 번역하자면 '우유의 길' 혹은 '젖의 길' 정도가 되는데, 이 이름이 그리스 신화로부터 비롯되었다.

헤라클레스가 어렸을 때였다. 제우스가 아이를 데리고 몰래 헤라에게 접근했다. 헤라의 젖을 먹이면 아이가 신과 같은 존재가 될 수 있기 때문이다. 하지만 헤라가 허락할 리 없다. 몰래 먹이는 수밖에. 마침 헤라가 깊은 잠에 빠졌다. 얼른 헤라클레스에게 헤라의 젖을 물렸다. 아기의 젖 빠는 힘이 강하면 얼마나 강하겠는가? 하지만 헤라클레스는 다르다. 헤라가 깊은 잠에서 깰 정도였다. 헤라가 깜짝 놀라면서 아이를 밀쳤다. 그때 헤라의 가슴에서 젖이 우주로 뿜어져 나왔다. 이것이 은하수가 되었다. 그래서 '젖의 길'이라고 부르는 거다.

3

잘 짜인 판타지 영웅 이야기

테세우스 그리고 이카로스

∙

'박수 칠 때 떠나라'라는 말은

정점에 있을 때 스스로 내려올 수 있는 지혜와 미덕을 갖추라는 뜻이다.

한때의 갈채와 명망을 잊지 못해 끝까지 그 자리를 지키려 할 때 결국에는 추한 결말에 이르고 만다.

영웅은 스스로 그렇게 여기는 것이 아니라 후세의 평가가 만드는 것이다.

전라도의 음식과 경상도 음식이 다르다. 식탁 위에 오르는 반찬의 종류부터 다르다. 어디 음식만 그렇겠는가? 사투리도 다르고 사람들이 흥분하는 정도도 다르다. 어느 쪽이 옳다고 할 순 없지만 '같지 않음'이 분명하게 존재한다. 이런 게 지방색 혹은 지역 정서다.

지역 정서를 지역감정이라 불러서는 곤란하다. 지역감정은 정치인들이 표를 얻기 위해 지역 정서를 왜곡한 불순물이다. 지방색 혹은 지역 정서는 애초에 그 지방의 자연과 환경에 따라 만들어진 민심이나 풍습 같은 것이다. 엄연히 다르다.

고대 그리스에도 지방색이 있었다. 민주적 전통은 아테네가 특히 강했고, 군사적 전통은 스파르타가 강했다. 헤라클레스는 스파르타가 있는 펠로폰네소스반도의 영웅이었다. 그러니 아테네 시민들도 헤라클레스에 필적할 영웅이 있기를 바랐다. 그렇게 해서 탄생한 영웅이 테세우스다. 신화에서 테세우스는 아테네를 강대국으로 키운 인물이다.

헤라클레스 이야기에도 여러 인물과 신이 등장한다. 얼키설키 그물망처럼 이야기들이 뒤엉켜 있다. 테세우스의 이야기도 마찬가지다. 어쩌면 헤라클레스 이야기보다 더 다양한 스토리가 만들어졌다고 볼 수 있다. 아마 후대에 만들어져서 그런 게 아닐까? 기왕이면 더 많은 이야기가 들어 있는 게 더 그럴듯하니까 말이다. 여러 이야기를 하나씩 보자.

첫 번째 이야기다. 아이게우스라는 영웅이 있었다. 그는 아테네의 왕이었는데, 후계자가 없었다. 답답한 마음에 델포이 신전으로 가서 신탁을 청했다. 알쏭달쏭한 신탁이 떨어졌다. "아테네로 돌아갈 때까지 포도주의 뚜껑을 열지 마라!" 도대체 무슨 뜻이람? 답답한 마음으로 귀환하던 중 트로이젠에 들렀다. 그곳의 왕은 피테우스였는데, 아이게우스의 친구이자 유명한 예언가였다. 피테우스는 신탁이 말하는 바를 대번에 정확하게 알아차렸다. 영웅이 태어난다는 것, 그리고 술과 관계있다는 것!

피테우스는 모른 척하고 연회를 열었다. 아이게우스에게 마구 술을 권했다. 술에 장사 없다. 아이게우스가 뻗자 피테우스는 딸 아이트라를 그의 침실에 들여보냈다. 그날 밤 아이트라는 바다의 신 포세

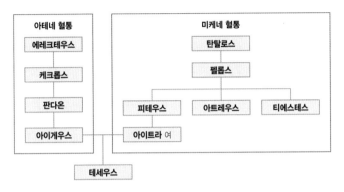

테세우스 계보

| 아테네 혈통 | 미케네 혈통 |

아테네 혈통
에레크테우스
케크롭스
판다온
아이게우스

미케네 혈통
탄탈로스
펠롭스
피테우스　아트레우스　티에스테스
아이트라 여

테세우스

이돈과 사랑을 나누는 꿈을 꾸었다. 이번엔 제우스가 아니라 포세이돈이다.

아이트라가 임신했다. 아이게우스는 칼과 신발을 바위 밑에 놓고는 이렇게 말했다. "아이가 태어나고, 이 바위를 들어 올려 칼과 신발을 꺼낼 수 있게 되면 나를 찾아오라고 하시오." 이 말을 남기고 아이게우스는 아테네로 돌아갔다. 얼마 후 아이트라는 사내아이를 낳았다. 이 아이가 테세우스다. 테세우스는 16세 때 바위를 들어 올려 칼과 신발을 꺼냈다. 우리의 주몽 신화와 비슷하다. 주몽이 임신한 부인을 두고 부여를 탈출할 때 같은 말을 했다. "아이가 태어나면 대들보의 칼을 들고 나를 찾아오게 하시오."

영웅은 동서양이 크게 다르지 않은 모양이다. 어쨌든 테세우스는 잘 컸다. 아버지를 찾기 위한 여행이 시작되었다. 헤라클레스에 대한 경쟁 심리가 작동했다. 편한 뱃길로 아테네에 가면 영웅 대접을 받지 못하리라. 테세우스는 험한 육로를 택했다. 그래야 수많은 괴물과 악당을 물리칠 수 있을 테니까. 모험의 시작이다.

헤라클레스가 그랬던 것처럼 이 여행 과정에서 테세우스는 수많은 악당과 괴물을 때려잡았다. 특징이 있다면, 악당의 수법을 그대로 재현해 응징했다는 점이다. 곤봉으로 행인을 때려죽이는 악당은 그의 곤봉을 빼앗아 쳐 죽이는 식이다. 여러 이야기 중에 마지막 악당 프로크루스테스의 이야기가 많이 알려져 있다. 프로크루스테스는 '잡아 늘이는 사람'이란 뜻이다. 이 악당은 행인을 침대에 눕혀놓고는 침대보다 크면 목과 다리를 잘라 죽였고, 작으면 몸을 잡아 늘여 죽였다. 테세우스는 프로크루스테스를 제압한 뒤 침대에 눕혔고, 침대의 밖으로 튀어나온 머리를 잘라 죽였다.

골칫거리였던 괴물들을 모조리 해치웠다. 아테네에 도착하니 이미 유명 인사가 되어 있었다. 아테네의 왕 아이게우스가 그를 위한 연회를 열었다. 하지만 아이게우스는 아들을 알아보지 못했다. 판단력을 흐리게 하는 마녀가 곁에 있었기 때문이다. 그 마녀가 메데이아다. 이아손의 아내였던 바로 그 메데이아다. 그녀는 아이게우스의 후처로 살아가고 있었다.

메데이아는 테세우스가 아이게우스의 아들이란 사실을 한눈에 알아챘다. 테세우스의 등장이 반가울 리 없다. 지금까지 쌓아놓은 부귀영화가 한순간에 물거품이 될 수 있잖은가? 메데이아는 테세우스가 아테네를 노리고 있다며 부자 사이를 이간질했다.

판단력이 흐려진 아이게우스가 넘어갔다. 독이 담긴 술잔을 테세우스에게 건넸다. 테세우스는 별 의심 없이 독배를 들었다. 바로 그때 테세우스가 들고 있던 아이게우스의 칼과 신발이 드러났다. 아들이었구나! 아이게우스가 얼른 독배를 쳐서 떨어뜨렸다. 암살 실패. 메데이아는 비참하게 고향으로 도망갔다. 아이게우스는 테세우스를 왕위 계승자로 공포했다.

이 무렵 바다 건너 크레타 왕국이 사람 공물을 요구하고 있었다. 크레타 왕국에는 사람의 몸에 소의 머리를 한 미노타우로스라는 괴물이 있었는데, 아테네의 젊은이를 그 괴물의 먹이로 바쳤다. 여기에서부터 또 다른 이야기가 펼쳐진다.

크레타섬은 그리스 최초의 문명이 발생한 지역이다. 최고 전성기 때의 왕은 미노스다. 이 이야기에 등장하는 바로 그 왕이다. 미노스는 크레타의 여러 나라를 통치한 전설적 인물이다. 입법자이자 공정한 심판자로 이름이 높았고, 사후에는 저승의 심판관이 된다.

미노스는 제우스와 에우로페 사이에서 태어났다. 에우로페는 소아시아 페니키아의 공주였다. 제우스가 그녀에게 반해 이곳으로 납치했다. 그녀로부터 유럽의 역사가 시작되었다. 오늘날의 '유럽Europe'이란 단어가 그녀의 이름 에우로페Europe에서 비롯되었다.

어느 날 아름다운 황소가 바다로부터 올라왔다. 바다의 신 포세이돈이 미노스의 요청으로 보낸 선물이었다. 미노스는 신에게 제사를 지내려고 이 황소를 요청했다. 하지만 황소가 너무 아름다웠다. 인간의 마음은 때로 간사하다. 신에게 주기 아까워졌다. 미노스는 슬쩍 다른 황소로 바꿔 제사를 지냈다. 포세이돈은 인간에게 농락당했다며 미노스의 아내에게 저주를 걸었다. 왕비가 갑자기 그 황소와 사랑에 빠져버렸다. 이런! 심지어 아이도 낳았다. 몸은 사람인데 머리는 황소인 괴물, 그 괴물이 바로 미노타우로스였다.

미노스는 미노타우로스를 가두기 위해 미궁을 만들도록 했다. 이 미궁, 라비린토스를 만든 사람은 그리스 최고의 장인 다이달로스였다. 미노스는 이후 약소국인 아테네에서 인간 공물을 받아 미노타우로스에게 먹이로 주었다.

미노스는 철두철미했다. 미궁의 비밀을 아무도 풀지 못하도록 장인 다이달로스와 그의 아들 이카로스까지 가두어버렸다. 미궁은 완벽했다. 그것을 만든 다이달로스조차 빠져나갈 수 없을 정도로! 하지만 전혀 방법이 없는 건 아니었다. 새로운 탈출구가 있었다. 바로 하늘이었다.

다이달로스는 새의 깃털을 모은 뒤 밀랍으로 붙여 날개를 완성했다. 다이달로스는 어린 아들이 걱정되었다. 비상하기 전 단단히 경고했다. "너무 낮게 날면 바다의 물기를 머금어 날개가 무거워질 테고, 너무 높게 날면 태양 빛에 밀랍이 녹아 날개가 해체될 것이야. 그러니 너무 높게도, 너무 낮게도 날지 말고 잘 따라오렴.”

경고는 무용지물이 되어버렸다. 어린 이카로스는 비행이 주는 황홀함에 넋을 놓았다. 높이, 더 높이! 이카로스는 태양을 향해 돌진했다. 깃털이 하나둘 떨어지더니 나중에는 날개가 공중에서 완전히 해체되었다. 이카로스는 그대로 바다에 빠졌다. 젊음의 무모함 혹은 비애를 상징할 때 종종 비유적으로 쓰는 ‘이카로스의 날개’는 이런 배경에서 만들어진 것이다. 추락하는 이카로스는 좌절한 청춘을 상징한다.

다시 테세우스로 돌아가자. 테세우스가 능력을 보여줄 차례다. 테세우스는 공물을 자처해 배를 탔다. 왜? 직접 그 괴물을 죽이고 아테네 청년들을 구해내기 위해서!

배가 크레타에 도착했다. 메데이아와 이아손의 만남을 연상케 하는 스토리가 이어진다. 미노스의 딸 아리아드네가 테세우스에게 반해버렸다. 아리아드네는 몰래 테세우스를 만나 실 뭉치를 건네며 말했다. “당신은 괴물을 죽일 겁니다. 그래도 미궁을 빠져나올 수는 없어요. 이 실 뭉치를 풀면서 미궁 안으로 들어갔다가 괴물을 처치한 후에는 그 실을 따라 나오세요.”

미노타우로스

모든 일이 아리아드네가 예상했던 대로 순조롭게 진행되었다. 테세우스는 미노타우로

• 테세우스 테세우스는 미노타우로스를 죽여 영웅이 된 후에도 여러 모험을 감행했다. 반인반마의 켄타우로스가 한 결혼식장에서 난동을 부리자 테세우스가 제압하는 장면이다. 젊은 날의 테세우스는 영웅의 면모를 보였으나, 아테네 왕에 오른 뒤로는 권력 투쟁과 영웅놀이에 빠진 범인(凡人)으로 전락했다가 허망한 죽음을 맞는다.

스를 해치운 뒤 실을 따라 미궁을 빠져나왔다. 배에 아테네 청년들을 태우고 아리아드네와 함께 귀국길에 올랐다. 이런 스토리, 우리나라 설화에도 있다. 바로 낙랑 공주. 그녀 또한 적국의 왕자인 호동과 사랑에 빠져 조국을 배신한다. 적이 침략하면 스스로 울어 그 사실을 알려 준다는 북, 자명고를 찢어버렸다. 그 결과 조국은 멸망한다.

이런 사랑은 비극으로 끝날 때가 많다. 메데이아가 버림을 받았고, 낙랑 공주 또한 그랬다. 아리아드네도 낙소스섬에서 버려졌다. 테세우스가 그녀를 버린 이유에 대해서는 설이 분분하다. 이 섬의 주인 디오니소스가 협박했다는 얘기도 있고, 아리아드네를 아테네로 데리고 가면 재앙이 있을 것이란 신탁이 있었다는 이야기도 있다. 혹은 테세우스가 다른 여자를 사랑했기 때문이라는 이야기도 있다. 어쨌거나 테세우스는 아리아드네를 배신했다. 이후 낙소스섬에 혼자 남겨진 아리아드네는 다행히 디오니소스와 결혼해 잘살았다고 한다. 하지만 테세우스는 이 배신에 대한 죗값을 톡톡히 치른다. 세상에 죄 짓고는 못 사는 법이다.

모험을 떠날 때 아이게우스는 임무를 완수하면 배에 흰 돛을 달라고 했다. 테세우스가 그 중요한 약속을 까먹었다. 검은 돛이 달린 배가 멀리에서 나타나자 아이게우스는 비통해하며 벼랑 아래로 몸을 던졌다. 이로써 아이게우스는 바다의 일부가 되었다. 아테네 앞쪽의 바다를 오늘날 에게해Aegean Sea라고 하는데, '아이게우스Aegeus의 바다'라는 뜻이다.

이후 테세우스는 아테네의 왕에 등극했다. 그 후로도 모험은 계속되었다. 하지만 나이가 들면서 영웅답지 못한 처신이 많아졌다. 영웅이 추해져간다.

테세우스는 여성 전사 부족인 아마조네스의 여왕과 결혼해 아들을 낳았다. 미의 여신 아프로디테가 그 아들에 반해 프러포즈를 했다. 아들은 거절했다. 신들의 못된 심보가 다시 발동했다. 아프로디테는 테세우스의 새 부인이 이 아들을 좋아하도록 만들어버렸다. 새 엄마의 구애를 아들은 거절했다. 새 엄마는 수치스럽다며 자살했다. 그러나 혼자만 죽지 않았다. 아들이 자신을 겁탈하려 했다는 모략을 유서로 남겼다. 테세우스는 못된 아들을 죽여달라며 포세이돈에게 빌었다. 얼마 후 아들은 전차를 몰다가 떨어져 죽었다.

테세우스는 허세만 남은 껍데기가 되어버렸다. 제우스의 딸을 아내로 맞아들이자며 친구와 엉뚱한 모험을 하기도 했다. 그 친구는 저승의 신 하데스의 아내인 페르세포네를 선택했다. 두 사람은 저승으로 갔다. 미친 짓이다. 두 사람은 하데스에 붙잡혀 저승에서 산송장처럼 지낸다. 만약 헤라클레스가 오지 않았더라면 영영 저승에서 헤어나지 못했을 것이다.

새 삶을 찾았지만 이후로 테세우스의 업적은 별로 보이지 않는다. 오히려 친구와 엉뚱한 영웅놀이를 하는 동안 아테네가 큰 혼란에 빠져버렸다. 왕의 자리를 놓고 권력 투쟁이 거세게 일었다. 테세우스도 휘

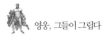

말렸다. 그의 정적이 바닷가 절벽에서 그를 밀어버렸다.

영웅의 죽음 치고는 참으로 허망하다. 결국 초심에 달렸다. 초심을 얼마나 지키느냐에 따라 영웅으로 죽느냐, 허세 덩어리로 죽느냐가 결정된다. 그런데 이 초심을 지키기가 정말 어렵다. 남 탓, 세상 탓, 내 잘못은 하나도 없단다. 이러면 곤란하지 않을까?

붉은 깃발과 백일홍

테세우스가 크레타에서 임무를 완수한 후 귀환할 때 흰 돛을 달았다면 아버지는 죽지 않았을 것이다. 이와 유사한 이야기들은 전 세계에 꽤나 많이 퍼져 있다. 우리나라에도 있다.

옛날 바닷가 마을에 무시무시한 괴물이 나타났다. 괴물은 처녀를 제물로 내놓으라 했다. 한 영웅이 처녀를 대신해 자신이 제물이 되겠다고 했다. 그 영웅을 태운 배가 바다로 나아갔다. 곧 괴물과 맞닥뜨렸고, 영웅은 괴물을 죽이는 데 성공했다. 100일 만의 귀환이다.

이 영웅은 테세우스와 똑같은 실수를 한다. 성공하면 흰 깃발을 달기로 처녀와 약속해놓고는 깜빡 잊은 채로 귀환했다. 깃발에는 괴물의 피가 묻어 있었다. 그러니 붉은 깃발을 건 셈인데, 처녀는 영웅이 자신을 대신해 죽었다고 여기고는 스스로 목숨을 끊었다.

이후 처녀의 영혼은 꽃이 된다. 이 꽃은 100일 동안 붉은 빛을 유지한다. 바로 백일홍이다. 테세우스의 아버지는 바다가 되었고, 한국의 처녀는 꽃이 되었다.

4

역사로 밝혀진 신화

트로이 전쟁에 얽힌 영웅들

영웅들의 고난은 신들에 의해 생겨난다.

우리의 삶에 찾아오는 어려움 역시 마치 절대적인 존재가 내린 형벌처럼 우리를 옭아맨다.

하지만 이러한 역경을 딛고 일어서야만 영웅이 된다.

그래서 삶의 고통을 헤쳐 나가고 있는 우리 또한 한 명의 영웅이다.

기원전 10세기 무렵 그리스와 트로이 사이에 큰 전쟁이 터졌다. 트로이 전쟁이다. 과거에는 트로이를 신화 속 나라로 여겼다. 20세기 초 트로이 유적이 발굴되었다. 전 세계가 놀랐다. 이제 트로이 전쟁은 신화가 아닌 역사의 영역이 되었다.

이 전쟁이 일어난 까닭은 무엇일까? 아마 무역 분쟁이었을 가능성이 크다. 해상 무역 주도권을 놓고 그리스와 소아시아의 트로이가 대립했다. 그러다 결국에는 대규모 전쟁이 터진 것이다. 물론 신화에서는 그런 식으로 얘기하지 않는다. 신들이 개입한다.

호메로스의 「일리아드」와 「오디세이」가 트로이 전쟁을 배경으로 한 작품이다. 영웅들의 대서사시다. 이 작품에서는 여신들의 미모 경쟁이 전쟁의 불씨가 된다. 그 불씨 또한 신들이 지폈다. 제우스와 포세이돈의 사랑 놀음이 발단이었다.

두 신은 바다의 여신 테티스를 놓고 구애 경쟁을 벌였다. 그러다 갑자기 경쟁을 포기했다. 테티스가 낳은 아들이 아버지를 능가할 거라는 예언이 나왔기 때문이다. 역시 권력은 사랑보다 강하다! 이를 포함해 여러 이유로 최고신들은 테티스의 지위를 낮추기로 했다. 어떻게? 테티스를 신이 아닌 인간 펠레우스와 결혼시키는 거다.

그래도 결혼식은 성대하게 치러졌다. 모든 신들이 초대되었다. 딱 한 신만 빼고! 바로 불화를 일으키는 신 에리스였다. 잔뜩 열 받은 에리스는 식장에 황금 사과를 던졌다. 그 황금 사과에는 이렇게 쓰여 있었다. "가장 아름다운 여인에게 바친다." 헤라, 아테나, 아프로디테 세 여신이 황금 사과의 주인임을 자처했다. 에리스의 의도대로 상황이 흘러갔다. 불화! 제우스는 골치 아프다며 일찌감치 피했다. 결국 사과의 주인을 결정하는 일은 잠시 양치기 노릇을 하고 있던 트로이 왕자 파리스에게 맡겨졌다.

어필할 시간! 헤라는 여신의 우두머리답게 권력을 주겠다고 했다. 전쟁의 신 아테나는 전쟁에서 승리하는 영광을 주겠다고 했다. 아프로디테는 세상에서 가장 아름다운 여인을 주겠다고 했다. 파리스는 아프로디테를 택했다. 이땐 몰랐다. 이 선택이 전쟁으로 이어질 줄은.

당시 최고의 미인은 스파르타 메넬라오스 왕의 아내인 헬레네였다. 파리스는 그녀를 보자마자 넋을 잃었다. 여신 아프로디테의 선물이다!

뒷일은 생각하지 않고 무작정 그녀를 납치했다. 파장이 컸다. 메넬라오스는 형인 미케네 왕 아가멤논을 찾아갔다. 아가멤논도 분개했다. "트로이를 불바다로 만들어버리겠다!"

이렇게 해서 트로이 전쟁이 시작되었다. 신들도 가세했다. 헤라와 아테나는 그리스 편을, 아프로디테는 트로이 편을 들었다. 나머지 신들도 각자 이익에 따라 어느 한쪽을 지지했다. 이 전쟁에서 수많은 영웅이 탄생한다. 그중에서 딱 세 명의 이야기만 추려보자.

첫 번째 영웅은 아킬레우스다. 그는 테티스 여신의 아들이었다. 테티스는 인간과의 결혼에 만족하지 못했는지 아들을 신과 같은 불사의 존재로 만들고 싶어 했다. 밤에는 불구덩이에 집어넣고, 낮에는 암브로시아라는 기름을 발랐다는 이야기가 있다. 여러 전승 중에 테티스가 아킬레우스의 전신을 저승으로 흐르는 강인 스틱스강에 담갔다는 이야기가 가장 유명하다.

바로 이 스토리에서 치명적 약점을 뜻하는 '아킬레우스의 건^{아킬레스건}'이란 용어가 탄생했다. 건腱은 힘줄을 뜻한다. 테티스가 아킬레우스를 강물에 담글 때 발목을 잡고 있었기에 발목만큼은 강물이 묻지 않았다. 이 때문에 발목을 다치면 죽을 수도 있다. 실제로 아킬레우스는 발목에 화살을 맞고 죽는다.

아킬레우스는 고독한 영웅이다. 그 어디에도 속하지 않는다. 그리스 연합군에 소속되어 있었지만 그의 부대는 그가 따로 지휘했다. 특급 용병 부대인 셈이다. 트로이 장수들은 물론 그리스 장수들조차 아킬레우스를 두려워할 정도로 용맹했다. 독불장군에 가깝다고나 할까? 그래서였는지 아킬레우스는 그리스 연합군의 총사령관 아가멤논과 잘 맞지 않았다. 수차례 갈등을 빚었고, 결국에는 그리스 진영을 이탈해 버렸다. 이후 그리스군은 백전백패. 이렇게 되니 아가멤논도 별 수 없다. 아가멤논은 자신이 챙긴 전리품과 여성을 모두 주겠다며 아킬레우스를 설득했다. 하지만 아킬레우스는 고집불통이었다. 더 이상 안 싸우겠단다.

보다 못한 아킬레우스의 친구 파트로클로스가 설득에 나섰지만 요지부동. 파트로클로스는 차선책으로 아킬레우스의 갑옷을 빌려 입고 전쟁터로 나갔다. 아킬레우스의 갑옷만 보고도 트로이군은 혼비백산했다. 모처럼 만의 역전. 딱 거기에서 멈추어야 했다. 승리감에 취한 파트로클로스는 적진 깊숙이 진격했다가 트로이 왕자 헥토르에게 목숨을 잃었다.

아킬레우스의 분노가 폭발했다. 아킬레우스는 대장장이 신 헤파이스토스가 만들어준 새 갑옷을 입고 전쟁터로 달려갔다. 트로이군을 모조리 쓸어버린 후 헥토르까지 죽여버렸다. 그래도 분이 안 풀렸다. 아킬레우스는 헥토르의 시신을 마차에 매달고 트로이성 주변을 질주했다.

헥토르의 장례식을 치르기 위해 휴전. 짧은 평화가 끝나고 그리스 연합군의 총공격이 시작되었다. 하지만 그리스는 끝내 성을 함락하지

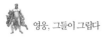

• 아킬레우스 헤라클레스의 친구이자 그리스 북부 테살리아 지방의 미르미돈족 왕인 펠레우스와 바다의 여신 테티스 사이에서 태어났다. 어머니 테티스에 의해 불사의 몸이 되어 적수가 없을 정도로 용맹했으나, 발뒤꿈치에 화살을 맞아 죽는다. '아킬레스건' 이라는 말의 주인공이다.

못한다. 게다가 불사의 영웅 아킬레우스마저 목숨을 잃었다. 기록마다 죽음의 과정이 약간씩 다르다. 다만 발뒤꿈치에 화살이 명중되어 죽었다는 점은 모든 기록에서 나타난다. '아킬레우스의 건'이 치명적인 약점을 상징하게 된 까닭이다.

아킬레우스는 죽었지만 트로이 전쟁은 최종적으로 그리스의 승리로 끝났다. 두 번째 영웅이 있었기 때문이다. 바로 오디세우스. 그는 이타카 왕국의 왕이다. 지략이 뛰어나며 심지어 교활하다는 평가까지 받는다. 아킬레우스가 사자라면 오디세우스는 여우다.

확실히 오디세우스는 꾀돌이다. 트로이의 목마를 생각해낸 영웅이 바로 오디세우스다. 철군하는 척하면서 트로이 목마를 해변에 남겨두자고 했다. 트로이 사람들이 그것을 전리품으로 여겨 성안에 들일 거라 했다. 정말 오디세우스의 예상대로 되었다. 목마가 성안으로 옮겨졌다.

밤이 되자 목마에 숨어 있던 그리스 병사들이 튀어나와 성문을 열었다. 인근 절벽에 숨어 있던 그리스 군대가 일제히 성안으로 밀려들었다. 트로이는 불바다가 되었다. 적진 깊숙이 침투한 첩자를 '트로이의 목마'라 부르는 게 이 신화에서 비롯되었다.

「오디세이」는 오디세우스가 전쟁을 끝내고 귀향하는 과정에서 겪는 모험담이다. 다양한 에피소드가 등장해 읽는 내내 지루할 틈이 없다. 몇 가지만 추려보자.

오디세우스 일행이 탄 배가 한 섬에 도착했다. 그 섬에는 눈이 하나 뿐인 거인 키클롭스 종족이 살고 있었다. 힘에서 밀릴 수밖에 없다. 결국 일행은 폴리페모스라는 거인에게 붙잡혀 동굴에 갇혔다. 사실 폴리페모스를 죽일 수는 있었다. 하지만 그랬다가는 동굴 입구를 가로막은 거대한 바위를 옮길 수 없다. 오디세우스는 꾀돌이다! 그는 포도주를 만들어 폴리페모스에게 권했다. 한 잔 또 한 잔……. 폴리페모스는 금세 곯아떨어졌다. 바로 그 틈을 노려 폴리페모스의 눈을 찔렀다. 장님이 된 폴리페모스가 우왕좌왕하며 바위를 치우자 오디세우스 일행은 동굴을 빠져나왔다. 배를 띄운 뒤 오디세우스가 폴리페모스에게 소리쳤다. "내가 바로 오디세우스다!"

신화에서는 신들을 화나게 하면 반드시 그 대가를 치른다. 알고 보니 폴리페모스가 바다의 신 포세이돈의 아들이었다. 포세이돈은 오만한 오디세우스를 절대 집에 보내지 않겠다고 저주를 퍼부었다. 이 때문에 오디세우스의 귀향은 점점 어려워진다.

그래도 바람의 신 아이올로스는 오디세우스 일행을 환대했다. 한 달간 섬에 머물고 떠날 때에는 순풍을 뺀 나머지 바람을 모두 붙잡아놓은 바람 주머니를 주기도 했다. "이 주머니는 절대로 열지 마시오. 그러면 고향까지 순풍만 불 것입니다."

금기다. 금기는 깨진다. 오디세우스가 잠든 사이에 부하들이 호기심에 주머니를 열고야 말았다. 배는 다시 그 섬으로 돌아가고야 말았다. 공든 탑이 무너졌다! 이후의 역경은 그 전의 것보다 더 모질고 거칠었다. 식인종들이 득실대는 섬, 마녀에 의해 돼지로 변한 부하들, 노래로 뱃사람을 유혹하는 바다 괴물, 배를 통째로 삼켜버리는 괴물……. 우여곡절을 겪으면서 부하들은 모두 죽고 말았다. 오디세우스만이 홀로 고향 이타카에 도착했다.

고향은 10여 년 전과 너무 달랐다. 귀족들이 왕위를 노리고 있었다. 그들은 오디세우스가 죽었다고 생각하고는 그의 아내 페넬로페를 탐했다. 그녀를 차지하면 왕국을 통째로 집어삼킬 수 있으니까. 오디세우스는 화가 났지만 무모하게 달려들지 않았다. 달리 꾀돌이겠는가?

오디세우스는 충직한 부하와 아들을 미리 만나 전략을 짰다. 아들은 어머니에게 연회를 베풀 것을 제안했다. 연회에서 오디세우스가 쓰던 활을 구부리고 화살을 날릴 수 있는 영웅에게 재가하라고 했다. 페넬로페는 아들의 제안이 맘에 들지 않았지만 그대로 따랐다.

당연히 그 누구도 오디세우스의 활을 구부리지 못했다. 바로 그때 남루한 행색의 오디세우스가 등장했다. 귀족들의 입이 쩍 벌어졌다. 너무나 쉽게 활을 구부리는 게 아닌가! 이어 오디세우스가 정체를 드러냈다. 귀족들에게 화살을 날리며 외쳤다. "내가 오디세우스다!"

오디세우스는 이후 페넬로페와 행복한 삶을 누린다. 아, 따뜻한 결말이다. 기록에 따라 비극으로 끝나기도 한다. 또 다른 전승에 따르면 오디세우스는 말년에 이탈리아를 여행하다 아이네이아스를 만나 화해했다고 한다. 아이네이아스? 트로이 전쟁에 얽힌 세 번째 영웅이다.

아이네이아스는 트로이를 건설한 일로스의 후손이다. 또한 트로이 왕의 사위다. 그러니 트로이 왕족의 혈통이라 할 수 있다. 또한 아이네이아스는 신의 아들이다. 미의 여신 아프로디테가 그의 아버지에게 반해 임신을 자처했다. 아프로디테는 아이네이아스를 낳은 후 제 아버지에게 돌려주면서 이렇게 말했다. "장차 트로이 사람들을 다스릴 것이다."

트로이성이 화염에 휩싸이자 아이네이아스는 패망을 직감했다. 아이네이아스는 유민을 이끌고 성을 빠져나갔다. 아이네이아스는 유민을 독려해 거대한 배를 만들었다. 노아의 방주를 연상케 한다. 그들은 델로스섬, 크레타섬을 차례대로 갔다. 하지만 그곳은 최적지가 아니었다. 결국 이탈리아로 뱃머리를 돌렸다.

항해가 쉽지는 않았다. 트로이를 그토록 괴롭힌 여신 헤라의 분노는 아직 풀리지 않았다. 헤라는 트로이가 재건되는 꼴을 볼 수 없었다. 헤라는 바람의 신 아이올로스에게 강력한 바람을 일으키게 했다. 상륙을 앞두고 있던 배는 속수무책으로 이탈리아에서 멀어졌다.

표류하던 배는 아프리카 북부까지 밀려나 카르타고에 닿았다. 카르타고의 통치자는 디도라는 여왕이었다. 디도는 아이네이아스에게 반했고, 곧 두 사람은 사랑하는 사이가 되었다. 디도는 아이네이아스를 떠나보내고 싶지 않았다. 하지만 아이네이아스는 트로이를 재건해야 할 사명을 잊지 않았다. 제우스의 전령인 헤르메스 신이 그를 찾아와 사명을 잊지 말라며 경고하기까지 했다. 이런 지경이니 아이네이아스는 카르타고를 떠날 수밖에 없었다. 버림받은 여인 디도는 불길에 몸을 던져 목숨을 끊었다.

아이네이아스의 배는 다시 이탈리아로 향했다. 마침내 이탈리아 중부 라티움에 상륙했다. 당시 라티움은 라티누스란 인물이 통치하고 있었다. 라티누스에게는 딸이 있었는데, 이미 투르누스라는 사윗감 후보가 있었다. 아이네이아스는 투르누스 부족과 전쟁을 벌여 승리한 뒤 라티움의 왕위를 계승했다.

아이네이아스는 트로이 유민과 토착민을 모아 새 나라를 선포했다. 한참의 시간이 흐른 후 아이네이아스의 혈통인 로물루스가 다시 독립국을 건설한다. 그 나라가 바로 로마다. 로마 혈통이 트로이로부터 비롯된 셈이다.

이렇게 그리스 신화는 로마 신화로 이어진다. 신화는 좀처럼 끊이지 않는다. 신화가 푸대접받는 지금, 명맥이 끊어질까 두렵다.

벨레로폰의 편지

너무 영웅이 많아 생략하다 보니 자칫 그리스 영웅의 원조격인 인물을 빠뜨릴 뻔했다. 바로 벨레로폰이다. 벨레로폰테스라고도 한다. 헤라클레스보다 몇 세대는 앞서 등장한 영웅이다. 이아손이나 페르세우스와 비슷한 시대라고나 할까? 키메라, 페가수스 등 여러 신비한 동물이 그의 모험에 등장하는데, 여기서는 모험이 아닌 다른 이야기를 하려고 한다.

그는 아르고스라는 나라에서 식객으로 있었다. 그 나라 왕비가 벨레로폰에게 추파를 던졌다. 벨레로폰이 거절하자 왕비가 왕에게 거짓으로 고자질했다. 저 녀석이 치근덕거린다고. 모함이다. 왕은 또 그 말을 믿는다. 하지만 식객을 죽였다가는 평판이 나빠질 수 있다. 왕은 자신의 장인인 리키아의 왕에게 그를 보냈다. 한 통의 편지와 함께. 그 편지에는 이렇게 쓰여 있었다. '장인어른, 이 자가 아내를 욕보이려 했어요. 이 자를 죽여주세요.'

벨레로폰이 당장 죽지는 않는다. 이 편지를 계기로 모험이 시작되는데, '벨레로폰의 편지'라는 말도 이 일화로부터 비롯되었다. 자신에게 불리한 소식을 전해야 하거나 스스로 무덤을 파는 상황을 두고 쓴다.

5

반지가 부리는 마법, 그 뿌리는?

북유럽 신화의 영웅 지크프리트

·

과도한 욕망은 파멸을 부른다.

저주는 신적인 존재와 마법사의 응징이나 형벌이 아니라

너무 많이 가지려는 욕구의 다른 이름이다.

2000년대 초반에 전 세계를 강타한 판타지 영화가 있다. 바로 〈반지의 제왕〉 3부작 시리즈다. 이 영화의 여파는 컸다. 판타지 작품이 주목받기 시작했다. 비슷한 형태의 판타지 작품이 잇달아 만들어지면서 신드롬이 생겨났을 정도다.

예능 프로그램에서도 이 영화 속 캐릭터의 분장을 따라하는 게 유행이었다. 몸 개그를 하는 연예인이라면 한 번쯤은 뼈다귀처럼 앙상한 난쟁이 호빗족 캐릭터로 분장했다. 개구리처럼 엉거주춤 앉은 채로 중얼거리면서 말이다. "골룸, 골룸!"

이 영화의 원작은 1950년대 초반 영국의 소설가 톨킨이 쓴 동명 소설 『반지의 제왕The Road of the Rings』이다. 영상 처리 기술이 발달한 덕분에

50여 년 만에 영화로 만들어졌다. 사실 이 소설을 영화로 만드는 것은 불가능할 것이라고 했단다. 과학 기술의 발전 속도는 정말 감당하기 힘들 정도다.

이 영화의 핵심 소재는 반지다. 그 반지를 부르는 이름이 따로 있다. 절대반지! 말 그대로 절대 권력을 갖게 해주는 반지다. 그러니까 이 반지를 쟁취하기 위해 벌이는 모험 판타지 작품인데, 사실 이와 같은 힘을 가진 반지가 『반지의 제왕』에서 처음 등장한 것은 아니다.

20세기가 되기 전인 1876년이었다. 독일의 작곡가인 바그너가 〈니벨룽겐의 반지〉라는 4부작 악곡을 발표했다. 소설 『반지의 제왕』보다 80여 년 앞선 셈인데, 이 작품에서도 핵심 소재가 반지다. 니벨룽겐은 소인 종족이다. 『반지의 제왕』의 호빗과 비슷한 역할을 한다.

이 작품에 등장하는 반지 또한 심상찮다. '절대반지'라는 표현은 쓰지 않았지만 이 작품의 반지 또한 사실상 절대반지다. 이것을 소유한 자는 절대 권력을 갖게 된다. 단, 희생이 뒤따른다. 권력을 갖는 대신 저주에 걸리면서 잇단 비극을 치러야 한다.

대충 짐작했겠지만, 『반지의 제왕』이나 〈니벨룽겐의 반지〉 모두 동일한 이야기에서 모티프를 얻었다. 바로 북유럽 신화다. 북유럽 신화라고 하면, 토르나 오딘, 로키를 떠올리거나 라그나뢰크라는 비극적 전쟁을 연상하기 쉽다. 그러나 꼭 그런 것만 있는 건 아니다. 북유럽 신화에도 신에 필적할 인간 영웅이 적지 않다. 이런 영웅 이야기는 주로 서사시나 영웅의 전설을 담은 '사가saga'라는 것을 통해 전해진다.

　그리스의 대표적 영웅을 헤라클레스 혹은 테세우스라고 한다면 북유럽의 대표적 영웅은 지크프리트다. 지크프리트 이야기는 여러 사가에 나타난다. 어느 기록을 따르느냐에 따라 등장인물의 이름과 내용 전개가 약간 다르다. 이를테면「니벨룽겐의 노래」에 등장하는 주인공은 '뵐숭 일족의 사가'에서는 시구르드'지크프리트'는 독일어이고, '시구르드'는 고대 노르드어다라는 이름으로 불린다. 여기서는 가장 널리 알려진 기록인「니벨룽겐의 노래」를 위주로 다루도록 하겠다.

　「니벨룽겐의 노래」는 대략 7세기 이전에 만들어졌고, 12~13세기에 완성된 것으로 알려져 있다. 수백 년에 걸쳐 북유럽에서 지크프리트의 모험담이 사람들 입에 오르내렸는데, 그것들이 모이고 모여 나중에「니벨룽겐의 노래」로 집약된 것이다.

　지크프리트 영웅 신화의 상당 부분이 그리스 신화의 영웅 이야기와 비슷하다. 게르만족은 오랜 시간 로마와 반목하면서도 문화를 받아들였다. 그 과정에서 그리스 영웅 이야기에 영향을 받아 지크프리트라는 영웅을 탄생시켰을 가능성이 있다.

　지크프리트는 뵐숭 왕가의 왕자다. 그의 조상을 거슬러 올라가면 북유럽 최고의 신 오딘에 닿는다. 그러니까 지크프리트는 북유럽 최고신 오딘의 후손이다. 그리스 신화의 영웅이 대부분 신의 후손이란 점과 비슷하다. 사실 다른 지역도 비슷하다. 영웅들은 거의 대부분 신의 혈통이다. 이 또한 영웅에 대한 환상에서 비롯된 설정이지 않을까 싶다.

지크프리트의 아버지 지그문트는 전투 중에 사망했다. 아들에게 남긴 유물이라곤 달랑 명검의 파편들뿐이었다. 그는 아내와 아들이 자생할 수 있도록 대비하지도 못했던 것 같다. 지크프리트의 어머니는 남편이 죽자 덴마크에 있는 한 왕국의 왕과 재혼했다. 새 아버지는 지크프리트에게 레긴이라는 이름의 스승을 붙여주었다. 그가 스승이 되기를 자처했는데, 사연이 있었다.

언젠가 오딘이 로키와 함께 여행할 때였다. 강가에 이르렀을 때 수달이 뛰어노는 것을 보았다. 로키가 군침을 삼키더니 수달을 때려죽이고 가죽을 벗겨냈다. 그날 밤 신들은 한 마법사의 집에 묵었다. 과시욕이 강한 로키가 수달 가죽을 들어 보이며 모험담을 늘어놓았다. 이상한 일이었다. 마법사의 표정이 어두워지는 게 아닌가?

모두 잠들 시간, 마법사가 일어났다. 마법사는 이내 신들을 포박했다. 알고 보니 그 수달은 마법사의 아들이었다. 수달로 변신해서 놀다가 변을 당했던 거다. 죽은 목숨을 살려낼 수는 없다. 그 대신 마법사는 배상을 요구했다. "수달의 가죽을 모두 덮을 만큼 황금을 주시오." 요구를 들어줄 수밖에 없다. 로키는 난쟁이의 황금을 약탈했다. 그것을 수달의 가죽에 쏟아보니 수염 부분을 빼고 가죽의 모든 부분을 덮었다. 황금으로 된 반지가 있기는 했다. 그 반지가 바로 파멸을 부른다는 '절대반지'였다. 세상에 나와서는 안 되는 반지. 허나 어쩌랴. 수염 부분을 덮을 황금이 필요하잖은가? 로키와 오딘은 결국 황금 반지로 수염 부분을 덮었다.

마법사에게는 수달 외에도 두 아들이 더 있었다. 형이 파프니르, 동생이 레긴이었다. 반지를 썼으니 저주가 작동했다! 파프니르는 황금에 눈이 멀어 아버지를 살해했다. 나아가 그 황금을 지키겠다며 무시무시한 용으로 변신했다. 가족은 파괴되었다.

레긴도 황금이 탐났지만 용이 된 형을 이길 수는 없었다. 그가 지크프리트의 스승을 자처한 게 이 때문이었다. "지크프리트를 전사로 키워 용을 없애게 하자. 그러면 황금은 내 것!"

일단 레긴의 계획은 성공했다. 지크프리트는 전사로 성장했다. 레긴은 악당이면서 동시에 뛰어난 대장장이었다. 지크프리트의 아버지가 남긴 명검의 파편을 녹여 새로운 명검을 만들어냈다. 이 칼이 판타지게임이나 영화에 자주 나오는 명검 그람^{Gram}이다.

드디어 지크프리트는 파프니르가 살고 있는 동굴에 도착한다. 전면전은 피하자. 그는 파프니르가 지나가는 길목을 탐색한 뒤 구덩이를 파서 몸을 숨겼다. 얼마나 기다렸을까? 갑자기 천지가 진동하는 소리가 들렸다. 이윽고 파프니르가 나타났다. 자신을 죽이려는 음모를 몰랐으니 파프니르는 평소처럼 물을 마시러 어슬렁어슬렁 기어갔다. 용이 지크프리트가 숨어 있는 구덩이 바로 위를 지나갈 때였다. 지크프리트가 그람으로 용의 복부를 찔렀다. 파프니르는 입으로는 독을 뿜었고 몸으로는 피를 뿜어내며 죽었다.

지크프리트는 피범벅이 되었다. 용의 피는 약보다 강하다. 그런 피

• **지크프리트** 지크프리트가 용으로 변한 파프니르를 죽이는 장면. 고대 노르웨이 문학과 독일 문학이 전하는 지크프리트에 대한 이야기에는 다소 차이가 있다. 하지만 북유럽 신화를 대표하는 인간 영웅이라는 점에는 이견이 없다. 그가 신화상의 인물인지, 역사상의 인물인지에 대해서도 의견이 분분하다.

로 목욕을 했다. 덕분에 지크프리트는 불사의 몸이 되었다. 딱 한 군데만 빼고! 피를 뒤집어쓸 때 등짝에 나뭇잎이 붙어 있었다. 그러니 이곳에는 불사의 효력이 적용되지 않는다. 아킬레우스의 발목처럼 등짝은 지크프리트의 최대 약점이 되어버렸다. 지크프리트는 나중에 이 부위를 공격당해 죽는다.

용이 죽었으니 레긴이 음흉한 미소를 지었다. 레긴은 지크프리트를 죽일 기회를 노렸다. 착한 지크프리트. 이 순간에도 그는 레긴에게 주겠다며 용의 심장을 불에 굽고 있었다. 아차차, 지크프리트가 불에 손가락을 뎄다. 무심코 손가락을 입으로 가져갔다. 의도치 않았지만 이때 용의 피를 삼켰다. 덕분에 새들의 이야기를 들을 수 있게 되었다. "레긴도 반지에 의해 타락했어. 그가 곧 지크프리트를 죽일 거야. 레긴은 황금을 혼자 독차지하려 해."

지크프리트는 곧바로 레긴의 목을 쳤다. 피도 눈물도 없는 영웅이다. 그래도 그동안 자신을 전사로 길러준 스승인데, 주저하지도 않는다. 북유럽 신화의 신과 영웅은 대체로 이렇게 성급하다. 이런 점까지 인간을 닮았다.

이렇게 해서 지크프리트의 첫 번째 모험이 끝난다. 그는 용을 죽임으로써 영웅 반열에 올랐다. 하지만 저주는 아직 실현되지 않았다. 북유럽 신화는 비극적이다. 신들도 비극적인 전쟁을 통해 모조리 죽는다. 그러니 영웅의 운명도 크게 다르지 않다. 영웅도 비극적인 최후를 맞는다. 그놈의 반지 때문인가?

사실 다른 신화의 영웅들도 사랑에 많이 얽혀 있다. 다만 요즘의 기준으로 보면 그 영웅들은 죄다 파렴치한이다. 사랑을 했다기보다는 여성 편력이라 해야 옳다. 하지만 지크프리트의 사랑 이야기는 그렇지 않다. 여성 편력과는 거리가 멀다. 오히려 안타까운 사랑이다. 용을 퇴치하고 난 이후의 이야기를 해보자.

지크프리트는 여행 도중에 브룬힐트라는 이름의 여성을 만났다. 브룬힐트는 여성 전사였다. 둘의 마음이 통했다. 지크프리트의 여행이 아직 끝나지 않았기에 두 사람은 결혼을 약속하고 일단 헤어졌다. 지크프리트는 얼마 후 여행의 목적지인 부르군트 왕국에 도착했다. 이제 연인에게 돌아가면 된다. 하지만 저주의 반지 때문일까? 운명이 이상한 방향으로 흘러갔다.

부르군트의 왕 군터에게는 크림힐트라는 여동생이 있었다. 크림힐트는 지크프리트를 보자마자 신랑감으로 점찍었다. 이유야 많다. 우선 지크프리트에게는 죽을 때까지 써도 남을 황금이 있다. 게다가 용맹하다. 다만 결혼을 약속한 연인이 문제였는데……. 크림힐트는 콧방귀를 뀌었다. 기억을 지워버리면 되니까! 크림힐트는 '망각의 술'을 만들어 지크프리트에게 먹였다.

지크프리트의 기억에서 브룬힐트가 지워졌다. 물론 크림힐트는 지크프리트와 손쉽게 결혼했다. 안타깝기는 하지만 이렇게라도 새로운 인연을 이어가면 좋으련만, 운명은 짓궂다 못해 독하다. 처남인 군터가 지크프리트의 옛 여인 브룬힐트를 사모하게 되었다. 아. 또 꼬인다.

당시 브룬힐트는 사방에 불을 피우고 살았다. 그 불을 뛰어넘어야 그녀의 거처에 이를 수 있었는데, 군터의 실력으로는 불가능했다. 결국 지크프리트가 군터로 변장해 그 일을 해냈다. 이렇게 되자 브룬힐트도 군터를 남편으로 맞아들였다.

여기서 잠깐. 기록에 따라 이름뿐 아니라 관계도 달라진다. 예를 들면 어떤 기록에서는 크림힐트가 군터의 여동생이 아니라 왕비로 나온다. 그러니 다른 책과 내용이 다르다고 해서 당황하지는 마시라.

이제 크림힐트와 브룬힐트는 올케와 시누이 사이가 되었다. 지금까지의 이야기만 보더라도 두 사람의 사이가 좋을 수 없는 운명이다. 실제로 두 사람은 자주 싸웠다. 그러다가 크림힐트가 결정적인 말실수를 했다. 물론 의도를 갖고서. "어리석은 브룬힐트야. 불을 뛰어넘어 네 거처로 간 사람은 군터가 아니라 지크프리트야. 네 옛 애인 말이야!"

브룬힐트는 옛 애인에게, 그리고 지금의 남편에게 모두 배신감을 느꼈다. 복수극이 시작되었다. 서로 싸우게 하자! 브룬힐트가 남편에게 말했다. "지크프리트가 나를 욕보였어요." 모함이다. 하지만 진실은 중요하지 않다. 저주의 반지가 윙윙 울어댔다. 군터가 부하들을 보내 지크프리트를 죽였다. 그래도 브룬힐트의 복수심은 사라지지 않았다. 그녀는 지크프리트의 자식까지 모두 죽이고 불을 질렀다. 그 다음에는 스스로 불 속으로 뛰어들었다.

사실 이 서사시는 이것으로 끝나지 않는다. 그 다음에는 크림힐트의 이야기가 이어진다. 그녀는 훈 제국의 아틸라 왕과 재혼한 후 그의 힘

을 빌려 군터 왕 일족에게 확실히 복수한다. 북유럽의 영웅 신화는 이렇게 해서 중세 기사 모험담으로 자연스럽게 전환된다.

반지를 모티프로 한 이 이야기는 어쩌면 인간의 욕망을 가장 적나라하게 드러낸 신화라고 할 수 있다. 가느다란 은반지로 만족하지 못하는 사람은 두툼한 금반지를 찾는다. 그것도 성에 차지 않으면 거대한 다이아몬드가 박힌 반지를 갈구한다. 뭐, 돈이 많아서 그런 보석을 사는 걸 누가 말리겠는가? 다만, 많이 가지면 많이 가질수록 헛된 욕망도 커진다. 이런 욕망은 비극의 씨앗이다. 그러니 이것을 저주가 아니라고 단언할 수 있는가? 한번 의심해볼지어다.

왜 용들을 죽이지 못해 안달일까?

북유럽 신화의 영웅담에 등장하는 용은 사악하다. 사실 북유럽 신화에서만 용이 등장하는 건 아니다. 이미 살펴본 대로 여기 말고도 다른 신화에서도 용은 사악한 존재로 나온다.

구약 성서에 등장하는 레비아탄이란 악마 또한 용에 가깝다. 이 악마는 최후의 전쟁 때 하느님에게 퇴치될 운명이다. 이 레비아탄, 가나안 신화의 주신 바알과도 관련이 있다. 바알이 일곱 개의 머리를 가진 괴물을 죽이는 이야기가 있는데, 이 괴물의 이름이 로탄이다. 로탄이 나중에 레비아탄이 된 것이다. 로탄과 레비아탄의 원조는? 바빌론 신화의 티아마트다. 일반적으로 서구권 문화에서 용은 이런 신세다. 악마 혹은 사탄과 동일시된다. 그러니 제거해야 한다.

중국에도 용이 등장한다. 용은 강력한 전사로 나타난다. 또한 신비로운 동물이기도 하다. 우리나라에서도 용은 봉황만큼이나 귀한 대접을 받는다. 그래서 용꿈을 꾸면 복권을 산다. 지역에 따라 용에 대한 이미지는 이토록 다르다.

6

악인도 회개하면 영웅이 될 수 있다

길가메시 서사시

길가메시와 삼손은 자신의 힘만 믿고
흉포한 행동을 일삼다가 참회함으로써 영웅 반열에 오를 수 있었다.
사람들이 기억하는 것은 그가 지닌 '힘'이 아니라 그가 지나온 '삶'이다.

세상을 떠들썩하게 한 절도범이 있었다. 고관대작과 부자들의 집만 골라 재물을 훔쳤다. 홍길동을 연상케 한다 해서 사람들은 그를 '대도大盜'라 불렀다. 아무리 신출귀몰해도 꼬리가 길면 잡히는 법. 그 또한 결국에는 붙잡히고 말았다.

세월이 흘렀다. 그는 개과천선했다. 아니, 더 정확하게 말하면 그렇게 보였고, 사람들도 그렇게 믿었다. 하지만 그는 한참의 시간이 지난 후 다시 절도 행각에 나섰다. 나중에는 값싼 물건을 훔치는 좀도둑이 되었다. 사람들은 쑥덕거렸다. "역시 천성은 변하지 않아."

품행이 천박한 이들을 양아치라고 한다. 과거에는 거지들을 양아치라 했다. 방탕한 짓만 일삼는 자들은 난봉꾼이라고 한다. 깡패, 폭력

배, 악당……. 모두가 정의롭지 못한 자들이다. 이들에게도 부정적인 시선을 보낸다. "너희는 이 사회의 쓰레기들이야."

극단적이다. 두 번 죽이는 낙인이다. 사실 지난날의 과오를 반성하며 새 삶을 사는 이들이 더 많다. 다만 주목을 받지 않아 우리가 모를 뿐이다. 실제로 필자 주변에도 그런 사례들이 더러 있다. 맞다. 누구나 마음만 먹으면 의인이나 영웅이 될 수 있다.

서아시아 지역 신화에 등장하는 영웅들이 이런 케이스에 해당한다. 물론 그리스 신화나 북유럽 신화처럼 '틀에 박힌' 영웅도 있다. 하지만 가장 대표적인 두 영웅의 신화는 좀 다르다. 공통적으로 개과천선한 영웅이다. 그 첫 번째 영웅이 길가메시다.

길가메시 서사시는 기원전 2100년 무렵 만들어진 것으로 추정된다. 수메르와 바빌론을 거치면서 내용이 보완되었다. 이 때문에 길가메시가 수메르의 영웅이지만 서사시에는 바빌론의 신과 인물도 등장한다. 수메르 문명이 모든 문명의 원조이고 수메르 신화가 모든 신화의 원조이듯, 길가메시 영웅 신화 또한 모든 영웅 신화의 원조다. 이 길가메시 서사시가 훗날 유럽으로 전파되어 그리스 로마 신화의 영웅 이야기에 큰 영향을 미쳤다. 길가메시 이야기에 주목해야 할 이유가 참으로 많지 않은가?

수메르 사람들은 도시 국가를 여럿 세웠다. 길가메시는 우루크 왕국 제1왕조의 왕이었다. 최근에는 길가메시가 실존 인물이었다는 주

장도 나온다. 만약 그랬다면 길가메시는 기원전 2600년 무렵에 존재했을 터. 다만 아직까지는 전설로 여겨지고 있다. 길가메시가 126년 동안 통치하다가 사망했다니 사실과는 다소 거리가 있어 보인다. 우리의 단군을 비롯해 건국 신화의 주인공들은 대부분 수백 년을 산다. 신화이니 뭐, 이상할 게 없다.

길가메시는 힘이 장사이며 반신반인이었다. 정확하게 말하면 3분의 2가 신, 3분의 1이 인간이었다. 성질은 못됐다. 욕심이 많았고 독선적이었다. 원하는 것은 반드시 손에 넣어야 직성이 풀렸다. 남의 여자도 마음대로 건드렸다. 왕이 이러니 백성들이 못살겠다며 아우성이다. 귀족과 백성들이 한마음 한뜻으로 하늘에 기도를 드렸다. "제발 왕을 단속해주소서!"

신이 화답했다. 신은 진흙으로 엔키두라는 사내를 만들어 지상 세계로 내려 보냈다. 엔키두 또한 장사였다. 다만 문명을 접하지 못해 야만인에 가까웠다. 그는 숲에서 짐승들과 함께 살았다. 한 여성이 등장했다. 그녀가 창녀라는 이야기도 있고 종교 사제라는 이야기도 있다. 어쨌든 그녀가 엔키두에게 쾌락을 가르쳤다. 쾌락에 눈을 뜬 엔키두는 비로소 인간이 되었다. 엔키두는 야만인 생활을 청산하고 도시로 나왔다.

하늘 아래 두 명의 일인자가 있을 순 없다. 길가메시와 엔키두는 첫눈에 서로를 알아보았다. 승부를 보자! 몇 날 며칠을 싸웠다. 판가름이 나지 않았다. 싸우다 정이 든 건지, 영웅이 영웅을 알아본 건지 이

• 길가메시 수메르의 도시 국가 우루크를 통치한 왕이다. 친구 엔키두와 숱한 모험을 치렀다. 그러던 중 엔키두가 죽자 유한한 인
간의 운명에 고뇌하다가 영생을 찾아 나선다. 영생의 비결을 손에 넣으려는 순간 번번이 실패한다. 결국 인간은 유한한 존재임
을 깨닫게 된다.

후 두 사람은 세상에 둘도 없는 친구가 되었다.

망나니에 가까운 두 영웅이 만났으니 세상이 만만해 보였으리라. 두 사람은 모험을 떠났다. 그 누구도 가본 적이 없는 미지의 세계로의 여행. 당연히 듣도 보도 못한 괴물들과 만나 겨룬다. 이런 이야기, 헤라클레스나 테세우스, 이아손의 이야기와 비슷하지 않은가? 그래서 길가메시의 영웅 이야기를 원조라고 하는 것이다.

마침 이 무렵 우루크에서 한참 떨어져 있는 삼나무 숲에 후와와^{수메르어 발음이며, 아카드어로는 훔바바}라는 거인 괴물이 살고 있었다. 이 괴물은 불을 뿜었다. 그 열기 때문에 멀리 떨어진 우루크에 전염병이 돌 정도였다. 백성을 위해 괴물을 처치하려는 것인지, 최강의 상대와 대결을 하려는 것인지는 알 수 없다. 어쨌거나 두 사람은 후와와를 대결 상대로 정했다.

두 영웅은 강했다. 아무도 꺾지 못한 후와와의 목을 베는 데 성공했다. 두 영웅의 어깨에 잔뜩 힘이 들어갔다. 개선장군처럼 돌아오는 그들 앞에 여신이 나타났다. 이슈타르 여신. 수메르의 인안나를 계승한 미의 여신이다.

이슈타르는 용맹스런 길가메시에게 반했다. 이럴 때 신들은 앞뒤 안 가린다. 곧바로 직구를 날린다. 여신은 길가메시를 유혹했다. 길가메시는 두려운 게 없는 영웅이다. 그 상대가 신이라 하더라도! 길가메시는 유혹을 뿌리쳤다. 그것도 모자라 이슈타르 여신을 모독하기까지 했다. "당신과 사귀었던 남자들의 운명을 난 알고 있소. 모두 비참한 결말을 맞지 않았소? 난 싫소이다."

　이슈타르는 자존심에 큰 상처를 입었다. 여신은 이를 갈면서 물러났다. 곧이어 뒤끝 작렬. 여신은 하늘의 신인 아누를 찾아갔다. 저런 인간을 내버려두어서는 안 된다고, 반드시 죽여 신의 권위를 회복해야 한다고 주장했다.

　신들도 같은 생각이었다. 그 누구도 제압할 수 없는 '천상의 황소'를 보내 길가메시를 죽이기로 했다. 천상의 황소는 지상 세계를 초토화시켰다. 그러니 두 영웅이 나서지 않을 수 없다. 엔키두가 황소를 붙잡았고, 길가메시가 명줄을 끊었다. 또 다시 영웅들의 승리.

　신들은 속이 좁다. 자기들이 계획한 대로 되지 않자 치졸한 복수극을 벌였다. 황소를 죽인 죄를 물어 엔키두를 타깃으로 삼았다. 자기들이 만들었으니 거두어간다며, 엔키두의 목숨을 앗아갔다. 엔키두가 죽었다! 길가메시는 태어나서 처음으로 큰 충격을 받았다. "인간이란 이런 존재인가? 언젠가는 죽어야 한단 말인가? 영생은 불가능한 것일까?"

　인간이 불사의 존재가 아니라는 사실을 깨닫는 순간 길가메시는 공포에 사로잡혔다. 길가메시의 고뇌가 시작되었다. 길가메시는 영생의 비결을 알아내기 위해 무작정 여행을 떠났다. 또 다른 모험이다. 하지만 종전의 모험과는 완전히 다른 차원의 모험이다. 존재론과 생명의 유한함에 대한 고찰에 가깝다. 바로 이 여행에서 길가메시는 우트나피쉬팀을 만나게 된다. 대홍수에서 살아남아 영생을 얻은 바로 그 우트나피쉬팀이다.

이제 결말이다. 안타깝게도 서사시는 해피엔딩이 아니다. 우트나피쉬팀은 인간이란 본래 유한한 존재이며 죽음을 받아들일 수밖에 없다는, 너무나 당연한 진리를 다시 한 번 깨닫게 해주었을 뿐이다. "인간에게 죽음은 잠과 마찬가지로 필요한 것입니다."

길가메시의 상심이 너무나 컸다. 우트나피쉬팀은 그런 길가메시가 가여웠다. 결국 영생할 수 있는 유일한 방법을 가르쳐준다. 바다의 밑바닥에 있는 불로초를 캐서 먹으면 된단다. 뜻이 있는 곳에 길이 있는 법이다. 결국 해냈다! 길가메시는 바다로 들어가 불로초를 캐냈다.

순간의 방심이 삶을 좌우한다는 말이 있다. 길가메시가 그랬다. 잠시 방심한 사이에 옆에 둔 불로초를 지나가던 뱀이 먹어버렸다. 인간은 영생할 수 없다는 걸 뱀이 또 다시 가르쳐준 셈이다. 길가메시는 그제야 운명을 받아들이기로 했다.

길가메시 서사시는 여기까지다. 악인까지는 아니더라도 난봉꾼이자 무식하게 힘만 쓰던 영웅이 철학적 사색을 하는 영웅으로 바뀌었다. 맞다. 사람은 바뀌는 법이다.

길가메시와 비슷한 경로를 밟은 서아시아의 또 다른 영웅 이야기를 해보자. 바로 성서에 등장하는 삼손이다. 삼손은 이스라엘 신화에서 가장 강한 영웅으로 꼽힌다.

신화 속 영웅은 대부분 신에 가까운 능력을 가지고 태어난다. 삼손도 마찬가지였다. 그는 집의 기둥뿌리를 뽑아낼 정도로 괴력의 소유자였다. 하지만 천하무적의 장수 아킬레우스에게도 발뒤꿈치의 약점이 있었듯이 삼손에게도 큰 약점이 있었다. 머리카락. 머리카락을 자르면 삼손은 힘을 쓰지 못한다.

어느 날 삼손이 사자의 시체를 목격했다. 그 시체에 벌들이 모여 있었다. 이를 흥미롭게 여긴 삼손은 수수께끼를 생각해냈다. 그리고 30명의 블레셋인기원전 13세기에 에게해에서 팔레스타인 서쪽 해안으로 들어와 정착한 민족들에게 그 수수께끼를 냈다. "먹는 자에게서 먹을 게 나온다. 강한 자에게서는 단 게 나온다. 이게 무슨 뜻일까?"

유치한 장난이다. 삼손은 블레셋인들이 수수께끼를 풀면 30벌의 옷을 주겠다고 했다. 만약 그들이 맞추지 못하면? 그때는 30벌의 옷을 블레셋인들이 마련해 자신에게 달라 했다. 블레셋인들은 삼손의 애인에게 접근했다. 협박을 당한 애인은 삼손에게 답을 알려달라고 졸랐고, 결국 삼손은 답을 실토했다. 당연히 블레셋인들이 승리했다.

발등에 불이 떨어졌다. 삼손은 옷을 구하기 위해 하루 종일 뛰어다녔다. 그 와중에 블레셋 인들과 충돌하게 되었다. 삼손은 블레셋인들을 죽여버렸다. 300마리의 여우 꼬리에 불을 붙여 블레셋 마을을 태워버렸다. 블레셋 병사 1,000여 명이 삼손을 붙잡기 위해 투입되었다. 삼손은 나귀의 턱뼈 하나로 그들 모두를 죽였다.

장난으로 시작했던 일이 학살극으로 변해버렸다. 삼손으로서는 억울한 점이 없지 않다. 하지만 그렇다고 해서 그 많은 인명을 앗아갈 명

분은 되지 않는다. 그러니 이때의 삼손은 그저 학살자다.

삼손은 블레셋인들의 원수가 되었다. 하지만 삼손을 제거할 수 없다. 워낙 강하니까! 전략을 바꾸자. 미모의 블레셋 여성이 삼손에게 접근했다. 그녀가 데릴라다. 데릴라는 삼손을 구워삶아 힘의 근원을 알아냈다. 삼손이 잠들었을 때 머리카락을 잘라버렸다. 이어 출동한 블레셋 군대가 삼손을 체포했다. 그들은 삼손의 두 눈을 뽑고 노예로 만들었다.

삼손은 온몸에 쇠사슬이 감긴 채로 거대한 맷돌을 돌렸다. 지옥 같은 삶이다. 그제야 삼손은 지난날의 잘못을 뉘우쳤다. 신은 삼손에게 힘을 돌려주었다. 힘을 되찾은 삼손은 블레셋인들의 성전을 무너뜨렸다. 성전이 무너지면서 삼손도 블레셋인들과 함께 최후를 맞았다.

깨우침을 얻는 것까지는 길가메시와 비슷한데, 그 다음 결과는 완전히 다르다. 삼손은 왜 블레셋 성전을 무너뜨린 것일까? 죄 없는 블레셋 사람들이 죽지 않는가? 하지만 이스라엘 민족은 그렇게 생각하지 않았다. 블레셋 사람들이 야만의 신을 섬기기 때문에 심판을 받아야 한다고 생각했다.

역사적으로 보면 이스라엘 민족은 원래 가나안의 주인이 아니다. 이스라엘 민족이 들어왔을 때 이미 원주민이 있었다. 그 원주민이 여기에서 말하는 블레셋Pleshet, Philistia인이다. 팔레스타인Palestine, Palestina이란 말이 여기에서 비롯되었다. 이스라엘 민족의 신은 야훼였다. 삼손의 직업은 판관이었다. 야훼가 이스라엘 백성을 구원하기 위해 보낸 사람을 판관이라 했다. 야훼가 애초에 편파적이었던 것이다. 그러니 블레셋인들에 대한 동정심 따위는 존재할 수도, 존재해서도 안 되는 것이다.

종교적 요소를 배제한 채 삼손의 이야기를 보면 흥미롭다. 머리카락이 힘의 근원이라는 상상력도 톡톡 튄다. 무엇보다 양아치 같은 인간이 새 사람으로 거듭나는 설정이 독특하다. 삼손뿐 아니라 길가메시까지 말이다.

짧다고 하면 짧고, 길다고 하면 긴 생이다. 인생을 살아가면서 누구나 실수를 할 수 있고 잘못을 저지를 수도 있다. 신화 속 두 영웅의 이야기를 굳이 인용하지 않는다 하더라도, 최소한 남에게 해를 끼치지 않는 어른이 되어야 하지 않겠는가? 성장하지 못한 '어른이'들에게 이 말을 꼭 들려주고 싶었다.

뱀이 허물을 벗는 까닭은?

뱀은 매년 최소한 한 번 이상은 허물을 벗는다. 사실 이것은 뱀의 생존을 위해 꼭 필요한 생리 현상이다. 뱀의 피부 표면을 보면 비늘이 촘촘히 쌓여 있다. 허물을 벗지 않으면 이 비늘이 굳어버린다. 그래서 허물을 벗어야 뱀은 살 수 있다.

서양에서는 뱀을 대체로 좋게 보지 않는다. 심지어 사악하다고 여긴다. 성경의 영향이 크다. 아담과 이브를 유혹해 선악과를 먹게 한 원흉이 바로 뱀이니까 말이다. 반면 고대 오리엔트 지방에서는 뱀을 새로움과 부활의 상징으로 여겼다. 이집트 신화의 어떤 버전에서는 창조신 아툼이 뱀의 모양을 하고 있다. 뱀이 허물을 벗듯이 아툼도 새로운 존재로 거듭난다는 뜻.

무엇보다 길가메시 서사시에서 이 점을 가장 잘 확인할 수 있다. 길가메시가 불로초를 어렵게 구했을 때 그걸 누가 먹었는가? 지나가던 뱀이다. 불로초를 먹은 이후 뱀은 영생하게 된다. 늙어 죽을 때가 되면 허물을 벗고 새 삶을 살 수 있기 때문이다.

7

인도에도 손오공이 있었다?

영웅이 된 신의 화신

인도 신화의 비슈누는 자신의 화신을 세상에 보내 악을 척결하도록 한다.

화신 영웅들은 신적인 능력을 가졌으나

인간의 몸으로 이 세상에 왔기에 죽음이라는 굴레를 피할 수 없다.

그들이 비장한 죽음을 맞았기에 영웅을 향한 칭송이 후대까지 이어질 수 있었다.

7세기에 중국 승려 현장은 인도로 먼 여행을 떠났다. 불교가 탄생한 나라에서 불경을 구하기 위해서였다. 현장은 인도에 10여 년 동안 머물며 불교를 공부했다. 그 후 수백 권의 불경을 가지고 귀국했다.

수백 년이 흘러 현장의 이야기가 소설로 만들어졌다. 바로 『서유기』다. 작가는 판타지를 듬뿍 담았다. 도술을 부리는 원숭이 캐릭터가 탄생했는데, 모두가 알고 있는 손오공이다. 손오공은 원숭이다. 흥미로운 점은, 인도 신화에 손오공과 흡사한 원숭이 신이 있다는 사실이다. 혹시 인도의 이 원숭이 신이 중국으로 전래되어 손오공이라는 캐릭터로 재탄생한 건 아닐까? 일단 인도 신화의 영웅 이야기부터 해보자.

인도 최고 3신에 속하는 비슈누는 여러 차례 인간이나 다른 생물로 환생했다. 이를 화신^Avatar^이라고 한다. 신은 왜 화신으로 세상에 오는 것일까? 인류를 괴롭히는 악을 퇴치하기 위해서다. 영웅 라마는 비슈누의 7번째 화신이다. 라마의 이야기는 인도의 2대 서사시인「라마야나」로 전해 내려온다. 이 말을 옮기자면 '라마의 모험' 혹은 '라마의 길'이 된다.

요즘도 라마는 인도에서 꽤나 숭배되는 영웅이다. 길가메시가 실존했다는 설이 있듯 라마도 실존 인물이었다고 하는 이들이 있다. 실제의 영웅을 신화로 끌어들여 숭배한다는 얘기다. 그렇다면 신화 속에서의 라마는 어떤 모습일까?

라마는 코살라 왕국의 왕자로 태어났다. 첫 번째 왕비의 장남이었다. 또한 어려서부터 악마들을 보는 족족 화살로 쏘아 죽이며 영웅 기질을 드러냈다. 그러니 라마가 다음 왕이 되는 것은 지극히 당연한 일로 여겨졌다. 라마는 이웃 나라의 공주 시타와 혼인했고, 제왕 수업을 시작했다.

얼마 후 라마의 인생이 꼬이기 시작했다. 왕이 총애한 후궁 때문이다. 후궁은 자신의 아들을 후계자로 삼아달라며 베갯밑송사를 벌였다. 왕이 어수룩했는지 그 부탁을 덜컥 들어주었다. 왕은 라마와 시타 부부를 추방했다. 신의 저주를 받은 것일까, 아니면 사랑하는 아들을 추방했기 때문에 괴로웠던 것일까. 왕은 얼마 후 세상을 떠나고 말았다.

라마는 아내 시타와 함께 숲에서 살았다. 숲이라면 으레 평화로울 것이라 생각하기 쉽다. 그 숲은 아니었다. 악귀와 마귀들이 득시글댔다. 악과의 투쟁이 시작되었다. 대체로 라마가 우세했다. 얼마 후 라마는 대부분의 악마를 제압했다.

악마의 우두머리 마왕은 바다 건너 스리랑카에 살고 있었다. 그 악마는 머리가 10개인 라바나였다. 라바나의 귀에 이 소식이 들어갔다. 이것만으로도 심기가 불편한데 여동생이 라마에게 코와 귀를 잃기까지 했다. 라바나는 복수하겠다며 숲으로 달려갔다. 하지만 라마와 직접 대결하지 않았다. 비열한 작전. "라마 대신 그의 아내 시타를 납치하자."

라바나는 황금 사슴을 라마 부부에게 보냈다. 사슴은 시타의 마음을 사로잡은 뒤 달아났다. 라마가 그 사슴을 쫓았다. 라바나의 예상대로다. 라바나는 홀로 남은 시타를 수월하게 납치할 수 있었다. 집으로 돌아온 라마는 그제야 아내가 납치되었다는 사실을 알게 되었다. 수소문해보니 라바나의 성에 갇혔다고 했다. 이렇게 되면 전쟁이다. 라마가 전투를 준비하기 시작했다.

라마는 원숭이 부대를 조직했다. 그와 동시에 원숭이 부대의 대장인 하누만을 라바나의 성에 잠입시켰다. 하지만 하누만은 곧 라바나에게 붙잡히고 말았다. 하누만은 조금도 기죽지 않고 말했다. "곧 라마께서 원숭이 부대를 이끌고 올 것이다. 각오하는 게 좋을 것이다."

라바나로서는 듣기 싫은 소리였을 게다. 라바나는 하누만의 꼬리에 불을 붙였다. 죽으란 얘기다. 하누만은 이걸 또 이용한다. 꼬리에 불이

• 하누만 힌두 신화에 나오는 원숭이 왕이다. 바람의 신과 요정 사이에서 태어났다. 인도의 원숭이 가운데 가장 흔히 목격되는 하누만
랑구르 원숭이는 하누만을 따라 이름을 지었다. 하누만이 경배를 받듯 성스러운 원숭이로 존중되고 있다.

붙은 채로 성 이곳저곳을 뛰어다녔다. 그 결과 성 안의 여러 도시가 불바다가 되어버렸다. 그 다음에는? 피식 웃으며 라마에게 돌아왔다.

드디어 라마의 총공격이 시작되었다. 일전일퇴의 공방이 이어졌다. 처음에는 라마 진영이 승기를 잡는 것처럼 보였다. 그러다가 마왕의 또 다른 거인 동생이 나타나 원숭이들을 집어삼키기 시작하면서 전세가 역전되었다. 원숭이 부대에 부상병이 속출했다. 하누만은 히말라야산으로 날아가 상처를 치료하는 약초를 물색했다. 하누만은 아예 산봉우리를 통째로 들고 돌아왔다. 덕분에 부상병들은 치료할 수 있었지만 여전히 거인 괴물에게 밀리고 있었다. 결국 라마가 나섰다. 라마는 거인 괴물을 상대로 연거푸 화살을 쏘며 달려들었다. 거인 괴물은 점점 지쳐갔고, 라마는 그 기회를 놓치지 않았다. 잽싸게 괴물의 두 팔을 잘랐다. 그 다음에는 다리를 잘랐고, 마지막으로 목을 잘랐다. 괴물은 바다 속으로 떨어졌다.

이제 악마 진영에서는 더 이상 라마를 상대할 괴물이 없었다. 마왕인 라바나가 직접 나설 수밖에! 마왕도 강했지만 라마보다는 강하지 않았다. 일 대 일 대결에서 라마가 마왕을 제압했다. 마왕을 죽인 라마는 아내 시타를 구출해낸 후 귀국길에 올랐다.

행복한 결말일까? 글쎄, 조금 더 두고 봐야 할 것 같다. 마침내 라마가 왕에 올랐다. 축제 분위기다. 그런데 문제가 생겼다. 사람들이 쑥덕대기 시작했다. "왕비 시타의 순결이 더럽혀졌어." "마왕의 씨를 잉태했다지, 아마?"

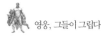

라마가 곤혹스럽게 되었다. 그는 아내를 믿었다. 하지만 여론을 무시할 수는 없다. 아내를 추방하는 것 외에는 방법이 없었다. 시타는 왕궁을 떠나야 했고 외로이 라마의 아이를 낳았다. 아이까지 태어났으니 순결이 더욱 의심되는 상황. 라마가 또 다시 곤경에 처했다. 라마는 아내에게 순결을 증명할 것을 요구했다. 시타가 대지의 신에게 호소했다. "제 순결을 믿어주소서."

그 순간 땅이 쩍 갈라졌다. 신이 나타나 시타가 순결하다고 말했다. 의혹은 해소되었다. 하지만 시타는 믿음이 사라진 인간 세상에 머물기를 거부했다. 스스로 땅속으로 걸어 들어갔다.

이로써 모든 이야기가 끝난다. 라마와 시타가 주연이다. 라마는 비슈누, 시타는 락슈미의 화신이다. 두 사람은 몇 번의 화신으로 거듭나면서 부부 관계를 유지한다. 두 사람을 제외하고 가장 주목해야 할 캐릭터를 꼽는다면? 단연 원숭이 부대를 이끈 하누만이다.

일단 외형만 놓고 보면 하누만은 원숭이다. 하지만 하누만 또한 신의 아들이다. 시바 신의 화신이라는 설도 있다. 그저 잡신은 아니란 얘기다. 실제로 하누만의 능력은 대단하다. 혈혈단신으로 적진에 침투해 전투력을 상실케 한다. 최고봉 산맥에 날아가 상처 치료용 약초를 구하기도 한다. 도술을 부릴 줄도 안다. 적과 싸울 때 몸을 거대하게 부풀려 전투 의욕을 꺾는다. 구름을 타고 날아다니지는 않는다. 그냥 마음대로 비행할 수 있으니까.

영락없는 손오공이 아닌가? 물론 세부적으로 따지면 하누만과 손오공의 능력치나 성격은 많이 다르다. 하지만 출생 연도를 따지면 하누만이 손오공을 앞선다. 그래서 인도 신화가 중국에 전파되어 손오공이라는 독특한 캐릭터를 창출하는 모티프가 되었다고 하는 것이다. 다만 모든 학자들이 이런 분석에 동의하지는 않는다는 사실은 알아두시라.

라마에 이은 비슈누 신의 8번째 화신은 크리슈나다. 크리슈나 또한 실존 인물이었다고 말하는 사람들도 많다. 라마가 「라마야나」의 주역이라면 크리슈나는 또 다른 인도의 2대 서사시 「마하바라타」의 영웅이다. 인기로는 라마에 버금간다. 아니, 어쩌면 라마를 능가할 수도 있다. 꽤 많은 인도인들이 크리슈나를 단지 비슈누의 화신이 아니라 독자적인 신으로 숭배할 정도이니까 말이다. 물론 요즘도! 신화 속의 크리슈나와 라마를 비교하는 것도 흥미롭다.

크리슈나는 약 5,000년 전 인도 북부에 있는 한 왕국에서 태어났다. 비슈누의 화신이니 감추려 해도 비범함이 뿜어져 나왔다. 왕은 그의 외삼촌으로 알려져 있다. 하지만 본색은 악마였다. 그러니 크리슈나를 어떻게든 제거하려 했다. 그냥 두면 어떻게 될지 모르는 상황. 크리슈나의 부모는 얼른 아이를 양치기 마을로 보냈다. 그 마을의 부족장이 크리슈나를 맡기로 했다. 크리슈나는 양부모의 보호 아래 양치기들과 함께 성장했다.

크리슈나는 어렸을 때부터 영웅의 기질을 보여주었다. 왕이 자객으로 보낸 여러 악마들을 모두 물리쳤다. 한번은 왕이 인간을 잡아먹는

악귀를 크리슈나에게 보낸 적이 있다. 악귀는 미녀로 변신한 후에 크리슈나에게 젖을 물렸다. 젖꼭지에는 독약이 발라져 있었다. 악귀는 크리슈나가 젖을 빠는 순간 독에 감염되어 죽을 거라고 생각했다. 틀렸다. 크리슈나는 멀쩡했다. 오히려 젖을 빠는 힘이 너무 강했다. 결국 악귀는 본색을 드러냈고, 탈진해 죽었다.

그제야 크리슈나의 양부모는 그의 비범함을 알아차렸다. 슬쩍 그 아이의 입 안을 들여다보았다. 놀랍게도 그 안에는 하늘과 바다, 태양과 별이 오롯이 들어 있었다. 그 자체로 우주인 사람. 양부모는 크리슈나가 비슈누의 화신이란 사실을 깨달았다.

어느새 크리슈나가 성인이 되었다. 사실 크리슈나가 이 세상에 온 것은 모든 악을 응징하기 위해서였다. 그러니 이제 그의 '영웅본색'이 드러나기 시작한다. 첫째 과업! 그가 살던 마을의 강에 사는 무시무시한 용과 대결해야 했다. 이 용은 강력한 독을 내뿜어 강을 오염시켰다. 강은 생명체가 살 수 없는 죽음의 강이 되어버렸다. 독은 주변 마을로도 번져나갔다. 독에 감염된 마을 사람들이 픽픽 죽어나갔다.

크리슈나가 강물로 뛰어들었다. 일대 혈전! 용은 크리슈나를 칭칭 감고 조이기 시작했다. 이에 맞서 크리슈나는 자신의 몸을 부풀려 똬리를 풀고는 잽싸게 용의 등에 올라탔다. 이걸로 게임 끝! 우주의 무게를 견디지 못한 용은 혼절했고, 크리슈나는 승리의 춤을 추었다. 잠시후 깨어난 용은 크리슈나에게 백배사죄한 후에 강을 떠났다.

크리슈나는 신의 우두머리인 인드라와도 한판 겨루었다. 사실 굳이 싸울 이유는 없었다. 그 놈의 자존심 때문이었다. 마을 사람들이 인드라를 숭배하는 게 크리슈나는 화가 났다. 자신을 숭배하라는 거다. 구름과 비를 마음대로 부리는 인드라가 장대비를 퍼부었다. 크리슈나가 손가락을 까딱하더니 언덕이 솟아올랐다. 그 언덕이 우산 역할을 했고, 사람들은 별 피해를 입지 않았다. 그제야 인드라도 크리슈나가 비슈누임을 알고는 고개를 조아렸다.

다른 신과 자존심 싸움을 하러 지상 세계로 온 건 아니잖은가? 크리슈나의 사명은 악을 응징하는 것! 그 악의 우두머리는? 외삼촌이자 왕이었다. 크리슈나가 그에게 선전 포고를 했다. 왕은 아수라와 악귀들을 불러 크리슈나를 공격했다. 물론 무의미한 공격이었다. 크리슈나가 직접 나섰다. 그러자 추풍낙엽처럼 아수라와 악귀들이 쓰러졌다. 크리슈나는 마침내 악마의 왕을 죽이고, 갇혀 있던 부모까지 구해냈다.

영웅 이야기에 사랑이 빠질 수는 없을 터. 크리슈나에게는 단 한 명의 반려자가 있다. 부인 라다. 크리슈나와 라다는 영원불멸의 사랑에 대한 상징으로 받아들여지고 있다. 물론 이들은 비슈누와 락슈미의 화신이다. 두 사람은 영원히 떨어지지 않는 부부다.

모든 사명을 마친 후 크리슈나는 다른 지역으로 이주해 새 나라를 건설했다. 하지만 결말은 썩 좋지 않다. 왕실에서 권력 다툼이 일어났다. 만사가 허망해진 크리슈나는 잠시 속세를 떠나기 위해 숲으로 들어갔다. 바로 그때 한 사냥꾼이 그를 사슴으로 오인하고 화살을 쏘았다. 화살은 발뒤꿈치에 박혔고, 아킬레우스가 그랬듯 크리슈나도 이처럼 허망하게 목숨을 잃었다. 이렇게 해서 비슈누의 여덟 번째 화신 크리슈나의 생은 끝이 나게 된다.

영웅이 비극적인 결말을 맞는 이야기가 참 많다. 트로이 전쟁의 영웅 아킬레우스는 발뒤꿈치가 유일한 약점이었다. 크리슈나도 불사에 가까웠지만 유일한 약점이 바로 발뒤꿈치였다. 우연의 일치일까, 아니면 시간이 흐르면서 여러 지역의 신화가 비슷해진 것일까?

최고 인기 신은 코끼리?

동물 혹은 반인반수의 몸인데 신으로 숭배되는 사례는 서양보다는 동양에 더 흔하다. 중국의 복희씨는 소의 머리를 하고 있으며, 인도의 하누만은 원숭이에 가깝다. 인도에는 이런 신이 또 있다. 이번엔 코끼리다. 코끼리 머리를 하고 있는 이 신의 이름은 가네사다.

가네사는 지혜와 행운을 가져다주는 신으로 알려져 있다. 장사할 때 복을 안겨준다고 여겨져 요즘에도 인도에서 매우 사랑받는 신 중 하나다. 코끼리 머리를 하고 있는데 어금니 한쪽이 없다. 팔은 4개고, 배가 불뚝 튀어나왔다. 코끼리인데 쥐를 타고 다닌다고 한다. 참 나.

이 코끼리 신, 알고 보면 시바와 파르바티의 아들이다. 신의 아들이 코끼리 머리를 가지게 된 설은 다양하다. 그중의 하나. 엄마가 목욕하면서 아무도 못 들어오게 하랬다. 그걸 지키는 아들. 아빠인 시바 신이 다가온다. 융통성 없게도 아빠에게도 못 들어간다고 말렸다. 화가 난 시바가 목을 뎅겅 베어버렸다. 뒤늦게 후회한 시바가 코끼리의 목을 베어 목에 얹었단다.

8

하늘에 해가 하나인 까닭은?

중국 영웅 예의 이야기

영웅은 뛰어난 능력을 타고난 순간부터 누군가의 시기를 받을 수밖에 없는 운명에 처한다.

그의 업적이 뛰어나고 세인들의 칭송이 자자할수록 시샘 역시 증폭된다.

만인의 영웅이 되어 무엇 하랴.

내 가족의 영웅이 되는 것만으로도 그 삶은 위대하다.

영웅 이야기는 대체로 구조가 비슷하다. 불가능한 과업에 도전해 성공한다. 롤러코스터처럼 인생의 부침이 심하다. 러브스토리도 곧잘 펼쳐진다. 또한 죽고 나서는 종종 신이 된다. 이런 설정에는 사람들의 염원이 담겨 있다. 판타지에서 대리 만족을 얻으려는 심리다.

다만 신화마다 결말은 다소 다르다. 행복하게 살다가 죽는 영웅이 있는가 하면 비극적인 죽음을 맞는 영웅도 있다. 행복한 결말이 좋을 것 같은데, 왜 비극으로 끝내는 걸까? 비극이 더 강렬하기 때문이다. 옛 사람들은 결말이 평범하면 영웅의 체면이 떨어진다고 여겼을지도 모른다. 그래서일까? 사실 영웅들의 결말은 비극적일 때가 더 많다. 헤라클레스가 그랬고, 테세우스가 그랬다. 비록 깨달음을 얻기는 했지만 길가메시 모험담도 행복한 결말은 아니다.

　중국 신화에서 가장 널리 알려진 영웅은 예羿다. 예의 이야기도 다른 영웅담과 비슷하게 흘러간다. 예는 신의 혈통을 이어받았다. 수많은 모험을 하며 인간을 이롭게 한다. 하지만 배신으로 생을 마감한다. 죽고 난 후에는 신으로 추앙받는다.

　중국의 대표적인 성군인 요 임금이 세상을 다스릴 때였다. 태평성대가 이어지던 중 문제가 터졌다. 전쟁이나 폭동 같은 게 아니었다. 인간이 아니라 신들이 원흉이었다.

　고대 중국인들은 동방 세계의 천제天帝를 제준, 그의 아내이자 태양의 여신을 희화라 불렀다. 이 부부의 아들이 태양인데, 한 명이 아니었다. 태양이 모두 10명이었다. 천방지축인 남자아이가 10명이라……. 어머니 희화가 꽤나 속을 썩였을 것 같다. 그래도 희화는 아이들을 잘 다독이며 하루에 한 명씩 하늘에 떠오르게 했다. 동방의 양곡이란 골짜기에는 부상이라는 거대한 뽕나무가 있었다. 나머지 9명의 태양은 여기서 자기 순번을 기다렸다.

　희화가 잘 관리한 덕분에 이 규칙은 수만 년 동안 잘 지켜졌다. 매일 1개의 태양이 인간 세상을 비춘 덕분에 평화가 유지되었다. 그러던 어느 날 어린 태양들이 호기심이 발동했다. 누군가 말했다. "혼자 하늘에 있으니 심심해. 우리가 한꺼번에 떠오르면 재미있지 않을까?"

　위험한 호기심이다. 결과는 참혹했다. 10개의 태양이 한꺼번에 떠오

* 예 중국 신화에 등장하는 궁술의 명인으로, 인간 세계에 닥친 여러 가지 재앙을 해결했다. 하지만 천제의 아들인 태양들을 떨어뜨
린 일로 천제의 미움을 사 신계에 복귀하지 못하고 인간 세계에 남았다. 달의 여신인 항아의 남편이다.

르자 인간 세상은 생지옥이 되어버렸다. 초목은 말라 비틀어졌고, 강물은 바닥을 드러냈다. 물이 부족해지니 농사도 지을 수 없었다. 극도로 건조해져서 곳곳에서 대형 화재가 발생했다. 인간들은 폭염과 굶주림으로 죽어나갔다. 이 틈을 타서 괴물들도 기승을 부렸다. 성군의 상징인 요 임금의 근심이 커졌다. 요 임금은 용하다는 무당을 불러 하늘에 기도를 올렸다. 그 무당마저 타 죽었다.

동방 천제 제준이 곤혹스러워졌다. 모든 게 자식 농사를 잘못 지은 탓이잖은가? 뿌린 대로 거두는 법. 제준이 해결하는 게 옳다. 제준은 유궁국에 사는 활의 명수 예를 불렀다. 예의 혈통은 기록에 따라 약간씩 다르다. 어떤 기록에서는 신인데, 또 다른 기록에는 반신반인 혹은 신의 먼 혈통으로 나와 있다.

천제는 예에게 활과 화살을 주며 문제의 해결을 부탁했다. 다만 10개의 태양을 어느 정도로 제압할지에 대해서는 함구했다. 이심전심以心傳心을 노린 것일까? 어쩌면 천제는 자식들을 위협하되 죽이지 않기를 원했을 거다. 물론 예도 그런 천제의 뜻을 감지했을 터.

예는 아내 항아와 인간 세상으로 내려갔다. 항아 또한 신의 혈통이었던 것으로 보인다. 일단 그녀의 이름을 기억해두자. 뒤에 다시 등장하니까 말이다.

인간 세상은 예상했던 것보다 더 처참했다. 생지옥이 따로 없었다. 예는 곧바로 문제 해결에 나섰다. 예가 태양들을 향해 활을 거누었다. 처음에는 겁만 줄 생각이었을 거다. 철부지 태양들이 예를 놀리지만

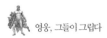

않았다면 그의 화살이 심장부를 겨냥하진 않았으리라. 예가 분노했다. 태양을 향해 정조준한 뒤 화살을 날렸다. "핑!" 명중. 태양 하나가 사라졌다. 잠시 후 발이 세 개 달린 삼족오三足烏가 땅으로 떨어졌다. 맞다. 태양은 본래 삼족오였다. 죽으면서 본디 모습으로 돌아온 것이다.

삼족오

형제 한 명이 죽자 나머지 태양들이 술렁거렸다. 자신들의 장난이 돌이킬 수 없는 중대한 잘못이란 사실을 그제야 깨달았다. 하지만 너무 늦은 깨달음이었다.

인간들은 예의 이름을 부르며 환호했다. 태양들은 화살을 쏘지 말라며, 자기들이 잘못했다며, 제자리로 돌아가겠다며 외쳤다. 하지만 예는 들은 체도 하지 않았다. 핑. 핑. 핑. 그때마다 삼족오 시체가 떨어졌다. 어느 덧 태양은 한 개만 남았다. 하나 남은 태양마저 죽여버리면 인간 세계는 암흑천지로 변한다. 예는 활을 내려놓았다.

드디어 임무 완수! 인간 세계는 평화를 되찾았다. 하지만 예의 지상 과제는 아직 끝나지 않았다. 10개의 태양이 난립하는 바람에 온갖 괴물들이 만들어져 세상을 어지럽히고 있었다. 그 괴물까지 없애는 새로운 임무가 생긴 것이다. 헤라클레스가 열두 과제를 이행하는 것과 흡사한 설정이다. 예는 중국 중원과 동서남북을 종횡무진하며 괴물들과 대결을 벌였다.

중국 신화에는 수많은 괴물이 등장한다. 중국 땅이 넓어서 그런 걸까? 중국의 신화집이라 할 수 있는 『산해경』을 보면 별의별 괴물이 다 있다. 거인, 소인, 인어는 기본이다. 얼굴은 사람인데 몸은 뱀이거나 야생 짐승인 괴물만 해도 수십 종류가 넘는다. 머리가 여럿 달린 괴물도 헤아릴 수 없이 많다. 예가 상대하는 동물도 기상천외하다.

알유는 몸통은 뱀이되 사람의 얼굴을 하고 있는 괴물이다. 아기의 울음소리를 내서 사람을 유인한 뒤 잡아먹는다. 예는 울음소리에 속은 척 다가가서 알유가 입을 벌리려는 찰나 단 칼에 베어버렸다.

예가 제거한 괴물은 더 있다. 착치는 이빨 크기만 2미터가 넘는 괴물이다. 구영은 머리가 아홉 개 달렸다. 대풍은 사나운 바람을 일으키는 거대한 새다. 파사는 구렁이인데, 그 뼈가 산 하나만큼 크다. 예는 이 괴물들을 차례로 없앤 뒤 마지막으로 거대한 멧돼지 봉희와 맞닥뜨렸다. 이 멧돼지는 털가죽이 워낙 두꺼워 웬만한 화살로는 뚫을 수 없다. 하지만 예는 천하 최고의 명궁. 그의 화살이 멧돼지의 명줄을 제대로 끊었다.

흥미로운 대목이 있다. 예의 모험에 등장하는 괴물 중 일부가 헤라클레스의 모험에도 등장한다. 머리가 아홉 개 달린 괴물 구영은 헤라클레스의 모험에 등장하는 괴물 히드라와 닮았다. 헤라클레스의 열두 과업 중에는 사나운 멧돼지를 죽이는 일도 있었다. 우연의 일치처럼 보이지만 그럴 만한 이유가 있다. 아마 이런 괴물은 홍수나 산사태와 같은 자연재해를 상징한 것 같다. 자연재해에 대한 두려움이 가상의

괴물을 만들어낸 셈이다.

인간 세계의 모든 문제를 해결했으니 천상 세계로 돌아갈 시간이다. 그런데 웬걸. 천제의 부름이 들리지 않는다. 제사를 지내도 묵묵부답이다. 정확한 이유는 알 수 없다. 다만 태양들을 죽인 게 천제의 심기를 건드렸을 거라는 추측만 할 뿐.

영웅 예는 인간 세계에 정착해야 했다. 신의 세계를 떠났으니 더 이상 신처럼 살 수 없다. 모든 인간과 똑같이 생로병사의 숙명을 받아들여야 한다. 누구보다 아내 항아가 불만이 컸다. 항아는 예 때문에 이렇게 되었다며 바가지를 긁어댔다. 그 좋던 부부 금실에 금이 가기 시작했다.

예가 집 밖으로 나돌기 시작했다. 그러다가 다른 여자와 눈이 맞았다. 불륜의 대상이 하필이면 여신이었다. 중국 중심부를 가로지르는 거대한 강인 황하. 그 황하의 신이 하백이었다. 하백의 연인 혹은 아내가 복비인데, 낙수라는 강을 관장하는 신이었다. 예는 낙수 강가에서 자신의 신세를 한탄하다가 복비를 만났다. 두 사람은 첫눈에 반했고, 뜨겁게 사랑했다.

하백이 이 사실을 알게 되었다. 분노 폭발! 하백은 용으로 변해 예를 공격했다. 예의 활솜씨는 죽지 않았다. 그의 화살이 하백의 눈에 명중했다. 그러니 싸움에서 이긴 걸까? 하지만 이런 난리법석에 사랑이 유지될 리 없다. 복비와의 사랑은 끝났다. 예는 항아에게 돌아갔다.

세월이 흐르자 예도 늙기 시작했다. 어쩌랴? 인간에게 늙음과 죽음은 막을 수 없는 자연의 순리인 것을. 불가능에 가까웠지만 불로불사의 길이 없는 건 아니었다. 서왕모의 복숭아 과수원, 바로 곤륜산의 반도원에 있는 복숭아를 먹으면 된다! 그곳의 복숭아나무는 3,000년 만에 꽃이 피고 3,000년 만에 열매를 맺는다. 이 복숭아 하나를 먹으면 1만 8,000년을 살 수 있다.

하지만 반도원에 갈 수 있는 방법이 없다. 낙심에 또 낙심이다. 바로 그때 서왕모가 나타났다. 서왕모는 영웅의 몰락이 짠했나 보다. 복숭아로 만든 불사의 약을 넉넉하게 건네주고 사라졌다. 이제 비록 인간 세계에서이지만 신처럼 죽지 않고 살 수 있게 되었다.

아뿔싸. 아내가 배신할 줄이야. 불사약을 둘이 나눠 먹으면 둘 다 불로장생한다. 혼자 먹으면? 그 사람은 신선이 될 수 있다는 얘기가 나돌았다. 바람을 피웠던 남편에 대한 응징이었을까? 아니면 신선이 되려는 욕망이 강했던 걸까? 항아는 예 몰래 불사약을 모두 삼켜버렸다.

바로 그 순간 항아의 몸이 두둥실 떠올랐다. 불사약을 다 먹어도 신선이 될 수 있다는 말은 사실이 아니었나 보다. 항아는 그제야 후회했지만 돌이킬 수 없었다. 항아는 달에 도착했다. 부끄러움을 느낀 항아는 달에 숨어버렸다. 혹은 신의 저주를 받아 두꺼비로 변해 달에 갇혔다고도 한다.

영웅의 말년이 꼬일 대로 꼬여버렸다. 그래도 예는 삶을 포기하지 않았다. 인간의 삶에 충실하다 때가 되면 죽겠다고 다짐했다. 그때부터 제자들을 모아 활 쏘는 법을 가르쳤다.

여러 제자 가운데 방몽이란 자가 두각을 나타냈다. 예는 수제자 방몽에게 모든 것을 전수했다. 방몽은 음흉했다. 스승만 없다면 자신이 천하제일의 명궁이 될 거라고 생각했다. 결국 방몽은 몹쓸 짓을 하고 말았다. 스승의 심장에 칼을 꽂았다.

신의 반열에서 인간으로 추락하더니, 이번엔 그 어떤 인간보다 비참한 죽음을 맞았다. 헤라클레스는 죽어서 하늘로 올라가 신이 되었다. 예는 그러지도 못했다. 그래도 인간들이 예를 숭배한 게 다행이다. 예에 대한 신앙은 동아시아 전역으로 확산되었다. 고구려 주몽 신화에까지 그 흔적이 남아 있으니 그 기나긴 시간을 감안하면, 결국 예의 삶은 성공한 것일까?

10개의 태양 이야기를 하다 보니 우리 무속의 신화가 한 편 떠오른다. 대별왕과 소별왕 이야기다. 일종의 천지 창조 신화인데, 천지 창조 과정은 생략. 다만 그 과정에서 해와 달이 2개씩 만들어져 인간들이 고통을 겪고 있었다고만 알아두자.

이때 옥황상제 격인 천지왕이 지상에 내려와 인간인 총명 부인과 살고 있었다. 얼마 후 총명 부인이 쌍둥이 아들을 낳았다. 큰아들이 대별왕, 작은아들이 소별왕이다. 두 아이는 성장한 후 아버지 천지왕의 명을 받들어 해와 달을 제거하는 일에 나섰다. 각각 화살을 쏘아 해와 달 하나씩을 제거했고, 인간 세상이 비로소 평화로워졌다.

포상의 시간. 천지왕은 대별왕에겐 이승을, 소별왕에겐 저승을 맡기고 싶었다. 대별왕의 인품이 훨씬 훌륭했기 때문이다. 하지만 공정을 기하기 위해 여러 대결을 벌였다. 모든 대결에서 대별왕이 승리했다. 이승이 탐난 소별왕은 포기하지 않았다. "형, 마지막 제안이오. 그릇에 꽃씨를 심고 먼저 꽃을 피운 쪽이 이승을 다스리는 건 어떻겠소?"

대별왕의 그릇에는 화려한 꽃이 만발했다. 소별왕의 그릇에 핀 꽃은 모두 시들어 있었다. 대별왕의 승리가 확실한 상황. 하지만 음흉한 소별왕은 그릇을 몰래 바꿔치기했다. 그 결과 소별왕이 이승을 차지했다. 대별왕은 제발 관용의 통치를 해달라고 주문할 뿐이었다.

속임수로 이승의 통치자가 된 왕. 그러니 이승이 제대로 돌아갈 리가 없다. 이 세상에 아직도 거짓과 속임수, 사기, 폭력이 그치지 않는 게 바로 이 소별왕 때문이다. 통치자가 무능하거나 포악하면 고통은 백성의 몫이다. 신화나 현실이나 어찌 이리 똑같단 말인가?

예가 실존했다?

신화 속 영웅이 실존했다는 주장이 간간이 나온다. 길가메시, 테세우스, 나아가 헤라클레스까지 실존했다고 믿는 사람들이 있다. 물론 영웅 중 일부는 실존했다. 다만, 실제 그들의 삶은 신화 속 이야기와는 많이 다를 것이다. 일단 100세를 넘는 그 수명부터 진실이 아니니.

중국 역사서 『춘추』에 예의 이야기가 전한다. 이 책에 따르면 예는 하나라 때의 사람이다. 신화 속의 예와 구분하기 위해 후예(后羿)라고 불렀다. 여기서 말하는 '후'는 나중이란 의미가 아니라 제후란 뜻이다. 예가 하의 제후국 중 한 나라의 왕이었다는 이야기다.

후예도 활을 잘 쏘았다. 이 솜씨를 믿고 반란을 일으켰으며 결국엔 하나라의 권력을 장악하는 데 성공했다. 문제는 그 다음이다. 후예가 타락했다. 정치는 충직한 신하에게 맡겨놓고, 자신은 사냥 놀음에 빠졌다. 그 충직한 신하가 후예의 아내와 눈이 맞았다. 결국 후예는 그 신하와 아내의 계략에 목숨을 잃었다. 신화 속 예와 비슷한 결말. 정말 예가 실존했던 걸까?

9

죽는 게 대수야? 죽음을 넘나든 모험

오오쿠니누시와 바리공주

일본 신화에는 일본 왕실의 혈통을 신성시하려는 장치가 여럿 숨어 있다.
땅의 신 오오쿠니누시가 하늘의 최고신 아마테라스에게 국가를 양도하는 이야기는
일본의 서쪽 지역을 지배하면서 등장한 야마토 정권의 정당성을 내포하고 있다.

　신화에서 영웅의 모험담은 기본적으로 판타지다. 영웅은 생사의 경계를 마음대로 넘나든다. 모험담에 등장하는 요괴와 괴물도 각양각색이다. 그중 일부는 현대 애니메이션이나 게임에서 다시 등장한다.

　일본 신화에는 인간 영웅이 별로 등장하지 않는다. 일본 전역에 토착신과 영웅의 이야기가 전해지기는 하지만, 그들은 '전국구'가 아니라 '지역구'다. 일본 신화의 주축은 『고사기』와 『일본서기』에 등장한 신들이다. 특이한 점은, 일본에서 이 책들은 신화집이 아니라 역사서로 간주한다는 것이다. 왜 그런지는 이미 이야기한 그대로다. 일본 왕실의 혈통이 신으로부터 비롯되었음을 강조하기 위해서다.

　그러다 보니 일본 신화에 등장하는 영웅은 대부분 신의 혈통이다.

이런 영웅 중에서 죽음을 넘나든 영웅이 있다. 그중에서도 대표적인 영웅이 오오쿠니누시다. 오오쿠니누시는 천상 세계에서 내려온 신^{아마}^{츠카미}이 아니다. 땅의 신^{쿠니츠카미}이다. 하지만 일본 신화에서 차지하는 비중은 상당히 크다. 왜 그런지 이제부터 이야기해보자.

앞에서 스사노오의 이야기를 한 적이 있다. 일본 최고신 아마테라스의 동생으로, 나중에 저승을 다스리게 된 신이다. 머리가 여덟 개 달린 뱀을 제거한 영웅이기도 하다. 오오쿠니누시는 이 스사노오의 혈통이다. 스사노오의 혈통이니 땅의 신이다. 어떤 기록에서는 스사노오의 동생으로, 어떤 기록에서는 6대 혹은 7대 자손으로 나온다. 일반적으로는 스사노오의 6대손이라고 할 때가 많다.

일본 혼슈 돗토리현 동부 지방을 과거에는 이나바라고 불렀다. 이곳에 야카미히메라는 이름의 절세 미녀가 있었다. 여러 신들이 그녀를 신부로 삼으려고 경쟁을 벌였다. 오오쿠니누시의 형제들도 마찬가지. 그녀에게 청혼하겠다며 모든 형제가 함께 이나바로 향했다. 여성 한 명을 놓고 모든 형제가 경쟁한다니, 우리로서는 쉽게 이해가 가지 않는 정서다.

오오쿠니누시의 형제들은 대체로 밉상이었던 것 같다. 아니면 오오쿠니누시를 돋보이게 하려고 형제들을 못되게 설정했을지도 모른다. 어쨌든 형제들은 모든 여행 짐을 오오쿠니누시에게 맡기고 자기들끼리 먼저 가버렸다. 그 형제가 이바나에 거의 도착할 즈음이었다. 흰 토끼가 해안가 모래사장에서 울고 있는 게 아닌가? 토끼 행색도 우스웠다. 털이 다 뽑혀 맨살이 그대로 드러났다. 형들이 호기심에 그 이유를 물었다. 흰 토끼는 바다 건너 오키섬에서 왔다고 했다. 토끼라 바다를 헤엄쳐서 건널 수 없으니 꾀를 냈다. 상어를 불러 상어와 토끼 종족 중 누가 더 수가 많은지 비교해보자고 했다. 상어들도 재미있겠다 싶었나 보다. 금세 모여 일렬로 착착 선다. 그래야 몇 마리인지 셀 수 있으니까 말이다. 킥킥. 토끼는 속으로 웃으며 상어의 등을 밟고 수월하게 바다를 건넜다.

여기까지는 좋았다. 그놈의 입이 방정이다. 바다를 거의 건넜을 때였다. 이제 한 발자국만 더 디디면 뭍이다. 임금님 귀는 당나귀 귀라고 외쳤던 이발사의 심정이 그랬을까? 흰 토끼는 자신의 꾀가 대단했음을 어떻게든 자랑하고 싶었다. 조금만 더 참으면 될 것을, 결국 외치고 말았다. "속임수야. 상어들, 너희는 모두 속았어!"

맨 끝에 있던 상어가 그 소리를 들었다. 당연히 그냥 넘어갈 수가 없다. 응징을 해야 한다. 상어는 등을 내어주지 않았다. 그 대신 흰 토끼에게 달려들어 털을 죄다 뽑아버렸다.

토끼는 억울하고 아파서 엉엉 울고 있던 거다. 경위야 어찌됐건 지금은 불쌍해졌다. 그러니 도와주는 게 도리다. 하지만 형제 신들은 그러지 않았다. 오히려 골탕 먹일 궁리만 했다. "바닷물로 몸을 씻어라. 그 다음에는 언덕으로 올라가서 바닷바람을 맞도록 해. 그러면 고통이 사라질 거야."

정말 못됐다. 부르튼 피부에 소금물이 들어가면 고통이 더 심해지는 게 당연하다. 어떻게든 고통을 없애고 싶었던 토끼는 그 말을 또 그대로 믿는다. 형제 신이 알려준 처방대로 몸에 바닷물을 끼얹었다. "악!" 토끼는 아파서 데굴데굴 굴렀다. 눈물을 쏙 빼놓았을 즈음 오오쿠니누시가 나타났다. 그의 처방은 형제들과 달랐다. "깨끗한 담수로 씻어라. 바닥에 꽃가루를 뿌린 뒤 그 위를 구르도록 해라. 그러면 괜찮아질 것이다."

그대로 했더니 털이 다시 덥수룩하게 자라났다. 흰 토끼는 감사의 뜻을 전하며 예언을 날렸다. "그 신들은 절대로 야카미히메를 얻지 못할 겁니다. 야카미히메는 오오쿠니누시 신님을 선택할 겁니다."

정말 예언대로 되었다. 야카미히메는 형제 신들의 청혼을 모두 거절했다. 형제는 의아했다. 정혼자가 있냐고 물었다. 야카미히메는 그 신이 곧 올 거라 했다. 맞다. 오오쿠니누시를 기다리고 있었다. 형제들이 부글부글하는 사이에 오오쿠니누시가 목적지에 도착했다. 결과는? 오오쿠니누시가 야카미히메를 아내로 맞아들였다.

전형적인 권선징악의 스토리 같은데, 이게 끝이 아니다. 미녀를 빼앗긴 형제들이 작당해 오오쿠니누시를 살해했다. 하지만 신들의 세계다. 다시 살려낼 방도는 많다. 이들 신의 어머니가 오오쿠니누시를 다시 살려냈다. 이 형제들, 정말 악독하다. 되살아난 오오쿠니누시를 또다시 죽여버렸다.

이런 상황이라면 또 부활해도 죽을 게 빤하다. 오오쿠니누시는 차라

• 오오쿠니누시 오오쿠니누시[大國主]는 이름 그대로 '큰 나라의 주인'이라는 뜻이다. 하늘의 신이었다가 저승을 다스리게 된 스사
노오의 후손이다. 어떤 신화에서는 스사노오의 동생이라고도 한다. 땅의 신으로서 지상 세계를 다스리다가 천상의 최고신 아마테
라스에게 지상을 양도한다. 이후 지상은 아마테라스의 손자인 니니기가 다스린다.

리 저승이 낫겠다며 그곳으로 도망쳤다. 오오쿠니누시는 저승에서 또 다른 여인을 만났다. 그 여인은 저승의 신인 스사노오의 딸. 오오쿠니누시는 그 여인과 결혼했는데, 여기서 족보가 좀 꼬인다. 오오쿠니누시가 스사노오의 6대손이라면 자신의 5대 조상과 결혼한 게 된다. 다른 기록에서는 오오쿠니누시가 스사노오의 동생이라고 되어 있는데, 이 경우라면 자신의 조카와 결혼한 게 된다. 그 어느 쪽이라도 일단 정상적인 결혼은 아니다. 그 때문인지는 몰라도 스사노오는 이 결혼에 절대 반대! 그렇다면 달리 방도가 없다. 달아나는 수밖에. 오오쿠니누시는 아내와 함께 도피 행각을 벌였다. 스사노오가 손을 들었다. 마침내 둘은 부부로서 인정받게 되었다.

사실 오오쿠니누시는 꽤나 바람둥이다. 상당히 많은 여신과 잠자리를 가졌다. 그러다 보니 아이도 많이 낳았다. 그의 자식은 모두 180명 혹은 181명이라고 한다. 도대체 얼마나 많은 여신을 사귄 건지…….

지금까지의 이야기를 보면 오오쿠니누시가 영웅인지 애매모호하다. 하지만 일본에서는 그를 상당히 중요한 신으로 여긴다. 이제부터 그 이유가 나온다. 결론부터 말하자면 그가 일본 건국에 막대한 영향을 미쳤기 때문이다.

저승에서의 해프닝 후 오오쿠니누시는 대지의 신과 함께 나라를 세워 지상 세계를 통치하게 되었다. 시간이 얼마나 흘렀을까? 천상의 최고신 아마테라스가 그에게 지상 세계를 내놓으라 했다. 집에 강도가 침입해 주인을 내쫓는 격이다. 당연히 오오쿠니누시는 저항했다.

아마테라스가 타케미가즈치라는 강력한 전사를 보냈다. 타케미가즈치는 일본 애니메이션이나 영화에서 최강의 전투력을 자랑하는 전사 캐릭터로 요즘도 자주 등장한다. 그런 전사를 막는 것은 불가능하다. 결국 오오쿠니누시가 무릎을 꿇었다. 하지만 그냥 물러설 순 없다. "좋소. 지상 세계를 내놓으리다. 그 대신 저승을 내가 다스리게 해 주시오."

협상 타결! 일본에서는 이 사건을 국토 이양 신화라고 부른다. 일본 건국의 토대가 이때 만들어졌다는 의미다. 아마테라스는 지상 세계에 자신의 손자를 보내 다스리게 했다. 그 손자가 니니기다. 니니기는 아마테라스로부터 신성한 세 종류의 물건, 즉 삼종신기를 받고 지상으로 내려왔다. 이 사건을 천손강림이라고 한다.

오오쿠니누시가 나라를 아마테라스에게 넘겨주었다는 신화 속 이야기는 역사 속의 현실 세계를 그대로 반영한 것이다. 오오쿠니누시는 땅의 신, 아마테라스는 하늘의 신! 하늘의 신은 땅의 신보다 더 존엄하고 귀하다. 4세기경 일본에 등장한 야마토 정권이 처음으로 일본의 서쪽 지역 전체를 대부분 장악했다. 오늘날 일본의 조상이 바로 그들이다. 맞다. 국토 이양 신화는 야마토 정권의 등장을 신화적으로 설명한 이야기다.

오오쿠니누시가 저승에 오가고, 나중에는 저승을 다스린다는 결론. 하지만 그 신이 정작 중요하게 여겨지는 까닭은 지상 세계를 바쳤기 때문이다. 엄밀하게 말하면 모험담이라기보다는 야마토 정권의 등장과 권력 장악을 정당화하는 신화인 것이다.

이에 비하면 우리 무속의 바리공주 이야기는 정치색도 없고, 훨씬 모험적 성격이 강하다. 바리공주 이야기는 전국 대부분의 지역에서 찾을 수 있다. 지명이나 세부 내용이 약간 다르지만 대체로는 비슷하다.

작은 나라가 있었다. 이 나라의 왕은 오구 대왕. 왕과 왕비는 금실이 아주 좋았다. 연이어 6명의 아이를 출산했다. 모두 딸이었다. 첫 딸을 낳았을 때만 해도 하늘이 내려준 아이라며 기뻐하던 왕이 변했다. "왜 매번 딸인 거야? 아들을 원한다고!"

일곱 번째 아이가 태어났다. 이번에도 딸. 화가 난 오구 대왕은 그 아기를 버렸다. 아기는 요람에 실려 바다 위를 떠돌았다. 요람이 뭍에 올랐고, 노부부가 이를 발견했다. 노부부는 그 아기를 친자식처럼 키웠다. 이 아기가 바로 바리공주다.

아기를 버린 왕과 왕비는 벌을 받았다. 원인을 알 수 없는 병에 걸려 사경을 헤매기 시작했다. 신통한 스님이 보더니 저승의 생명수를 마셔야 낫는다고 했다. 자, 누가 그것을 구하러 갈 것인가? 여섯 딸? 모두 싫다고 했다. 오구 대왕은 그제야 버린 아기가 그리워졌다. 전국에 수배령을 내렸다. 마침내 바리공주가 친부모 앞에 다시 섰다.

바리공주는 효심이 두터웠다. 자신을 버린 사람들이 아닌가? 그런데도 병석에 누운 친부모를 보니 가슴이 찢어질 듯 아팠다. 바리공주는 생명수를 구하러 저승에 가겠노라고 했다.

　험난한 여행이었다. 몇 번이고 산을 넘었고, 바다를 건넜다. 그렇게 해서 저승에 도착했다. 저승에서의 이야기는 다양한 버전이 있다. 조금 더 극적인 버전은 이렇다. 저승의 문지기가 생명수를 주겠다고 했다. 단, 조건이 있다. 자신과 결혼해 7년을 살면서 7명의 아이를 낳는 것! 바리공주는 기꺼이 응했다. 7년이 흘렀다. 아이도 7명을 낳았다. 그제야 바리공주는 생명수를 들고 이승으로 돌아올 수 있었다. 물론 남편, 아이들과 함께.

　아뿔싸. 늦고 말았다. 그 사이에 친부모가 죽어버렸다. 바리공주 일행이 궁에 도착했을 때 친부모의 상여가 막 빠져나오고 있었다. 바리공주는 얼른 생명수를 부모님의 입 안으로 흘려보냈다. 부모님이 되살아났다. 모두 행복한 결말. 이승으로 온 바리공주의 남편, 즉 저승의 수문장은 장승이 되었다. 바리공주는? 무당이 되었다. 무속에서는 바리공주를 우리나라 무당의 조상신으로 섬긴다.

　결국은 바리공주의 효심이 기적을 이루어냈다. 바리공주는 부모를 살리기 위해 모든 것을 희생했다. 바리공주는 신적인 존재가 되었다. 무속에서 바리공주를 섬기는 게 그 증거다. 그렇다면 바리공주야말로 진정한 영웅이 아닐까?

　어쩌면 영웅이란 게 그리 거창하지 않은 건지도 모른다. 기본적인 인륜을 제대로 이행하는 것만으로도 영웅이 될 수 있다. 사실 말이 쉽지, 이게 그리 녹록한 건 아니다. 시대가 많이 변했기 때문이다. 하지

만 시대 탓을 하는 건 옳지 않다. 우리의 마음이 변해서 시대가 변하는 것이니까 말이다. 다시 우리 자신에게 묻는다. "나는 제대로 살고 있는가?"

일본 신화에 브로맨스가 있다?

일본은 온천 산업이 꽤나 발달한 나라다. 날씨가 추운 북쪽만 그런 게 아니다. 아열대 지방에 속하는 남쪽에서도 온천을 쉽게 볼 수 있다. 일본에는 온천의 신도 따로 있다. 그 신의 이름은 스쿠나히코나. 독특하게도 이 신은 난쟁이다. 어른 집게손가락 정도의 크기라고 한다.

하지만 이 신, 무시하면 안 된다. 스쿠나히코나는 오오쿠니누시와는 둘도 없는 친구다. 오오쿠니누시가 나라 세울 땅을 찾기 위해 지상 세계를 돌아다닐 때 줄곧 동행했다. 일본 국토 이양 신화의 비중 높은 조연인 셈이다. 실제로 신화에서는 두 신이 항상 붙어 다니는 것으로 묘사된다. 요즘으로 치면 끈끈한 브로맨스라고나 할까? 사실 온천을 만든 것도 이 과정에서 이루어졌다. 전국을 돌아다니다가 수증기가 모락모락 솟아오르는 땅을 발견해 온천을 열었다.

예로부터 일본인들은 온천에 치료의 효능이 있다고 믿었다. 그래서 그는 의약의 신으로도 숭배된다. 또한 일본에서는 술의 신으로도 숭배된다. 꽤나 인기 있는 신이 아닌가?

Part 5

인간적인,
너무나 인간적인

"신화는 고고학적 심리학의 한 형태라는 결론에 이르렀다. 신화는 사람들이 무엇을 믿고 무엇을 두려워하는지에 대한 통찰을 제공한다."

_ 조지 루카스(George Lucas)

사랑은 성장통과 같은 것

프시케와 에로스 이야기

애욕의 신인 에로스(큐피드)를

꼬마 모습으로 형상화한 것에서 그리스 로마 신화의 위트를 엿볼 수 있다.

욕정과 사랑에 사로잡혔을 때 판단력을 잃기도 하지만

곧 아이와 같은 순수함을 되찾기도 하기 때문이다.

아이들은 성장하면서 배운다. 아이들의 말에도 정의와 진리가 있다. 그런데 때때로 어른들은 아이들의 생각을 무시한다. 수십 년 전 어렸을 적의 기억이 모두 지워졌으니까. 그래서 어른들은 더 성장하지 못하는 것이다.

사랑도 이와 같다. 아이들이 생각하는 사랑과 어른들이 생각하는 사랑이 많이 다르다. 꼬마들은 부모의 사랑을 원한다. 아직 어른들의 육체적인 사랑에 대해서는 알지 못한다. 그런데도 그리스 신화에서 사랑의 신 에로스Eros는 꼬마로 묘사된다. 철부지가 육체적 사랑에 대해 뭘 안 다고. 사실 선정적 혹은 색욕을 뜻하는 영어 단어 에로틱erotic이 꼬마 신의 이름에서 비롯되었다. 보통 큐피드나 아모르로 더 많이 알려져 있는데, 큐피드는 로마 신화에서 에로스를 부르는 이름이다. 맞다. 사랑의 화살을 날리는 그 꼬마 신이다.

그 꼬마가 도대체 사랑을 알기나 할까? 어찌 에로틱한 사랑을 그 꼬마가 알겠는가? 꼬마 신 에로스는 철부지일 뿐이다. 하지만 만약 그 꼬마가 사랑을 알게 된다면? 이런 가정이 현실이 된다. 정말 그 꼬마가 육체적 사랑을 알아버렸다. 그 순간 에로스는 어른이 되어버린다. 정신뿐만 아니라 육체까지! 이후의 에로스는 성인의 모습으로 미술 작품에 등장한다. 천진난만한 아이를 버리고 단맛 쓴맛을 맛보아야 하는 어른이 되어버리다니……. 허나 어쩌랴. 사랑하려면 어쩔 수 없지 않겠는가? 에로스를 어른으로 만들어버린 여성은 누구일까? 프시케다. 신도 갈라놓지 못한 이 연인의 사랑 이야기를 해보자.

에로스는 미의 여신 아프로디테와 전쟁의 신 아레스 사이에서 태어났다. 아프로디테는 디오니소스의 아내다. 그렇다면 에로스는 불륜의 씨앗이다. 사실 또 다른 속설도 있다. 태초의 혼돈을 뜻하는 신, 즉 카오스의 아들이라는 설이다. 사랑이 그만큼 원초적이라는 의미가 아닐까? 여기서는 가장 널리 알려진, 아프로디테의 아들 속설을 따르겠다.

프시케는 어느 왕국의 공주였다. 세 딸 중 막내. 우리나라 옛말에도 세 자매의 막내는 얼굴도 보지 않고 무조건 데려간다 하지 않았나? 미모가 대단한 수준이다. 미의 여신 아프로디테를 능가한다는 말까지 떠돌았다. 뭇 남성이 그녀를 숭배했다. 그러다 보니 미의 여신 아프로디테의 신전이 썰렁해졌다. 아프로디테가 크게 노했다. "인간이 신을 초월하려 하다니! 내 아들 에로스여, 저 계집이 나의 명예를 더럽혔다. 세상에서 가장 못생긴 남자를 사랑하면서 평생 후회하도록 화살을 쏴버려라."

히힛. 개구쟁이 에로스는 신났다. 금 화살은 사랑에 빠지게 하고, 납화살은 사랑을 회피하게 한다. 이번엔 금 화살이다. 아차, 화살을 만지작거리다 화살촉에 자신의 손이 찔렸다. 이 순간부터 예상치 못한 방향으로 사건이 전개된다. 꼬마 에로스가 프시케를 사랑하게 되었다!

이 무렵 프시케 집안은 슬픔에 잠겨 있었다. 어느 날 갑자기 남성의 청혼이 사라졌다. 물론 아프로디테의 조작이다. 그런 사정을 모르니 신탁을 물을 수밖에 없었다. 추악한 사내와 결혼해야 한단다. 신탁은 거부할 수 없다. 반드시 지켜야 한다. 그녀는 결국 바위산에 버려졌다.

얼마 후 바람의 신이 프시케를 깊은 골짜기에 있는 궁전으로 인도했다. 그 궁전은 세상의 것이 아닌 것처럼 보였다. 기둥이며 벽이 모두 황금으로 치장되어 있었다. 그래도 프시케는 불안했다. 신랑이 괴물이면 어쩌지? 그런 걱정을 하던 차에 시종의 목소리가 들려왔다. "모든 것이 왕비님의 것이옵니다. 편하게 계시면 됩니다."

밤이 되자 누군가 나타났다. 어두워서 볼 수 없었다. 새 신랑은 그렇게 첫날밤을 보낸 후 사라졌다. 그 후로도 신랑은 밤만 되면 스르르 침실에 들어왔고, 새벽에 사라졌다. 어느 정도 시간이 흐른 후 프시케가 얼굴을 보여달라고 했다. 신랑은 그럴 수 없다고 했다. "내 얼굴을 꼭 봐야 할 이유가 있나? 사랑하지 않는가? 나를 의심하지 마라. 그러면 행복하리니."

시간이 꽤 흘렀다. 프시케의 언니들이 궁전에 놀러왔다. 의외로 동생이 잘살고 있었고, 궁전도 상상을 뛰어넘을 정도로 화려했다. 걱정이었을까, 아니면 시샘이었을까? 언니들이 부추겼다. "한밤중에 램프를 켜서 남편의 얼굴을 보면 되잖아. 괴물이면 이 칼로 찔러버려."

때로 호기심은 위험하다. 프시케가 그랬다. 램프를 들이대고야 말았다. 불빛에 드러난 얼굴을 보고 기겁했다. 사랑스러운 미남 신……. 꼬마에서 어른으로 성장한 에로스였다. 에로스는 슬픈 표정으로 말했다. "그토록 나를 믿으라 했건만. 내 사랑이 부족했던 것이냐? 왜 의심한 것이냐? 안타깝구나. 사랑과 의심은 공존할 수 없는 법."

에로스는 날개를 펴고 날아가버렸다. 뒤늦은 후회가 밀려왔다. 프시케는 상황을 원래대로 돌려놓고 싶었다. 에로스의 어머니 아프로디테에게 무릎을 꿇고 빌었다. 고상한 아프로디테. 자기가 그랬으면서 티를 내지 않는다. 대신 어려운 과제를 준다. 절로 떨어져나가라고.

아프로디테는 프시케에게 신전의 곡물 창고 청소를 맡겼다. 온갖 종류의 곡물이 쌓여 있는데, 종류별로 다 분류하란다. 그것도 해가 지기 전에! 맞다. 불가능한 미션이다. 하지만 프시케는 이걸 해낸다. 물론 에로스가 몰래 도왔기에 가능했다. 에로스가 보낸 개미들이 일사

분란하게 곡물을 분류한 뒤 사라졌다. 우리의 전래 동화 「콩쥐팥쥐」와 흡사하다.

혹독한 테스트가 계속되었다. 하지만 프시케는 나가떨어지지 않았다. 마침내 마지막 과제만 남았다. 그런데 그게 만만찮다. 저승으로 가서 저승의 왕비인 페르세포네에게 '아름다움'을 받아오라는 것이다. 이게 가당키나 한 일일까? 하지만 에로스와 재회하려면 가야 한다.

의외로 문제가 쉽게 해결되었다. 페르세포네는 상자에 아름다움을 담아 내어주었다. 아, 그놈의 호기심이 또 발동했다. 상자를 열고 말았다. 상자 안에는 아름다움이 아니라 '죽음'이 들어 있었다. 상자를 여는 순간 프시케는 죽음과도 같은 깊은 잠에 빠져들었다.

이 모든 과정을 묵묵히 지켜보던 에로스의 속이 타들어갔다. 이 판국에 어머니의 분노가 무슨 상관이랴. 에로스는 곧바로 프시케에게 입을 맞추었다. 거짓말처럼 그녀가 깨어났다. 에로스는 제우스에게 간청했다. "최고신 제우스여, 이 여자와 올림포스에서 살고 싶습니다. 부디 허락해주소서."

사랑 앞에 장사 없다. 아프로디테도 결국 두 손 들었다. 제우스는 프시케에게 신의 음식 암브로시아를 주었다. 그 음식을 먹음으로써 프시케도 불사의 여신이 되었다. 사랑은 성장통과도 같다. 그 호된 고통을 치르고 나서야 연인은 올림포스에서 행복하게 살았다.

또 하나의 에피소드. 이번엔 짝사랑에 대한 것이다. 태양신 아폴론

• 에로스와 프시케 태초의 공허인 카오스에서 태어났다는 기록이 있으나 이후에 아프로디테의 아들로 묘사되었다. 고대 미술에서는 어른으로 그려졌지만, 점점 어려지다가 헬레니즘 시대에 이르러 꼬마로 묘사되기 시작했다. 애욕의 신으로 육체적 사랑을 담당한다. 실수로 프시케를 사랑하게 되었고, 갖은 고난 끝에 둘은 사랑을 이룬다.

이 등장한다. 그는 음악과 시를 관장하며 의술도 다룬다. 먼 미래를 예측할 수 있는 예언의 신이기도 하다. 이처럼 대단한 신이니 올림포스 12신 중 한 명이다. 그에 비하면 에로스는, 나중에 프시케와 사랑에 빠져 어른이 되긴 하지만, 어쨌든 장난꾸러기 꼬마일 뿐이다. 아폴론은 작은 활을 들고 다니는 이 천방지축 꼬마가 가소로웠다. "도대체 그 작은 활로 뭘 할 수 있다는 거니?"

이 빈정거림이 부메랑이 되어 돌아올 거라고는 천하의 아폴론도 생각하지 못했을 것이다. 마음 상한 에로스가 금 화살을 아폴론에게 쏘았다. 납 화살은 강의 요정 다프네에게 쏘았다. 참 얄궂은 장난이다. 한 사람에겐 사랑에 빠지라고, 또 한 사람에겐 미워하라고 저주를 퍼부었잖은가? 에로스가 원한 대로 엇갈린 사랑이 시작되었다. 아폴론은 다프네를 열렬히 사모하게 되었다. 반면 다프네는 아폴론만 보면 손사래를 치며 도망쳤다.

제아무리 대단한 신이라 해도 상대방이 싫다는데 도리 없다. 쫓아다니면 쫓아다닐수록 아폴론에 대한 다프네의 혐오는 커져만 갔다. 얼마나 싫었으면……. 다프네는 아폴론이 쫓아오자 울면서 기도를 올렸다. "제발 저 신을 피할 수 있게 해주세요. 지금 이 자리에 나무로 굳어도 좋아요."

신이 이 기도에 응답했다. 아폴론이 다프네를 붙드는 순간, 다프네는 나무로 변해버렸다. 그 나무가 월계수다. 아폴론은 절규했다. 이미 이 세상의 사람이 아니니 포기해야 한다. 하지만 아폴론은 그럴 수 없었다. 아폴론은 나무를 쓰다듬으며 말했다. "앞으로 월계수를 나의 나무로 삼겠다. 승리자의 머리에는 월계수로 만든 관을 씌워주겠다. 월계수는 영원히 시들지 않는 나무가 될 것이다."

이 또한 죽음을 초월한 사랑일까? 그렇게 볼 수도 있다. 하지만 약간 관점을 바꾼다면 아폴론의 행동은 끔찍한 호러 스토커 영화와 비슷하다. 죽은 자를 곁에 두고 영원한 청춘을 부여하다니! 이쯤 되면 사랑이라기보다는 집착이라 하는 게 옳지 않을까? 뭐, 덕분에 월계수는 승리의 상징이 되었으니 누이 좋고 매부 좋은 일인가? 글쎄, 해석은 여러분 각자에게 맡기겠다.

에로스에 대한 이야기를 하다 보니 생각나는 신이 있다. 인도 신화에 등장하는 사랑의 신 카마다. 카마 또한 화살을 갖고 다니며 사랑의 메신저 역할을 한다. 에로스와 카마는 비슷한 구석이 너무 많다. 우연의 일치일까?

두 신의 성격부터 비슷하다. 에로스는 정신적 사랑의 신이 아니다. 육체적, 감각적, 쾌락적 사랑을 이어주는 신이다. 카마도 마찬가지다. 카마는 사랑이라는 '욕망'을 채워주는 신이다. 그래서 애욕愛慾의 신이라고 부른다. 에로스와 카마는 이것 말고도 비슷한 점이 많다. 신화가 탄생하던 초기 시대부터 존재했다는 사실도 공통점이다.

이미 말한 대로 에로스의 출생에 관한 기록이 버전마다 다르다. 아프로디테와 아레스 사이에서 태어났다는 버전이 가장 널리 알려져 있지만 또 다른 버전에서는 이보다 훨씬 앞서 태어났다. 그 버전을 보자. '태초의 혼돈 카오스로부터 닉스[밤]와 에레보스[심연]가 나왔다. 이 닉스와 에레보스가 생길 무렵 에로스도 탄생했다. 에로스는 생명의 근원이다.'

이 버전에 따르면 에로스는 아프로디테도 올려다볼 수 없는, 저 높은 원로 신이다. 이랬던 에로스가 시간이 흐르면서 아프로디테의 어린 아들로 위치가 바뀌었다. 왜 그랬을까? 욕망을 억제하려는, 혹은 성적 욕망을 범죄처럼 여기는 당시 분위기가 작용했을 가능성이 크다.

카마 또한 인도의 초기 경전인 『리그베다』에서는 창조적 열망과 충동을 의미했다. 쉽게 말하자면 카마는 창조의 에너지였다. 그래서 카마는 태초의 혼돈에서 가장 먼저 태어난 자로 여겨졌다. 에로스와 마찬가지로 상당히 지위가 높은 신들의 원로였다. 그러다가 카마도 에로스처럼 내리막길을 탔다. 브라흐마, 비슈누, 시바가 힘을 얻었기 때문이다. 최고 3신이 이 셋으로 바뀌면서 카마는 브라흐마 혹은 비슈누의 아들로 묘사되기 시작했다. 창조의 에너지 역할은 축소되고 육체적 사랑의 이미지만 남아 애욕의 신이 된 것이다.

카마

카마는 심지어 죽음을 당했다가 부활하는 모욕을 당하기도 한다. 시바가 히말라야에서 고행하고 있을 때였다.

카마는 시바와, 시바의 아내가 될 여신 파르바티를 맺어주려고 동분서주했다. 그것도 모르고 시바가 시끄럽다며 이마에 나 있는 눈에서 불을 쏘아 태워 죽였다. 카마가 죽자 세상에서 사랑이 사라졌다. 사랑이 없으면 종족 보존도 불가능하다. 결국 신들이 카마를 살려낼 수밖에 없었다.

에로스에게 프시케가 있듯이 카마에게도 아내가 있다. 아내의 이름은 라티. 우리말로 풀이하자면 열정이란 뜻이다. 사랑과 열정은 늘 함께 존재한다는 의미를 내포하는 건 아닐까?

참고로 하나만 더 알아두자. 힌두교에서는 인생의 목적으로 크게 네 가지를 꼽는다. 첫째가 다르마^{종교적 명분과 법}, 둘째가 아르타^{세속적 성공}, 셋째가 모크샤^{영적 자유와 구원}이다. 넷째는? 바로 카마다. 이때의 카마는 욕망이란 뜻이다. 사랑의 본질이 욕망이지만 인생의 궁극적 목적 중 하나가 욕망이란 뜻이다. 복잡하다. 어쨌든 사랑이 좋은 거란 뜻으로 이해하자.

솔로는 왜 심심할까?

인도의 창조 신화에는 여러 버전이 있다. 그중 하나. 창조의 신 브라흐마가 최고 3신의 지위에 오르기 전에 만들어진 것이다. 그러니까 『베다』 시대의 창조 신화인 셈인데, 태초의 신 푸루샤의 창조 이야기다.

금빛 알이 1,000년 동안 물 위를 떠다녔다. 그 알에서 푸루샤가 탄생했다. 푸루샤가 주변을 돌아보니 모든 게 비어 있었다. 혼자라는 생각에 두려움이 엄습했다. 그런데 이게 논리가 맞지 않는다. 곰곰이 생각할 것도 없다. 세상엔 아무것도 없다. 두려움을 느낄 이유가 없다!

이 사실을 깨달으니 두려움이 사라졌다. 그 대신 외롭고 심심해졌다. 인간이 혼자 있을 때 심심한 까닭이 이거다. 푸루샤는 자신을 반으로 갈랐다. 반쪽은 남성, 반쪽은 여성의 몸이 되었다. 그 반쪽은 나머지 반쪽을 갈망했다. 결국 둘은 하나로 결합해 커플을 이루었다. 아, 신들조차 솔로가 되기를 거부했다! 솔로는 정말 외롭다.

사랑은 달콤하지만 쓰디쓴 것

사랑에 얽힌 세계의 신화들

신화와 역사, 전설, 문학을 통틀어 널리 알려진 러브스토리는 모두 험난하고 비극적이다.
이 이야기들에는 그만한 대가를 치러야 가치가 있다는 의미를 알려주는 동시에
사랑은 많은 고난을 극복하며 만들어가는 것이라는 가르침을 담고 있다.

나무꾼이 사냥꾼에 쫓기는 불쌍한 사슴을 구해준다. 사슴은 보은한 다며 선녀들이 목욕하는 연못을 가르쳐준다. 선녀의 날개옷을 훔치면 결혼할 수 있단다. 단, 아이를 셋 낳기 전까지는 날개옷을 보여줘서는 안 된다는 단서를 달았다. 그대로 했더니 행복 시작이다. 선녀는 나무꾼의 아내가 된다. 선녀는 나무꾼에게 날개옷을 보여달라 조른다. 아이를 둘 낳았으니 괜찮겠다 싶어 나무꾼이 날개옷을 꺼내 보여준다. 선녀는 날개옷을 입고 하늘로 날아가버린다.

우리가 익히 알고 있는 '선녀와 나무꾼' 이야기다. 이 설화의 결말은 지역마다 버전이 다르다. 나무꾼이 홀로 버려졌다는 결말도 있고, 닭으로 변해 하늘을 향해 울부짖는다는 결말도 있다. 또는 나무꾼이 아

인간적인, 너무나 인간적인

이들과 함께 하늘로 올라가 선녀와 살게 되었다는 행복한 결말도 있다. 사실 이 버전에서도 나무꾼은 나중에 땅에 계신 어머니를 보러 내려왔다가 승천하지 못한다.

어떤 결말을 따라가느냐에 따라 사랑에 대한 평가가 달라진다. 앞의 두 버전이라면 사랑은 참으로 허망하다. 두 아이까지 낳아 오순도순 잘사는 줄 알았는데, 단숨에 배신해버린다. 세 번째 버전이라면? 온전한 해피엔딩은 아니지만, 어쨌든 포기하지 않으면 사랑은 이루어진다는 해석이 가능하다.

신화에 난데없이 전래 동화와 같은 우리 설화라니……. 이 설화와 상당히 비슷한 인도 신화 한 토막을 들려주기 위해서다. 우연의 일치라고 하기에는 뭔가 부족하다. 아마도 전 세계 어디를 가도 사랑에 대한 다양한 감정이 존재하기 때문이 아닐까?

그리스에서는 요정을 님프라고 한다. 인도에서는 요정을 압사라라고 부른다. 우르바시는 미모가 빼어난 물의 압사라다. 이 요정이 땅에 내려왔다. 그러고는 푸루라바스라는 남자와 사랑에 빠졌다. 선녀가 반강제로 결혼한 것과는 조금 다르지만, 부부가 된다는 결과는 같다.

요정과 인간이 결혼하기 위해서는 조건이 있다. 나무꾼은 날개옷을 감추어야 했다. 인도 커플의 결혼 조건은 크게 세 가지였다. 첫째는 하루에 세 번 안아줄 것. 이게 뭐 어렵겠는가? 둘째, 요정 우르바시가 아끼는 애완용 양을 늘 곁에 두어야 한다는 것. 셋째, 푸루라바스의 벌거

벗은 몸을 요정에게 절대로 보여서는 안 된다는 것. 둘째와 셋째 약속이 좀 꺼림칙하지만 요정을 아내로 삼으려면 감수해야 한다. 이 약속을 지키는 조건으로 두 사람은 결혼했다.

우르바시는 남편과의 결혼 생활에 만족했다. 하지만 우르바시의 가족과 친구들은 우르바시를 다시 하늘로 데려가고 싶어 했다. 그들이 음모를 꾸몄다. "그 약속을 어기게 하면 되잖아!"

밤이 되자 그들이 양들을 납치했다. 기겁한 우르바시가 양들을 구해 달라며 울부짖었다. 남편이 가만히 있을 수는 없다. 문제는, 이때 푸루라바스가 다 벗고 있었다는 점이다. 나체를 노출하면 안 되잖은가? 그렇다고 해서 양이 납치되도록 내버려둘 수도 없고……

다행히 칠흑 같은 밤이었다. 푸루라바스는 벌거벗은 몸이 어둠에 가려질 거라 여겼다. 하늘의 신들이 그리 호락호락하겠는가? 그가 일어났을 때 신들은 번개를 내리쳤다. 주변이 환해지면서 푸루라바스의 나체가 드러났다. 약속 위반! 그 순간 아내가 사라졌다. '피시식.'

푸루라바스는 아내를 찾아 먼 길을 떠났다. 지성이면 감천이라 했다. 마침내 아내를 만났고, 아내가 여전히 자신을 사랑하고 있음을 알게 되었다. 그러나 요정이 인간 세상에서 사는 건 불가능했다. 두 사람은 1년 후의 만남을 기약하고 헤어졌다.

1년 후 부부가 다시 만났다. 아내의 배가 불룩해 보였다. 사랑의 결실이 잉태된 것이다. 푸루라바스는 요정이 되기를 결심했다. 우여곡절을 거친다. 그래도 마침내 푸루라바스는 요정이 되어 아내, 자식과

• **우르바시와 푸루라바스** 우리 민간 설화 선녀와 나무꾼 이야기와 꼭 닮은 스토리의 주인공들이다. 요정(압사라)인 우르바시와 인간인 푸루라바스는 사랑에 빠져 행복한 나날을 보내던 중 우르바시를 천계로 되돌리려는 그녀의 가족들에 의해 생이별을 한다. 갖은 어려움을 거치며 푸루라바스는 간다르바(자연의 정령)가 되고 부부는 함께하게 된다.

하늘에서 행복하게 산다. 우리의 나무꾼과 선녀 이야기에 세 가지 결말이 있는데, 인도 요정과 남자는 가장 행복한 세 번째 결말로 이어졌다.

중국 신화에 등장하는 색다른 사랑 이야기를 해보자. 남녀 간의 육체적 사랑을 일컫는 사자성어가 있다. 바로 운우지정雲雨之情이다. 육체적 사랑의 쾌락을 구름과 비에 비유했는데, 신화에서 비롯된 말이다.

농업의 신 염제 신농을 기억하는가? 황제에게 패해 변방으로 물러난 신이다. 그 신농에게는 여러 명의 딸이 있었다. 우리 풍습에 딸은 셋째가 최고라는 말이 있는데, 중국에서도 그랬나 보다. 신농의 셋째 딸 요희가 딸들 중에 가장 예뻤다. 안타깝게도 요희는 아름다움을 뽐내지도 못하고 시집갈 나이가 되기 전에 죽고 말았다. 요희는 양쯔강 중류에 있는 무산이란 곳에 묻혔다.

신화에서 죽음은 끝이 아니다. 오히려 새로운 시작이기도 하다. 좁디좁은 인간의 가치관으로는 삶과 죽음의 순환을 설명할 수 없다. 그러니 신화를 빌려 순환이라는 우주의 원리를 이해하려는 게 아니겠는가? 어쨌든 요희의 존재는 완전히 사라진 게 아니다.

시간이 흘러 중국이 전국 시대로 접어들었다. 중국 역사상 가장 혼란스러웠던 시기다. 하루에도 수차례 전쟁이 터졌다. 한때 초나라도 꽤나 기세를 올렸다. 그 초나라의 회왕이 어느 날 무산에 들를 일이 생겼다. 피로가 겹쳤는지 회왕은 깜빡 잠이 들었다.

분명 꿈속인데 갑자기 몽롱해졌다. 저기 멀리서부터 한 여인이 다가

왔다. 그 누구도 반하지 않을 수 없는 절세미녀였다. 어찌해야 할까. 회왕이 망설이자 미녀가 다가오라고 손짓을 했다. 대놓고 유혹. 넘어가지 않을 방도가 없다. 회왕은 넋이 나갔다. 자석에 끌리듯이 그녀에게 다가갔다. 이윽고 두 사람은 사랑을 나누었다. 얼마 후 헤어질 시간. 기약 없는 이별이 싫은 회왕이 누구냐고 물었다. 선문답인지, 시인지, 그녀가 읊조렸다. "아침 산봉우리에 구름이 걸려 있을 겁니다. 저녁에는 구름이 비가 되어 내리지요. 그 구름과 비가 바로 저랍니다." 바로 이 답변에서 운우지정이란 말이 만들어졌다. 사람들은 이 여신을 무산신녀라 불렀다. 후대로 가면서 문인들이 솜씨를 보태 이 이야기를 훌륭한 러브스토리로 만들었다. 무산신녀의 이야기는 선녀와 나무꾼, 푸루라바스와 우르바시 스토리와 달리 행복한 결말을 맺지 않는다. 그렇다고 해서 비극 또한 아니다. 순간의 쾌락, 그리고 때론 허무하기까지 한 사랑! 무산신녀의 러브스토리가 담고 있는 의미다.

우리가 잘 알고 있는 견우와 직녀 이야기도 신과 인간의 러브스토리다. 의외로 많은 사람들이 견우와 직녀 이야기를 우리나라의 전래동화 정도로 알고 있다. 아니다. 이 이야기는 고대 중국 시집인 『시경』에 수록되어 있다. 『시경』은 대략 기원전 5세기 무렵 만들어졌다. 나중에 한나라 때 이야기가 다듬어졌고, 그 후에 우리나라에도 전래된 것으로 추정된다.

중국과 우리나라의 견우와 직녀 스토리는 똑같다. 천제의 딸 직녀가 인간인 견우에게 시집가는 것이나, 두 사람의 직업이 각각 옷감을 짜는 일과 소를 치는 일이란 점이 완전히 같다. 사랑에 빠진 직녀가 천제에 대한 예의를 소홀히 했다. 화가 난 천제는 두 사람을 생이별시켰다.

바로 이 시점에 서왕모가 등장한다. 서왕모는 중국 최고의 미녀신이며 사랑을 관장하는 신이다. 그 서왕모가 천제에게 두 사람의 만남을 허락해달라고 청원한다. 천제도 딱한 사연에 마음이 조금은 풀렸는지 칠월칠석 하루 동안 만날 수 있도록 했다. 견우와 직녀 이야기 또한 비극적이면서도 나름 행복한 결말이다. 현실과 이상, 그 중간 어느 단계에서 적절히 타협했다.

사실 신과 인간이 사랑을 나누는 이야기는 꽤 많은 나라의 신화에서 볼 수 있다. 인간은 왜 신을 상대로 사랑에 빠지는 걸까? 혹시 절대적인 사랑에 대한 동경 때문에 신과의 사랑이라는 설정을 만들어놓았던 건 아닐까?

또 다른 사랑 이야기를 해보자. 사랑은 늘 평화로울까? 아니다. 때론 격정적이고, 때로는 불안하다. 나의 반쪽을 믿지 못할 때 특히 그렇다. 건전한 질투심은 사랑의 촉진제가 될 수 있지만 욕망에 찌든 질투심은 사랑을 파괴하기도 한다.

신화에서 가장 질투가 심한 여신을 꼽으라면 그리스의 헤라를 들수 있다. 헤라는 남편 제우스의 불륜 상대를 반드시 응징한다. 그 여인이 낳은 자식에게도 심하다 싶을 정도로 해코지를 한다. 사실 이런 경우 질투란 단어가 적합한 것 같지는 않다. 이건 보복이나 복수에 더 가깝다.

일본 신화에도 질투심이 강한 여신이 있다. 스세리비메라는 여신인데, 스사노오의 딸이자 오오쿠니누시의 부인이다. 스사노오는 태양신 아마테라스의 동생으로 저승을 다스린 신이다. 오오쿠니누시는 삶과 죽음을 반복하다 땅에 나라를 세운 신이다. 앞에서 했던 이야기다.

오오쿠니누시가 자신을 죽인 형제들을 피해 달아난 곳이 저승이다. 그 저승에서 만난 여신이 바로 스세리비메다. 두 신은 대번에 눈이 맞았다. 하지만 스사노오는 오오쿠니누시가 맘에 들지 않았는지 다시 죽이려고 별의별 수를 다 쓴다. 뱀과 독충이 우글거리는 방에 들여보내는가 하면 들판에 심부름을 보내놓고는 불을 질러버린다.

오오쿠니누시는 이 모든 위기에서 살아남았다. 하지만 위협은 계속될 것이고, 언젠가는 죽거나 연인과 이별해야 할 게 빤하다. 결국 두 신은 이승으로 달아나기로 결심했다. 두 신은 스사노오가 잠들자 그의 머리카락을 기둥에 묶었다. 이어 스사노오의 칼과 화살, 거문고를 들고 달아난다. 스사노오가 머리끝까지 화가 났다. 추격전! 두 신은 곧 이승과 저승의 경계에 이르렀다. 이제 방법이 없다. 스사노오는 마지못해 결혼을 허락했다. "그래, 이승에서 잘들 살아라!"

행복의 시작일까? 아니다. 나라를 세운 후 오오쿠니누시가 자꾸 바람을 피우는 게 아닌가? 제우스처럼 말이다. 헤라가 제우스의 첫째 부인은 아니다. 스세리비메도 첫째 부인이 아니다. 첫째 부인은 저승에 가기 전에 결혼했던 야카미히메다. 그런데 그녀가 스세리비메에게 정실부인 자리를 내어주고 친정으로 돌아갔다. 스세리비메의 질투를 감당할 수 없었기 때문이다.

오오쿠니누시의 바람기 때문에 질투심이 더 커졌으리라. 그는 수많은 여신과 관계를 가졌고, 자식만 무려 180명 혹은 181명을 낳았다. 그의 불륜 상대 이름 몇몇은 전하지만 모든 여신의 이름이 전하지는 않는다. 그들 또한 스세리비메의 질투를 견디지 못해 사라졌을 터다.

사랑은 때로 비극으로 끝난다. 셰익스피어의 『로미오와 줄리엣』은 이루어질 수 없는 사랑을 다룬 비극이다. 이 작품과 거의 내용이 같은 이야기가 그리스 신화에 있다. 바로 피라모스와 티스베의 사랑 이야기다. 어쩌면 셰익스피어는 이 이야기에서 영감을 얻었을지도 모른다.

배경은 그리스가 아니라 서아시아의 바빌론이다. 피라모스라는 청년과 티스베라는 처녀가 이웃집에 살았다. 두 사람은 서로에게 빠져들었다. 하루라도 보지 못하면 그리워서 죽을 정도였다. 이쯤 되면 맺어지는 게 옳다. 하지만 양가 부모의 반대가 극심했다.

연인은 담벼락에 뚫린 구멍을 통해 사랑을 속삭였다. 목소리를 들으면 더 보고 싶어졌다. 결국 연인은 야반도주를 결심하고 무덤가 주변에 심어진 뽕나무 밑에서 만나기로 했다. 어떤가? 여기까지만 봐도 『로미오와 줄리엣』의 줄거리와 같지 않은가? 결말도 똑같다.

인간적인, 너무나 인간적인

약속 장소에 티스베가 먼저 도착했다. 웬걸. 사냥을 막 끝내 입 주변이 피범벅인 사자가 기다리고 있는 게 아닌가? 티스베는 얼른 동굴로 몸을 숨겼다. 아차차, 스카프가 떨어졌다. 사람 냄새를 맡은 사자가 킁킁거리더니 스카프를 갈가리 찢어버렸다.

사자가 사라진 후에야 피라모스가 나타났다. 그의 눈에 가장 먼저 들어온 것은 갈가리 찢긴 티스베의 스카프였다. 불길한 상상. 그녀가 사자에게 먹혔다! 피라모스는 자신이 조금만 일찍 도착했더라면 이 참극을 막을 수 있었다며 자책했다. 그는 울부짖으며 자결했다.

사자가 사라진 걸 확인한 후 티스베가 동굴에서 나왔다. 뽕나무 밑에 가 보니 연인의 시신이 있었다. 사랑이 끝났다! 그녀도 스스로 목숨을 끊었다.

두 사람의 피가 뽕나무를 적셨다. 뽕나무 열매를 오디라고 한다. 원래 흰 색이었는데, 두 사람의 피가 물들어 이때부터 붉게 변했다고 한다. 죽은 다음에도 이 세상에 자신들의 자취를 남긴 이 사랑 이야기. 로미오와 줄리엣보다 더 비극적이지 않은가? 사랑은 비극이어도 아름답다.

아네모네와 붉은 장미의 유래

그리스 신화의 한 대목. 신의 저주로 나무가 되어버린 공주가 있었다. 이 공주는 임신한 상태였다. 그러니 나무가 되었더라도 아이를 출산한다. 그 아이가 바로 아도니스다.

미의 여신 아프로디테가 어린 아도니스를 보자마자 반했다. 아프로디테는 저승의 여신 페르세포네에게 아도니스를 맡겼다. 시간이 지나 아도니스는 아름다운 청년으로 성장했다. 허 참, 이번엔 페르세포네도 반해버렸다. 두 여신의 아도니스 쟁탈전이 벌어졌다. 결국 다른 신의 중재로 절반은 저승, 절반은 이승에 살기로 한다. 수메르 신화 두무지가 그랬던 것처럼!

아도니스의 이야기는 비극으로 끝난다. 아프로디테의 연인 아레스가 질투심에 눈이 멀어 아도니스를 죽여버렸다. 아도니스가 죽은 자리에 피어난 꽃이 아네모네다. 아프로디테가 구하겠다며 달려가다 가시에 찔렸다. 아프로디테의 피가 장미를 붉게 물들였다. 그 전까지 장미는 흰색뿐이었다고 한다. 맞다. 붉은 장미는 이렇게 해서 생겨났다.

3

염라대왕과 옥황상제의 차이점은 무엇일까?

사후 세계 이야기

지역과 문화권을 막론하고 인류가 사후 세계를 비슷하게 상상했다는 사실은 미스터리다.

이처럼 공통된 의식에는 하나의 생각이 관통한다.

살아서 쌓은 업보에 따라 죽음 이후의 길이 갈라진다는 점이다.

저승, 명계, 지옥, 천국……. 사후 세계를 이르는 별칭들이다. 사후 세계가 존재할까? 의견이 꽤나 엇갈릴 것 같다. 고대 원시인들은 사후 세계를 믿었다. 장례를 치른 것이 그 증거다. 물론 요즘에도 장례식을 치른다. 그렇다고 해서 모두가 사후 세계를 믿는 것은 아니다. 관행 혹은 풍습이기도 하니까 말이다.

꼬마가 말을 안 들으면 염라대왕이 잡아간다고 엄포를 놓던 시절이 있었다. 염라대왕이 지옥을 다스리는 최고 대왕으로 알고 있었기 때문이다. 틀렸다. 염라대왕은 지옥의 최고 왕이 아니다. 우리의 토종 신도 아니다. 염라대왕은 불교 신화에 등장하는 지옥의 판관 중 한 명이다. 불교에서 말하는 지옥은 10개다. 염라대왕은 다섯 번째 지옥에서 죽은 자의 죄를 판단한다. 이 판관을 시왕이라고 한다. 그러니까 염라대왕은 시왕 중에서 가장 유명한 시왕인 것이다.

우리나라는 중국에서 불교를 수입했다. 일본은 우리나라에서 불교를 수입했다. 이미 말한 대로 염라대왕은 불교의 시왕이다. 그러니 세 나라 모두에서 염라대왕을 지옥의 신으로 여긴다. 다만 이름은 좀 다르다. 일본에서는 염마대왕이라 부른다.

불교의 발원지는 인도다. 그렇다면 염라대왕의 원조가 인도에 있을 확률이 높다. 실제로 그렇다. 인도 신화에 염라대왕 역할을 하는 신이 있다. 바로 야마다. 불교가 중국에 전래된 이후 야마라는 이름이 염라로 바뀐 것이다.

야마는 원래 인간이었다. 인간 중에 가장 먼저 죽었다. 그래서 저승을 가장 먼저 경험했고, 저승의 신 혹은 통치자가 되었다. 붉은 옷을 입었으며 한 손에는 죽은 자의 영혼을 묶는 포승줄을, 다른 손에는 정의의 심판을 내리는 곤봉을 들고 있다. 야마가 염라대왕으로 바뀌는 과정에서 죽은 자를 데리고 저승으로 가는 역할이 사라졌다. 그 역할은 저승차사가 새로 맡았다. 염라대왕은 죽은 자를 심판하는 역할만 한다.

앞서 밝혔듯 염라대왕은 저승 세계의 1인자가 아니다. 지옥의 판관 중 한 명일 뿐이다. 저승 세계의 1인자는 옥황상제다. 줄여서 천제라고도 부른다. 염라대왕의 원조인 야마 또한 저승 세계의 1인자가 아니다. 죽음과 파괴의 신이 이미 존재하잖은가? 맞다. 야마는 시바를 뛰어넘을 수 없다.

인도 이야기다. 한 남자가 죽음을 목전에 두고 있었다. 야마는 그 남자에게 다가가 이제 저승 세계로 가야 한다며 무뚝뚝하게 통보했다. 남자는 죽기 싫다며 신에게 기도하기 시작했다. 남자가 기도하고 있던 곳은 시바의 상징물 앞. 그는 시바의 열렬한 추종자였다. 언제까지고 기다릴 수만은 없다. 야마는 남자에게 저승으로 가자는 신호를 보냈다. 남자가 시바의 상징물에 자신의 몸을 결박시켰다. 절대 갈 수 없다는 저항의 몸짓이다. 간절함이 깊었던 것일까? 남자를 시바의 상징물에서 떼어내는 건 불가능했다. 야마는 어쩔 수 없이 시바의 상징물과 남자를 함께 끌고 갔다.

이 사실을 시바가 알았다. 헐, 감히 자신의 상징물을 저승으로 끌고 가다니……. 시바는 야마의 행동에 어처구니가 없었다. 그들이 저승에 도착하기 전에 시바가 그들 앞에 나타났다. 시바는 화난 표정을 짓더니 단칼에 야마를 죽여버렸다.

죽음의 신이 죽어버리는 초유의 사태가 발생했다. 그 결과는 황당했다. 아무도 안 죽는다. 모두가 행복할 것 같다고? 아니다. 자원은 한정되어 있는데 인간과 생물이 모두 늘어나기만 한다. 인구 밀도만 높아지는 것이 아니다. 굶주려도, 상처가 썩어 들어가도 죽지 못한다. 아비규환이다.

신들이 모두 나섰다. 덕분에 야마는 부활했다. 삶과 죽음이 순환하

● 야마 우리나라와 중국에서는 염라, 일본에서는 염마라고도 부른다. 힌두교 경전인 『베다』에 의하면 최초로 죽은 인간으로서 죽음의 길을 개척했다고 한다. 죽은 자의 잘잘못을 가리는 공정한 심판관이다. 물소를 타고 다닌다.

는 우주 질서가 제자리를 찾았다. 최고신이라도 이 우주 질서에서 자유롭지 못하다. 하물며 인간이야 말할 것도 없다. 야마의 죽음에서 모두가 그걸 느꼈잖은가? 삶이 필요하듯 죽음도 필요하다는 얘기다.

저승은 죽은 자가 가는 곳이다. 대부분의 신화에서 저승은 지하 또는 머나먼 세계에 있다. 인도 신화에서는 아니다. 저승은 천상 세계에 있다. 고대 인도인들이 죽음을 판타지로 여겼다는 증거다. 그들은 죽음을 또 하나의 이상향으로 보았다. 물론 죽음을 환영한 것은 아니다. 인간이라면 누구나 그랬듯이 인도인들도 본능적으로 죽음을 두려워했다.

동아시아에서는 저승을 황천黃泉이라고 불렀다. 불교나 우리 무속에 따르면 이 세상과 황천 사이에 강이 흐른다. 그 강을 삼도천三途川이라고 한다. 갈림길이 세 개인 하천이란 뜻이다. 이승에서의 삶을 다한 망자가 삼도천 입구에 당도하면 노인이 나타나 갈 길을 정해준다. 물론 이승에서 쌓은 업보에 따라!

첫 번째 길은 보석으로 장식된 다리로 연결된다. 살면서 선행을 베풀어 큰 덕을 쌓은 사람들만 이 길로 갈 수 있다. 두 번째 길은 다리가 아니다. 강이다. 아주 깊지도 않고 아주 얕지도 않다. 조금 고생하겠지만 7일이면 건널 수 있다.

마지막 세 번째 강은 상당히 깊다. 물뱀이 득실댄다. 하늘에서 바위가 떨어진다. 물뱀에 물려 죽고, 바위에 으깨어져 죽는다. 악인들이 감당해야 할 길이다. 이미 죽은 자이니 또 죽지는 않는다. 죽음의 고통을 겪으면서 헤엄쳐야 한다. 지옥에 도착해 본격적인 심판을 받기 전에 받는, 일종의 맛보기 심판이라고 할까?

착한 영혼은 천국으로 갈 터. 못된 영혼은 당연히 지옥행이다. 그렇다면 지옥의 모습은 어떨까? 불교에서 말하는 최악의 지옥은 무간지옥無間地獄이다. 죄지은 자들은 이곳에서 불구덩이에 던져지고, 쇠꼬챙이에 몸이 뚫리며, 신체의 이곳저곳이 잘리고, 가죽이 벗겨진다. 아, 상상하기도 싫다. 죽지도 못한 채 끊임없이 고통을 당해야 한다. 이 꼴 당하지 않으려면 착하게 살자.

이집트나 그리스를 비롯한 서양의 저승 구조도 동아시아와 거의 똑같다. 죽으면 사후 세계로 간다. 이승에서의 삶을 평가하고, 그 결과에 따라 천국행과 지옥행이 결정된다. 사후 세계에 대한 상상력이 지역별로 큰 차이가 없다는 것이 흥미롭다. 서로 상의한 것도 아니고 문화 교류를 통해 벤치마킹한 것도 아닌데, 어떻게 이런 일이 가능한 것일까? 동서양을 막론하고 인간이라면 누구나 죽음에 대해 불안과 두려움 혹은 기대감이라는 복잡한 감정을 똑같이 느꼈기 때문이 아닐까?

대표적으로 그리스 신화를 보자. 그리스에도 당연히 저승이 있다. 저승은 지하에 존재한다. 대부분의 신화에서 그러하듯이 그리스 신화에도 저승의 통치자는 따로 존재한다. 바로 제우스의 형인 하데스다. 하데스에게는 아내도 있다. 저승의 여왕인 그녀는 페르세포네다. 페르세포네는 대지의 여신 데메테르의 딸이다. 하데스가 납치해 아내로 삼았다.

하데스가 통치하는 저승이 곧 지옥은 아니다. 하데스는 죽은 자를 통치하지, 벌을 주는 일은 하지 않는다. 하데스의 저승에서는 죽은 자들이 멍하니 앉아 있거나 아무런 의식 없이 살아가기도 한다. 어쩌면 좀비와 비슷하다고나 할까? 뭐, 통치하기는 어렵지 않을 것 같다.

불교의 무간지옥에 해당하는 공간이 그리스 신화에도 있을까? 정확하게 일치하는 공간은 없다. 다만 성격이 비슷한 공간이 있기는 하다. 바로 타르타로스다.

타르타로스는 끝을 알 수 없는 깊은 어둠의 공간이다. 태초부터 존재했기에 하데스가 통치하는 저승보다 더 깊은 곳에 위치해 있다. 가이아가 여러 신을 낳았을 때 우라노스가 그들을 모두 이곳에 가두었다. 고문이 행해지기도 했다. 게다가 일단 갇히면 절대 빠져나올 수 없다. 그러니 이곳은 사실상 최악의 지옥이다.

불교의 삼도천과 비슷한 강이 그리스 신화에도 있다. 이승과 저승의 경계를 흐르는 강은 모두 5개. 5개의 강을 건너면 죽은 자는 확실한 저승 사람이 된다.

먼저 뱃사공 카론이 망자를 배에 태우고 첫 번째 강을 건넌다. 이승에서는 배를 타려면 뱃삯을 주어야 한다. 저승에서도 마찬가지. 카론에게 뱃삯을 주어야 첫 번째 강을 건널 수 있다. 이 때문에 그리스에서는 죽은 자를 염할 때 입에 동전을 넣었다. 어? 우리 장례 풍습과 똑같다! 우리도 염할 때 노잣돈으로 쓰라며 쌀을 망자의 입 안에 넣어준다.

뱃삯을 받으면 카론은 망자를 배에 태운다. 드디어 첫 번째 강을 건넌다. 이 강의 이름은 아케론. 보통 '비통의 강'이라 부른다. 죽음을 현실로 받아들여야 하니 슬프지 않겠는가? 망자들이 강을 건너며 통곡하니 비통의 강이다. 놀라지 마시라. 이와 똑같은 이름의 강이 실제로 그리스에 있단다. 그 강을 건너면 비통해진다는 뜻일까?

두 번째 강은 '시름의 강'이다. 이어 세 번째 '불길의 강', 네 번째 '망각의 강'을 지나면 망자는 이승과 완전히 결별한다. 이승에서의 기억도 모두 지워진다. 이 망각의 강을 건너면 죽은 자의 영혼은 갈림길에 놓인다. 착한 영혼은 엘리시온이라는 낙원으로 간다. 악한 영혼은 타르타로스로 떨어진다.

저승의 마지막 강은 '증오의 강'인 스틱스다. 스틱스강은 저승을 일곱 바퀴 감싸고 흐른다. 상당히 압도적인 이미지다. 이 스틱스강은 죽음의 절대성을 상징한다. 그 절대성에는 누구도 토를 달지 못한다. 사람들만이 아니라 신들도 마찬가지다. 스틱스강의 절대적 권위에 도전해서는 안 된다. "스틱스강에 맹세하노니……." 이렇게 시작한 약속과 맹세는 절대로 깰 수 없다. 감히 죽음의 권위에 도전하는 게 된다. 그러니 반드시 맹세를 지켜야 한다. 제우스라도 마찬가지다. 누군가 이런 맹세를 깬다면? 천벌에 가까운 형벌이 주어진다. 신들도 예외는 없다. 이후 신의 대접을 받지 못한다.

스틱스강에 몸을 담그면 불사의 존재가 된다. 트로이 전쟁의 영웅 아킬레우스가 갓난아기였을 때 이 강에 몸을 담갔다. 그때 어머니 테티스는 발뒤꿈치를 잡고 거꾸로 아기의 몸을 담갔다. 그래서 발뒤꿈치만 치명적인 약점이 되었다. 우리가 아킬레스건이라 부르는 바로 그부위다. 불사와 죽음이 한 몸에 존재하다니, 참으로 기이한 일이다. 죽음의 공간에서 불사의 몸이 탄생한 게 아닌가? 죽음과 영생은 같은 뿌리라는 뜻일까?

중국에서 전해 내려오는 일화 한 편. 춘추 시대, 정나라의 왕 장공의 이야기다. 장공의 어머니는 장공보다 동생을 더 좋아했다. 나중에는 동생을 부추겨 반란을 일으키도록 했다. 장공은 동생의 반란을 제압한 뒤 정적을 모두 제거했다. 그래도 동생과 어머니는 죽이지 않았다. 동생은 유배를 보냈고 어머니와는 관계를 끊는 수준에서 마무리했다. 단, 어머니에게는 이렇게 말했다. "다시는 어머니를 보지 않겠습니다. 우리는 아마도 황천에서나 볼 것입니다."

세월이 흘렀다. 모자의 정이 그리 하찮은 게 아니다. 장공은 자신의 맹세를 후회했다. 뒤늦게 효도를 하고 싶어졌다. 하지만 그럴 수 없었다. 이미 황천에서나 보겠다고 맹세했으니 말이다. 현명한 관리가 조언을 했다. "황천을 만들면 되지 않겠습니까?"

장공은 무릎을 쳤다. 황천의 뜻을 풀어보면 누런 샘물이다. 샘물이 솟아나는 누런 땅이 곧 황천인 셈이다. 그런 곳을 골라 집을 지었고,

어머니를 모셨다. 장공은 황천에 지은 집에서 어머니와 재회했다. 장공은 맹세를 깨지 않고도 원하는 바를 이루었다. 죽음이 아무리 절대적이라고는 하나, 혈육의 정을 이길 수는 없다. 모든 것은 의지에 달려 있다.

언젠가 한 장례식장에서 벽에 붙은 글을 보고 가슴이 먹먹해진 적이 있었다. 망자의 글이었다. 망자는 이승에서의 삶이 훌륭했노라고 회상했다. 또한 자기의 죽음을 애도하기 위해 온 조문객에 감사하다 했다. 사망하기 전에 병실에서 마지막으로 직접 쓴 글이란다. 따뜻한 죽음……. 이런 표현이 적절한지는 모르겠다. 다만 삶과 죽음 사이의 거리가 의외로 멀지 않을 수 있다는 사실을 새삼 깨닫는 순간이었다.

악마가 된 타락 천사

이슬람교 경전은 『코란』이다. 『코란』에 따르면 알라가 진흙을 빚어 인간을 창조했다. 알라는 이어 서열을 정리했는데, 천사보다 인간이 높다. 알라는 천사들을 향해 인간에게 무릎을 꿇고 절하라 했다. 신의 명령이니 안 따를 수 없다. 천사들은 일제히 인간에게 경의를 표했다.

유독 이블리스라는 '괴짜 천사'만이 명령을 따르지 않고 따졌다. "신께서는 저를 불로 창조하셨습니다. 그깟 흙으로 만든 인간에게 무릎을 꿇는 게 말이 됩니까?"

감히 내 말을 어겨? 화가 난 신이 이블리스를 추방하려 했다. 그러자 이블리스가 조금만 더 천상 세계에 있게 해달라며 한 발짝 물러났다. 마음 약한 신이 그 부탁을 들어주었다.

이후 이블리스는 인간을 악하게 만드는 일만 골라 했다. 신과 인간에 대한 보복인 셈이다. 죽은 영혼에게도 못된 짓을 한다. 죽은 자의 영혼이 갈증에 시달릴 때 나타나 자신을 따르라고 유혹한다. 유혹에 넘어가면? 지옥에 떨어진다. 천사가 악마가 되어버렸다.

4

희망을 꿈꾸기에 살아갈 수 있다

신화 속 낙원 이야기

거의 모든 문화권에서 낙원을 상상했다.

이 낙원들은 범접하기 어려운 존재들만이 누리는 이상향으로 설정되어 있지만,

그곳은 고통스러운 현실 너머를 꿈꾸었던 민중들의 희망이자 바람이었다.

삶이 팍팍하고 고단하다. 현실의 난관을 타개할 방법을 찾고 싶다. 하지만 어렵다. 한치 앞을 내다볼 수 없으니 미래를 계획하기도 힘들다. 그래도 어쩌랴. 묵묵히 현실과 싸워야 한다.

고대인들은 괴로운 현실을 이겨내기 위해 꿈을 꾸었다. 그 꿈속 세계는 행복과 풍요가 넘쳐났다. 그 세계가 낙원 혹은 이상향, 유토피아다. 낙원은 실존하지 않는다. 판타지일 뿐이다. 하지만 오랜 시간이 지나도 낙원의 생명력은 질기고 강하게 이어지고 있다. 현대인들도 판타지를 원하기 때문이다. 여전히 현실이 고단하니까 말이다.

중국 신화의 대표적인 낙원은 곤륜산이다. 곤륜산에는 황제, 서왕모 등 쟁쟁한 신들이 산다. 고대 중국인들은 곤륜산이 중국 서쪽에 있

다고 믿었다. 좀 더 구체적으로는 고비 사막 너머다. 대략적인 위치를 아니까 곤륜산을 찾아낸 사람들도 있겠다고? 천만의 말씀. 그럴 수 없다. 누구나 찾을 수 있다면 그게 어디 낙원이겠는가? 금세 사람들로 도떼기시장이 되어버릴 것이다.

그리스의 주요 신들은 올림포스산에, 북유럽의 신들은 아스가르드에 산다. 인도의 신들은 천상 세계에 살면서 각자의 하늘을 관리한다. 그 모든 하늘 중에서 인도 신들의 우두머리인 인드라의 하늘이 최고의 낙원으로 꼽힌다. 지금까지 이야기한 낙원들의 대표적인 공통점! 인간은 절대로 갈 수 없다. 맞다. 낙원은 실존의 범주에 없는 가상의 공간이다. 죽을 때까지 찾아다녀봐라. 못 찾는다.

다시 곤륜산 이야기다. 만약 곤륜산이 있는 곳을 알아냈다고 치자. 그래도 들어가지 못한다. 우선 불꽃 지대를 통과해야 한다. 타 죽지 않으면 다행이다. 이 관문을 넘으면 무엇이든지 가라앉는 강이 나온다. 100% 익사다. 여기도 통과했다고? 이번엔 몸통은 호랑이지만 사람의 얼굴을 아홉 개나 가지고 있는 괴물이 막아선다. 이런 곤륜산이니 애초에 인간으로서는 접근 불가다. 거기에 불로불사의 영약이 있다 한들 다 부질없다.

곤륜산 말고도 중국 신화에는 여러 낙원이 등장한다. 동서남북 어느 지방에 가도 꼭 그 지방만의 신화가 있고, 그 지방 특색에 맞는 낙원 스토리가 있다. 하긴 중국 땅덩어리가 좀 넓은가? 셀 수 없이 많은 민족이 살았고 지금도 살고 있으니 어쩌면 지극히 당연한 이야기다.

곤륜산 다음으로 널리 알려진 낙원은 중국 북동부의 삼신산三神山이다. 삼신산은 방장산, 봉래산, 영주산을 가리킨다. 우리 조상의 나라 발해 주변 어딘가에 있다고 여겨졌다. 산이라 부르지만 정확히 말하면 섬이다. 원래 다섯 개였는데, 거인이 나타나 섬을 떠받치던 자라들을 잡아가는 바람에 두 개의 섬이 떠내려갔다. 세 개의 섬만 남았으니 삼신산이 되었다.

삼신산의 주민들은 신이거나 신선들이다. 금과 옥으로 만든 궁에서 살았다. 아무 나무에나 불로장생 열매가 주렁주렁 열렸다. 짐승이 사람을 공격하는 법은 없다. 강도 높은 노동을 할 필요도 없고, 누군가와 경쟁할 이유도 없다. 이토록 한가로운 평화가 있을까?

곤륜산처럼 삼신산도 판타지다. 존재하지 않는다는 뜻이다. 그런데 신기하게도 삼신산을 보았다는 목격담이 끊이지 않았다. 골드러시에 비견될 만큼 많은 사람들이 삼신산을 찾아 나섰다. 그때마다 새로운 목격담이 추가되었다. "동쪽 바다를 항해하는데 멀리 산 같은 것이 아른거렸어요. 삼신산이란 직감이 왔습니다. 그런데 가까이 가도 거리가 좁혀지지 않았어요. 그러다가 나중에는 사라져버리더군요." 이런 식의 이야기가 입에서 입으로 전해졌다. 급기야 춘추 전국 시대의 혼란을 끝내고 중국을 통일한 인물, 바로 진시황제도 삼신산의 존재를 믿었다. 진시황제야 세상의 모든 것을 얻은 인물이다. 그러니 부족할 게 없다고? 아니다. 불로영생은 이루지 못했다.

 인간적인, 너무나 인간적인

진시황제가 탐사단을 꾸려 동쪽 바다로 보냈다. 그 단장이 서불이란 인물인데, 제주도에도 다녀갔다는 전설이 있다. 어떤 이는 서귀포라는 지명이 '서불이 다녀간 포구'라는 말에서 비롯되었다고 주장한다. 어쨌거나 결론! 당연히 삼신산을 찾을 수 없었다.

　앞에서 한 무제와 서왕모의 만남을 언급한 적이 있다. 한 무제 또한 곤륜산을 탐사했다는 이야기인데, 시기상으로 보면 진시황제가 한 무제보다 앞선다. 혹시 진시황제가 삼신산을 찾지 못했기에 한 무제는 곤륜산을 목적지로 정한 것이 아닐까?

　시대가 흘러도 낙원에 대한 동경은 사라지지 않았다. 그 후로도 중국 곳곳에서, 혹은 여러 왕조에서 낙원에 대한 전설이 생겨났다. 우리가 많이 들어본 무릉도원도 그중 하나다. 무릉도원은 4세기를 전후해 활동했던 시인 도연명의 작품 「도화원기」에 등장하는 낙원이다. 그러니 무릉도원 이야기는 신화가 아니다. 다만 낙원의 대표적 상징이니 알아두는 게 좋을 것 같다.

　한 어부가 이 무릉도원을 우연히 발견했다. 물고기를 잡으려고 계속 가다가 낯선 길로 접어들었다. 얼마 후에는 계곡 안쪽으로 복숭아나무 숲이 펼쳐져 있었다. 숲의 끝에는 동굴이 있었다. 동굴 안으로 들어가니 환한 빛과 함께 마을이 나타났다. 주민들은 소박한 옷을 입고 있었다. 들판에는 곡식이 여물고 집에서는 개가 한가롭게 짖어댔다. 화려함이나 부귀영화와는 거리가 있는 풍경이었다. 하지만 모두가 행복해

보였다. 맞다. 진짜 행복은 이런 소박함에 있을지도 모른다.

주민들은 친절했다. 외지에서 온 어부를 극진히 대접했다. 알고 보니 그들은 진나라 때 이곳으로 들어온 피난민들의 후손이었다. 그 사이에 500여 년의 시간이 흘렀건만 그들은 바깥세상에 깜깜했다. 호기심 때문에 어부에게 이것저것 묻기는 했지만 그들은 소박한 삶이 유지되기를 바랐다. 그들은 어부를 돌려보내며 신신당부했다. "여기 일은 발설하지 말아주세요."

어부는 이 약속을 지킬 수 없었다. 고을의 수령이 인상을 쓰며 캐묻는데 어떻게 함구할 수 있겠는가? 수령은 어부의 이야기를 듣고 당장 별천지 무릉도원을 찾기 위한 탐사대를 꾸렸다. 어부가 앞장섰다. 이상한 일이었다. 계곡 깊숙이 들어갔지만 복숭아나무 숲이나 마을로 이어지는 동굴이 보이지 않았다. 실패다. 이후로 무릉도원은 그 누구에게도 발견되지 않았다.

무릉도원은 도가 사상의 영향을 받은 낙원이다. 무위자연無爲自然! 애쓰지 말고 자연으로 돌아가자는 게 도가 사상의 핵심이다. 무릉도원이 소박한 자연미를 뽐내는 게 이 사상 때문이다. 부귀영화를 누리면서도 불행한 이들이 많은 걸 보면 이 이치가 틀리지는 않은 것 같다.

낙원의 대표 선수라면 아무래도 에덴동산을 빼놓을 수 없을 것 같다. 아담과 이브가 이곳에서 추방됨으로써 인류는 낙원을 잃었다. 원죄 의식이라는 짐까지 짊어지고서 말이다. 이후 인류는 현실 세계에

인간적인, 너무나 인간적인

적응하면서 생로병사와 같은, 지극히 인간적인 삶을 살게 된다.

에덴동산의 모티프가 수메르 신화에서 비롯되었다는 분석도 꽤 많다. 수메르 홍수 신화에 등장하는 딜문 때문이다. 대홍수에서 살아남은 지우수드라가 정착한 지역이 바로 딜문이다. 신화에서는 두 개의 강이 합쳐지는 곳에 딜문이 있다고 했다. 지우수드라처럼 영생을 얻은 사람이 사는 낙원이다. 고대 수메르인들은 낙원 딜문을 어떤 모습으로 그렸을까? "사자가 다른 짐승을 죽이지 않는다. 늑대도 양을 덮치지 않는다. 질병과 고통이 없으며 노인을 찾을 수 없다."

페르시아만에 바레인섬이 있다. 학자들은 고대 수메르인들이 이 섬을 딜문으로 여겼을 거라고 추정한다. 길가메시 서사시에 딜문이 등장하는데 '진주의 섬'이라 불렀다. 진주가 많았다는 뜻일 텐데, 그렇다면 금은보화가 지천으로 널린 곳이 아니었을까? 무릉도원의 이미지에다 부귀영화까지 누릴 수 있는 화려한 낙원이었던 것 같다.

그리스 신화에 등장하는 낙원은 여러 개다. 그 낙원들의 이름은 오늘날 제품 브랜드나 회사명으로 종종 쓰인다. 덕분에 익숙한 이름의 낙원이 많다. 대표적인 것이 엘리시온이다. 엘리시온은 사후 세계 중에서 선한 영혼이 가는 천국이다. 악한 영혼은? 지옥 타르타로스로 간다.

엘리시온은 평화로운 들판으로 묘사된다. 지구를 감싸고 있는 거대한 강 오케아노스의 서쪽 끝에 있다고 여겨졌다. 보물이 지천으로 널려 있는 곳은 아니다. 그 대신 화사하게 꽃이 피어 있다. 폭풍우와 같은 굳은 날씨도 없다. 일 년 내내 따뜻한 봄이다. 사후 세계라는 점을 뺀다면 중국의 무릉도원에 가깝다.

엘리시온에 들어간 영혼은 불사의 삶을 산다. 이미 죽은 영혼이지만 또 다시 평화로운 삶을 보장받는 것이다. 물론 인간으로서 느껴야 할 고통도 이곳에는 존재하지 않는다. 말 그대로 축복받은 땅이다. 영웅 아킬레우스, 리라 명인 오르페우스, 그리스 최고 미녀 헬레네 등이 엘리시온에 산다. 이들과 함께 엘리시온에 살고 싶다면? 살아 있을 때 잘해야 한다. 선행을 많이 하거나 용맹한 전사의 삶을 살아야 엘리시온에 갈 수 있다.

유럽 사람들은 오늘날까지도 엘리시온을 동경한다. 그 흔적이 유럽 한복판, 프랑스 파리에 남아 있다. 파리에서 가장 유명한 거리 샹젤리제가 바로 '엘리시온의 들판'이란 뜻이란다.

북유럽 신화의 낙원을 꼽자면 발할라를 들 수 있다. 신들의 영역인 아스가르드, 그중에서도 최고신 오딘의 궁전에 있다. 엘리시온과 마찬가지로 죽은 자들이 가는 곳이다. 다만 선행을 한다고 해서 이곳에 갈 수는 없다. 발할라는 오직 용맹했던 전사들만 갈 수 있다. 발할라라는 이름 자체가 '전사자들의 집'이란 뜻이다.

발할라는 아스가르드에서 가장 화려하고 가장 아름다운 궁전이다. 전사자들은 이 궁전에서 귀족처럼 산다. 그 대신 매일 전쟁놀이를 해야 한다. 해가 뜨면 모두 무기를 들고 서로 싸운다. 피와 살점이 튄다.

인간적인, 너무나 인간적인

죽은 자이지만 다시 전사하는 이가 속출한다. 이 전쟁놀이는 해가 지면 끝난다. 놀라운 기적이 펼쳐진다. 다친 상처는 저절로 아문다. 전쟁놀이 중에 죽은 사람들도 다시 살아난다. 이윽고 파티가 벌어진다. 상다리가 부러질 정도로 멧돼지 고기와 꿀로 만든 술이 차려진다. 전사자들은 언제 싸웠냐는 듯 왁자지껄 떠들며 먹고 마신다. 파티가 끝나고 하루가 저문다. 다음 날 또 해가 밝아온다. 전사자들은 또 다시 무기를 잡는다. 매일의 삶이 이렇다. 싸우고, 화해하고, 먹고 마시고, 쉰 다음에 다시 싸우고……. 참으로 독특한 낙원이다. 아마 세계 어느 신화에도 이런 형태의 낙원은 없을 듯하다.

사실 전사자들이 매일 전쟁놀이를 하는 이유가 있다. 신들의 황혼이라 불리는 라그나뢰크에 대비하기 위해서다. 맞다. 이 전사자들은 오딘의 명에 따라 발키리들이 고른 영웅들로, 라그나뢰크 때 신들의 편에 서서 싸울 군대인 것이다.

이런 설정은 아마도 북유럽의 상황이 그대로 반영되었기 때문으로 여겨진다. 환경이 척박했다. 자연과의 투쟁, 적과의 투쟁이 일상적이었다. 그러니 편안한 삶을 추구할 수 없었다. 유독 전투적이고 비극적이며 우울한 북유럽 신화의 특성이 이 낙원에도 그대로 반영되었다. 신화는 전사들에게 이렇게 말한다. "용맹하게 싸우라. 그리고 목숨에 집착하지 마라. 너의 용맹은 다음 세상에서 높이 사리라. 너는 발할라에 갈 수 있으니!"

낙원에 들어가기 위한 조건은 신화마다 약간씩 다르다. 그 조건은

• 발키리 노르드어 발키리아는 '살해당할 자를 선택하는 자'라는 뜻으로, 전쟁에 임한 전사의 생사를 결정할 권한이 발키리에게 있었음을 알 수 있다. 전쟁터에서 죽은 전사들의 일부는 발할라로 가서 전쟁놀이를 하며 라그나뢰크에 대비하여 훈련했다. 발키리는 발할라에서 전사들의 시중을 들었다. 발키리가 술을 따르는 모습.

그 나라의 문화나 역사적 배경과 밀접한 관련이 있다. 북유럽 전사들이 아닌, 소시민의 관점에서 보자. 발할라는 낙원이 아니라 지옥일 수도 있다. 살아 있을 때도 지긋지긋하게 전쟁터만 다녔다. 목숨을 잃은 공간 또한 전쟁터다. 저승에 왔는데, 또 다시 매일 전쟁놀이를 하란다. 전쟁놀이에서 죽어도 또 살아나 싸워야 한다. 이거, 관점만 바꾸면 지독한 형벌일 수도 있다!

맞다. 낙원은 그 꿈을 꾸는 사람의 마음에서만 존재하는 것이다. 1,000만 명의 사람이 있다면 낙원은 1,000만 개가 있어야 한다. 그 낙원은 현실이 아니다. 그래도 좋다. 그것의 다른 이름은 희망이니까 말이다. 누구나 희망 하나쯤은 가지고 살아야 하지 않겠는가? 그게 없다면 매일의 삶이 얼마나 지겹고 힘들까? 나도 나의 낙원을 찾아봐야겠다.

이슬람 낙원에는 술과 미녀가 넘친다

낙원을 종교적으로 칭하면 천국 혹은 극락이 된다. 종교에 따라 천국 혹은 극락의 모습은 약간씩 다르지만 대체로는 비슷하다. 고통 없이 영생을 누린다. 물론 전쟁의 공포도 없고 물질적·정신적으로도 행복하다. 신으로부터 구원을 받았거나 스스로 구원을 얻은 셈이다.

흥미로운 게 이슬람 낙원이다. 술과 미녀가 추가된다. 낙원에 가면 맘껏 술을 마실 수 있다. 미녀도 넘쳐난다. 남자들은 그들과 마음대로 성관계를 즐길 수 있다. 금욕주의? 없다! 현실에서 이슬람교는 술과 간음에 엄격하다. 교리를 어기면 처벌을 받는다. 심지어 처형되기도 한다. 낙원에 들어가면 이 모든 것에서 해방되는 셈이다.

이 교리 때문에 이슬람 극단주의에 빠져드는 젊은 남성들이 있다고 한다. 성전, 즉 지하드에서 순교하면 이 낙원에 갈 수 있을 테니까 말이다. 하지만 『코란』에서는 알라 신을 섬기고 선행한 사람만 낙원에 갈 수 있다고 했다. 테러리스트들? 꿈도 꾸지 마라. 절대 못 간다.

5

불필요한 호기심, 비극을 부를 수도 있다

금기를 깨지 말라

·

신화에서 금기를 깨면 십중팔구 불행으로 이어진다.

하지만 금기에 도전하며 신들의 권위에 도전한 이들로 인해 인간은

신의 '장난감'에서 독립적인 존재로 거듭날 수 있었다.

공포 영화를 보다 보면 앞으로의 상황이 짐작될 때가 있다. 복선이 충분히 깔려 있기 때문이다. 영화감독들이 너무 많이 써먹어서 이제는 구태의연한 복선도 있다. 까불거나 나대는 사람은 반드시 죽는다. 이런 설정이 또 있다. 이를테면 혼자 용감한 척, 영웅 행세를 하는 사람도 죽는다. 반대로 혼자 살겠다는 밉상도 꼭 죽는다.

설쳐대는 사람들이 희생자가 되는 까닭은 그들이 금기를 깨기 때문이다. 하지 말라는 짓은 꼭 한다. 그러니 신이나 악마 혹은 적의 노여움을 산다. 위기를 만회하기 위해 더 어리석은 짓을 한다. 점점 구렁텅이로 빠져드는 느낌. 하지만 이미 돌이킬 수 없다. 왜? 애초에 금기를 깼기 때문이다! 이를 금기 메커니즘이라고 해야 할까?

신화에도 금기와 관련된 이야기들이 많다. 금기를 깬 신이나 인간이 낭패를 당하는 스토리가 거의 모든 신화에 한두 편씩은 있다. 금기를 깨뜨리는 자에 대한 처벌은 강력하다. 때로는 잔인할 정도로 가혹하다.

히브리 신화의 아담과 이브를 떠올려보라. 선악과를 먹지 말라는 금기를 어겼다. 어찌 보면 과일을 훔쳐 먹었을 뿐이다. 그런데도 두 사람은 무방비 상태로 에덴동산에서 쫓겨난다. 게다가 부끄러움이라는 감정을 느끼기 시작한다. 신의 말씀을 따라야 한다는 절대 원칙, 신의 지위를 올려다봐서는 안 된다는 절대 금기, 이것을 깬 대가다!

하지만 이 이야기가 꼭 부정적인 것만은 아니라고 앞에서 말한 바 있다. 그러기 위해서는 종교적 측면을 배제해야 한다. 인간적인 관점에서 다시 해석하면 아담과 이브의 이야기는 새 출발에 관한 것이 된다. 이 사건 이후 인간은 신과 본질적으로 다른 존재가 되었잖은가? 비록 허점투성이라고는 해도 인간으로서 본격적으로 출발하게 되는 계기가 바로 이 지점이다. 인간이 인간다워진 순간인 셈이다. 지금은 금기에 관해 이야기하고 있으니 여기까지만!

금기가 깨지는 이유가 뭘까? 인간의 본성에서 그 이유를 찾을 수 있다. 생각해보라. 하지 말라고 하면 더 하고 싶은 것이 인지상정이다. 이 마음을 우리는 호기심이라 부른다. 호기심은 인간의 타고난 본성이다. 호기심이 없었다면 인류는 발전할 수 없었다. 다만 호기심을 조절하는 일이 필요하다. 지나친 호기심으로 금기가 와장창 깨지면 비극이 초래될 수도 있다.

그리스 신화 초반부에 등장하는 판도라 이야기도 금기와 관련이 있다. 판도라 이야기의 출발점이 프로메테우스인 것은 우연이 아니다. 프로메테우스가 신들의 금기를 깨지 않았다면 판도라는 탄생할 수 없었다. 금기 파괴의 도미노 현상 내지는 나비효과로 인해 탄생한 스토리인 셈이다.

프로메테우스는 인간을 창조한 신이다. 그래서였는지 그는 인간에 대한 애정이 깊었다. 당시 인간에게는 스스로를 방어할 능력이 없었다. 프로메테우스의 얼빠진 동생 에피메테우스가 동물을 창조할 때, 미리 준비해두었던 능력치를 다른 동물들에게 모두 주어버렸기 때문이다.

프로메테우스는 고민 끝에 제우스의 불을 훔쳐 인간들에게 주었다. 불은 신성한 물질이었다. 오로지 신만이 누릴 수 있고, 다룰 수 있다. 절대로 인간에게 주어서는 안 된다. 그랬다가는 인간이 신의 권위에 도전할 수 있으니까! 이는 최고신 제우스의 확고한 신념이었다.

이 금기를 프로메테우스가 부수었다. 그로 인해 인간의 삶은 풍족해졌다. 하지만 금기를 깬 대가를 치러야 한다. 괘씸한 프로메테우스! 제우스는 그를 산에 붙들어 매고 독수리가 간을 쪼아 먹도록 했다. 인간들도 괘씸해! 제우스는 인간 세상에도 지독한 고통을 주기로 했다. 이때 만들어낸 여성이 바로 판도라다. 판도라는 최초의 여성이다.

프로메테우스의 얼빠진 동생 에피메테우스는 제우스의 음모를 알아차리지 못했다. 판도라가 복수를 위해 탄생한 절세미인이란 사실을 깨달을 새도 없이 반해버렸다. 그녀가 혼수품으로 갖고 온 작은 상자가 무엇을 의미하는지에도 그는 관심이 없었다. 삼류 영화를 보다 보면 이쯤에서 다음 스토리가 충분히 예상된다. 충분한 복선이 깔렸잖은가? "판도라 상자가 열리겠네!"

판도라는 태어날 무렵 여러 신에게서 장점과 미덕을 선물로 받았다. 축복받은 탄생이다. 하지만 판도라의 상자라 불리는 상자를 받으면서부터 비극이 예정되었다. 제우스는 그 상자를 절대 열지 말라는 단서를 달았다. 열지 말아야 할 상자를 왜 주겠는가? 판도라가 그 상자를 반드시 열 것이란 복선이다. 판도라는 금기를 깨기로 예정된 캐릭터다.

실제로 판도라는 그 상자를 열었다. 금기를 깼으니 대가를 치러야 한다. 그 상자의 내용물이 바로 그 대가다. 상자에는 죽음부터 사소한 질병에 이르기까지 인간에게 해로운 모든 요소들이 들어 있었다. 상자가 개봉되자 그 불행들은 자유를 얻었다. 이때부터 인간의 고통이 시작되었다. 아, 제우스. 정말로 속 좁은 신이다. 이토록 가혹할 수가.

판도라가 급하게 상자 뚜껑을 닫았다. 이미 늦었다. 불행은 인간 세상으로 스며들었다. 깨달음이 늦으면 늘 이렇게 바보처럼 행동한다. 일을 벌이기 전에 충분히 생각하는 게 옳다. 그런 지혜가 없으면 판도라처럼 사고치기 십상이다.

 인간적인, 너무나 인간적인

• 판도라 상자를 열고 있는 판도라. 판도라는 그리스 신화에 등장하는 최초의 인간 여성이다. 프로메테우스로부터 천상의 불을 전해 받은 인간을 벌하기 위해 제우스는 온갖 불행이 담긴 상자를 판도라에게 쥐어 주어 인간 세계에 보낸다. 호기심을 누르지 못한 판 도라가 상자를 열자 온갖 불행이 쏟아져 나와 인간에게로 스며들었다.

판도라가 망연자실하고 있을 때 상자 안에서 덜걱거리는 소리가 났다. 아직도 상자 안에 남아 있는 불행이 있는 것일까? 금기를 깨뜨려 사고를 쳐놓고도 판도라는 정신을 못 차렸다. 끝내 상자를 다시 연다. 바로 그때 상자 안에 갇혀 있던 '희망'이 세상의 빛을 보았다.

막판의 대반전이다. 잘 짜인 블랙코미디를 보는 것 같다. 불행을 만들어낸 것도 금기를 어긴 인간이요, 그 악에 맞설 희망을 잉태한 것도 금기를 어긴 인간이란 이야기다. 판도라 상자 이야기의 결론이 복잡해진다. 금기를 깨라는 건지, 말라는 건지……. 인생사가 딱 이렇다. 때로는 도전할 필요가 있고, 때로는 물러설 줄도 알아야 한다.

뒤돌아보지 말지어다. 불행하게 될지니……. 신화에서 나타나는 또 다른 금기가 이런 형태다. 히브리 신화에도 나오고, 그리스 신화에도 나온다. 심지어 우리 무속 신화에도 비슷한 내용이 있다. 내용도 모두 흡사하다. 그놈의 호기심 혹은 두려움 때문에 뒤를 돌아보았다가 낭패를 당한다.

대표적인 것이 그리스 신화의 오르페우스와 에우리디케 이야기다. 오르페우스는 리라의 명인이었다. 음악의 신 아폴론으로부터 직접 리라를 배웠다. 오르페우스가 리라를 연주하면 사람은 물론 맹수들조차 감동을 받았다. 이아손의 아르고스 원정대에도 참여해 맹활약을 한다. 다른 영웅들은 무기를 들었지만 오르페우스는 리라를 들었다. 그에게는 리라가 최고의 무기였으니까. 몬스터들을 리라 연주로 제압했고,

무시무시한 용을 리라 연주로 잠재웠다.

오르페우스에게는 사랑하는 아내가 있었다. 님프인 에우리디케다. 어느 날 그녀가 불의의 사고로 죽음을 맞았다. 아내 없이는 하루도 살 수 없었던 걸까? 오르페우스는 아내를 찾아오겠다며 기어이 저승으로 향했다.

일단 여기까지는 이야기 전개가 일본의 이자나기, 이자나미 신화와 매우 흡사하다. 하지만 그 다음은 다르다. 이자나기는 저승의 일원이 된 아내와 매몰차게 이별한다. 전투를 방불케 하는 추격전이 벌어진다. 그럴 거면 저승에 가지나 말든가. 어쨌든 황당하다. 오르페우스는 이자나기와 달리 원하는 바를 이룬다. 죽은 자를 세상으로 데리고 오는 게 가당키나 할까? 이런 의혹이 무색하게 오르페우스는 그 일을 해냈다. 리라를 연주해 저승의 문지기와 신들을 감동시켰다. 그들은 너무나 슬퍼 눈물을 뚝뚝 흘렸다. 저승의 왕 하데스의 눈가도 촉촉해졌다. 하데스가 얼른 아내를 데리고 세상으로 가라 했다. "단, 명심할 것이 있다. 반드시 네 아내를 네 뒤에 따르도록 하고, 넌 절대로 아내를 살피려 뒤돌아보지 마라. 지상에 나갈 때까지 이 규칙을 반드시 지키도록 하라."

금기가 생겼다. 공포 영화의 복선이 떠오른다. 왠지 오르페우스가 금기를 깰 것 같다. 맞다. 정말 그랬다. 어두운 저승을 한참동안 빠져나왔다. 멀리서 지상의 빛이 보였다. 가슴이 벅차올랐다. 몇 발자국만 더 가면 지상 세계다. 이쯤 되자 오르페우스는 아내가 뒤에서 잘 따라오고 있는지 궁금해졌다. 조금만 더 참으면 될 것을. 결국 그가 뒤를 돌아다보았다. 바로 그 순간 에우리디케가 진공청소기 안으로 빨려 들어가는 먼지처럼 저승으로 훅 빨려 들어갔다.

이제 아내를 살릴 기회는 다시 얻을 수 없다. 오르페우스는 삶의 의지를 잃어버렸다. 그 후로도 많은 여자들이 그에게 추파를 던졌지만 모두 무시했다. 그런 태도가 여자들의 분노를 샀다. 디오니소스 축제가 벌어지던 날, 흥분한 여자들이 오르페우스를 발견했다. 그동안 멸시당했다는 모멸감이 분노로 바뀌었다. 폭동을 일으키듯 여자들이 우르르 몰려가 오르페우스를 갈가리 찢어 강물에 던져버렸다. 금기를 어긴 대가가 실로 크지 않은가?

히브리 신화, 좀 더 쉽게 말하자면 구약 성경 창세기에도 이와 비슷한, 롯과 그의 아내 이야기가 있다. 소돔과 고모라라는 도시가 있었다. 두 도시는 무법천지에 악의 도시로 설정되어 있다. 사람들도 타락했다. 신은 두 도시를 파괴하기로 한다. 다만 신을 충실하게 따르는 롯과 그의 가족만은 살려주기로 했다. 노아의 방주와 비슷한 전개다. 물론 끝은 다르지만.

두 도시에 사는 인간들은 변태에 가깝게 묘사된다. 특히 성적인 측면에서 도를 넘을 정도로 문란하다. 심지어 그 도시의 인간들은 신이 롯의 가족을 구하기 위해 보낸 신의 사자들까지 범하겠다고 협박했다. 이렇다면 천벌의 수순을 밟는 게 이상하지 않다. 신이 유황불을 도시에 쏟아부었다. 롯과 그의 가족들에게 어서 도시를 떠나라고 했다. "단. 너희들이 따라야 할 조건이 있다. 절대로 뒤를 돌아보지 말아야 한다."

또 다시 금기다. 문제는, 이런 금기를 어기는 이가 꼭 있다는 사실이다. 이번에는 롯의 아내였다. 불타는 도시를 돌아보는 순간 롯의 아내는 소금 기둥으로 변하고 말았다.

소돔과 고모라는 크리스트교에서는 악과 타락의 상징이었다. 중세 유럽 사람들은 이 도시의 존재를 믿었을까? 종교적으로는 충분히 그랬을 것 같다. 유럽에서는 동성애를 오래 금지해 왔는데 이 법의 이름이 '소돔법Sodomy Law'이었다. 물론 이 도시의 이름에서 유래했다. 뿐만 아니다. 이 도시가 실존했다고 주장하는 학자들도 꽤 많다.

금기와 관련해 비슷한 전설이 우리나라에서도 여러 지역에 전해진다. 이른바 장자못 전설이다. 장자는 부자를 뜻하며 못은 연못을 줄인 말이다. 장자못이라 부르는 연못은 전국적으로 100여 개가 넘는다. 줄거리는 약간씩 다르지만 큰 줄기는 같다.

어느 고을에 못된 장자가 살고 있었다. 못된 심보가 놀부 뺨칠 정도다. 욕심 많고 심술궂고 표독스럽다. 약한 사람, 가난한 사람을 벌레 보듯 한다. 지나가는 스님이 시주를 청한 적이 있다. 이 장자가 시주 그릇을 깨지는 않았다. 그 대신 쇠똥을 시주 그릇에 담았다. 쌀 대신 똥이라……. 딱 벌 받기 좋은 행동이다.

며느리는 착했다. 시아버지 몰래 스님에게 쌀을 내어주었다. 스님은

며느리에게 말했다. "곧 큰 비가 올 것입니다. 절대 뒤를 돌아보지 말고 뒷산으로 달아나세요."

하늘이 시커멓게 변했다. 폭우가 쏟아졌다. 며느리는 얼른 아이를 업고 집을 나섰다. 천둥 벼락이 내려치는 소리가 들렸다. 엉겁결에 며느리가 뒤를 돌아보았다. 이미 집은 못으로 변해 있었다. 며느리는 비명을 지르려 했지만 그럴 수 없었다. 어느새 그녀는 돌로 굳어버렸다.

호기심이 원흉인가? 하지만 호기심이 없다면 삶은 정말 무미건조할 텐데……. 사실 금기라고 해서 무조건 피하는 것도 올바른 해법은 아니다. 신화와 영화 속의 비극이 현실에서 그대로 이어지는 것도 아니다. 금기를 넘어서는 사람이 새로운 역사를 만드는 것 또한 사실이니까 말이다.

신들의 질투 때문에 인간은 영생을 잃었다

아다파는 바빌론 신화 최초의 인간이다. 지혜의 신 에아가 만들었다. 어원을 따지자면 히브리어 아담과 같다. 아담의 원조인 셈이다. 그 아다파가 어느 날 신들에게 드릴 물고기를 잡다가 배가 뒤집혔다. 남풍의 소행이다. 화가 난 아다파가 남풍을 붙들고는 날개를 뚝 꺾어버렸다. 하늘의 신 아누가 책임을 묻겠다며 아다파를 하늘로 소환했다.

에아가 대처법을 일러주었다. 그러면서 아누가 빵과 물을 주면 절대 받지 말라는 금기를 정해주었다. 에아의 말대로 하자 모든 게 해결되었다. 마지막에 이르러 에아의 말대로 아누가 정말로 빵과 물을 주는 게 아닌가? 아다파는 한사코 거부했다. 아누가 말했다. "넌 지금 영생의 기회를 잃은 것이니라."

아, 속았다. 신들은 인간이 자기들처럼 영생을 누리는 걸 질투했다. 권력자들은 똑같다. 자기들만 우월해야 하며 그 상태가 쭉 이어지기를 바란다. 아다파가 호기심이 강했더라면? 에아가 만들어놓은 금기를 깼다면? 우리는 영생을 얻었을지도 모른다. 물론 신화 이야기다.

6

인륜을 어기면 천벌 받는다, 반드시!

최악의 패륜 가문 스토리

•

신화에는 문명인으로서는 상상하기 힘든 패륜과 반인륜적 행위가 나타나고는 한다.

신화는 역사 이전의 역사로서, 비문명인과 문명인의 경계에 있던 인간을 묘사하기 때문이다.

또한 신화는 언제든 인간이 그러한 존재로 추락할 수 있음을 암시한다.

인륜이 땅바닥에 떨어졌다는 말이 자주 들린다. 자식이 부모에게 욕설하는 정도는 더 이상 뉴스거리도 아니다. 자기 기분 더럽다며 혹은 눈에 거슬린다며 부모를 학대하거나 살해하는 패륜아들이 있다. 자식을 학대하는 것도 모자라 굶기고 때려죽이는, 인면수심의 부모도 있다. 인륜의 추락을 괜히 걱정하는 게 아니다.

신이 존재한다면, 부디 이런 인간들을 심판해주기를. 그나마 신화에서는 이런 인간들이 심판을 받는다. 패륜을 저지르지 마라! 이런 교훈이 신화에서는 통한다. 몇 대에 걸쳐서 정말로 막 나간 집안 이야기가 그리스 신화에 전한다. 좀 길지만 이 막장 이야기를 해보겠다.

탄탈로스라는 자가 있었다. 그는 프리기아 혹은 리디아 왕국의 왕이었다. 그의 아버지는 제우스였다. 권력가에다 반신반인의 존재. 게다가 제우스는 탄탈로스를 무척 총애했다. 덕분에 탄탈로스는 신들의 연회에도 자주 참석했고, 신들과의 친분도 꽤 두터웠다.

벼는 익을수록 고개를 숙인다. 탄탈로스는 정반대였다. 인간 친구들이 부러워하면 더 기고만장했다. 신들의 연회 때 들은 이야기를 재미삼아 발설했다. 천기누설이다. 신들의 파티 때 훔쳐온 음식들을 내어주며 자랑했다. "이건 신들이 먹는 음식 암브로시아, 저건 신들의 음료 넥타르라고 하지. 필요하면 또 구해줄게. 실컷 먹어. 솔직히 난 지겨울 정도야."

거만한 탄탈로스가 친구들에게 과시할 요량으로 신들을 위한 연회를 베풀었다. 아버지 제우스의 영향력 때문일까? 어쨌든 많은 신들이 참석했다. 그놈의 거드름 병이 도졌다. 신들을 골탕 먹이기로 했다. 그런데 그 방법이 반인륜적이며 충격적이다. 탄탈로스는 큰아들 펠롭스를 죽여 고깃국을 끓였다. 신들이 맛나게 먹는 음식이 사실은 인육이란 사실을 알면 뒤집어지겠지. 이런 생각을 하면서 말이다. 미친놈이다.

신들이 대번에 그 사실을 알아차렸다. 딸 페르세포네를 저승의 왕 하데스에게 빼앗겨 넋이 나간 데메테르만 무심코 인육을 먹었다. 경황이 없었으니까! 나머지 신들은? 손도 대지 않았다. 신들은 꾹 참고 천상 세계로 돌아갔다. 곧바로 불경한 데다 패륜까지 저지른 탄탈로스를 응징하기 위한 회의가 열렸다. 유죄 확정! 아들을 죽여 요리한 죄, 신들을 농락한 죄! 탄탈로스는 지옥 타르타로스에 갇혔고, 이후 먹지도, 마실 수도 없게 되었다.

　탄탈로스는 묶인 채로 물속에 꼿꼿이 서 있어야 했다. 물은 딱 가슴 높이까지 올라왔다. 고개만 숙이면 물을 마실 수 있는 높이다. 하지만 갈증을 해소할 순 없었다. 정작 목이 말라 고개를 숙이면 수위가 낮아졌다. 고개를 들면 수위는 다시 높아졌다. 무한 반복이다.

　머리 위로는 사과, 배, 무화과와 같은 과일이 주렁주렁 열렸다. 하지만 고개를 들어 과일을 베어 먹을라 치면 나무줄기가 휙 올라가버렸다. 영어 단어 'tantalize탠털라이즈'가 바로 이 탄탈로스에서 비롯되었다. 이 단어는 '애간장을 녹이다' 혹은 '애를 타게 하다', '감질나게 하다'란 뜻이다.

　탄탈로스야 인과응보의 처벌을 받았지만 요리가 되어버린 그의 아들 펠롭스는 무슨 죄인가? 억울할 터. 신들도 그가 불쌍했는지 부활 결정을 내렸다. 펠롭스가 되살아나면서 반인륜적 사건이 마무리될 것처럼 보였다. 아니다. 화가 안 풀린 신들이 탄탈로스 가문에 저주를 걸었다. "대대로 너희 가문은 자식이 부모를 죽이고, 형제가 서로를 죽이게 될 것이다!"

　무시무시한 저주다. 신들의 저주이니 풀 방법이 없다. 이후 탄탈로스 가문은 무려 5대에 걸쳐 비극에 휩싸인다. 당장 2대 펠롭스부터 또

• **탄탈로스** 신들에 의해 먹지도, 마시지도 못하는 형벌에 처해진 탄탈로스. 제우스의 아들로 태어나 총애를 받았으나, 모든 것을 다 가진 환경으로 인해 오만함이 극에 달했다. 신들의 잔치에 참석하여 들은 천기를 누설하고, 신들의 음식(암브로시아)과 음료(넥타르)를 훔쳐서 인간들의 환심을 샀으며, 결정적으로 자신의 아들(펠롭스)을 재료로 만든 고깃국을 신들에게 대접하여 분노를 샀다. 탄탈로스의 가문은 5대에 걸쳐 골육상쟁하는 저주를 받는다.

다시 패륜아가 된다. 펠롭스는 목숨 걸고 한 여자를 사랑했다. 그런데 장인 될 사람이 그가 싫단다. 그럼 설득해야지! 펠롭스는 안 그랬다. 미래의 장인을 잔인하게 죽여버렸다. 비극의 대물림이 본격적으로 시작되었다.

탄탈로스에게 니오베라는 딸이 있었다. 펠롭스와는 남매지간. 그녀는 테베 왕국의 왕에게 시집가서 7남 7녀의 아이를 출산했다. 다산과 풍요의 축복은 딱 여기까지! 니오베가 아버지 탄탈로스로부터 오만함을 물려받았나 보다. 바로 그 오만함이 저주의 불씨가 되었다. 그녀의 시댁인 테베 왕국은 레토 여신을 섬겼다. 레토 여신은 제우스와의 사이에 아폴론과 아르테미스를 낳았다. 니오베는 빈정대며 말했다. "여신은 고작 두 명의 자녀를 낳았을 뿐이다. 나는 열네 명의 훌륭한 자녀를 낳았다. 그렇다면 누가 더 훌륭한가? 나, 니오베가 아닌가?"

여신 레토가 격분했다. 아폴론과 아르테미스도 엄마가 무시당하는 것을 참지 못했다. 아폴론이 먼저 니오베의 아들 7명을 모두 죽였다. 이어 아르테미스가 딸 7명을 죽였다. 니오베가 속죄하며 몇 명만이라도 살려달라고 빌었지만 이미 늦었다. 오만함의 대가가 컸다.

이후 니오베는 삶의 의지를 잃고 돌이 된다. 그 돌에서는 눈물이 끊이지 않았다고 한다. 이 비극은 어쩌면 탄탈로스 가문의 저주와는 관련 없어 보인다. 골육상쟁이 벌어지진 않았으니까 말이다. 하지만 모든 피붙이가 살해되었다. 이보다 더 큰 저주가 어디 있겠는가? 게다가 이 비극의 원인은 오만함이었다. 탄탈로스 가문이 저주를 받게 된 원인이 바로 이 오만함이었다는 사실! 크게 보면 니오베의 비극도 탄탈로스 가문이 겪은 저주의 한 부분인 셈이다.

이제 3대로 넘어가자. 펠롭스는 악행을 저지르고도 결혼에 골인했다. 이어 두 아들을 낳았는데, 큰아들이 아트레우스, 작은아들이 티에스테스다. 두 아들은 티격태격하며 성장했다. 그 사이에 아버지 펠롭스가 죽었다. 왕위를 누가 이어받을까? 이 문제를 놓고 두 사람이 충돌했다. 벌써부터 비극의 냄새가 폴폴 풍긴다.

두 사람은 종목을 정해 대결을 벌이기로 했다. 형에게 조금은 유리하게 진행되는 듯했다. 하지만 저주가 걸린 집안이다. 그대로 순항할 리 없다. 더 추잡해질 뿐. 정말로 그랬다. 형수가 시동생이랑 붙어먹었다. 아트레우스의 아내가 티에스테스와 불륜을 저지른 것이다. 덕분에 동생이 승리했다. 형은 아내도 잃고 왕위도 빼앗겼다.

그 다음도 구차하다. 형은 신에게 억울함을 하소연했다. 제우스는 또 이 부탁을 들어준다. 덕분에 형이 왕위를 되찾았다. 이건 또 뭔가? 자기들이 저주를 걸어놓고는, 그 게임을 즐기는 형국 아닌가? 신들은 정의롭지 않다. 권력을 가진 정치인들처럼 말이다.

어쨌든 좋다. 형 아트레우스가 모든 것을 바로잡으면 저주가 풀릴 수도 있다. 하지만 아트레우스는 아버지, 할아버지와 다를 바 없었다. 아내와 놀아난 동생을 용서할 마음이 없었다. 숨어살고 있는 동생을 기어이 찾아내 궁으로 불렀다. "우리가 남이냐? 화해하자, 동생아."

왕의 명령이니 동생에겐 선택의 여지가 없다. 동생은 두려움에 떨며 궁으로 들어갔다. 그런데 웬걸. 형이 맨발로 뛰쳐나와 환영하는 게 아닌가? 형은 상다리가 부러질 정도로 음식을 차려놓고 화해를 청했다. 비로소 동생의 두려움이 사라졌다. 그 후 한참을 먹고 떠들며 즐겼다. 갑자기 형이 웃으며 말했다. "고기 맛있니? 그거, 네 아들이야. 맛있게 전부 다 먹어."

웩. 동생은 위산까지 다 토해내고 싶었을 것이다. 그런들 아들을 먹었다는 죄책감이 사라지겠는가? 형은 또 그런 모습을 보며 즐거워한다. 동생을 죽이지 않고 추방했다. 평생 괴로워하라는 얘기다. 다시 말하지만, 이 집안, 정말 변태다. 3대째 패륜이 이어지고 있다.

동생 티에스테스는 치욕을 잊지 않겠노라 다짐했다. 복수를 결심하고 신탁을 청했다. 황당한 신탁이 나왔다. 딸과 잠자리를 가지란다. 그렇게 해서 딸이 아들을 낳으면, 그 아들이 복수를 한다는 것이다. 아, 토악질이 나올 정도로 지저분하다. 그런데 티에스테스는 또 신탁을 따른다. 티에스테스는 복면을 하고 딸의 침실에 들어가 딸을 범했다.

이제 4대로 넘어간다. 그 딸이 아들을 낳았다. 그 아들의 이름은 아이기스토스. 아이기스토스는 신탁에 따라 큰아버지를 죽이러 간다. 이후 이야기는 몇 개의 버전이 있다. 아이기스토스가 큰아버지인 아트레우스와 그 아들을 모두 죽인다는 버전이 있는가 하면, 이미 큰아버지가 죽었기 때문에 그 아들에게 복수한다는 버전도 있다. 여기서는 두 번째 버전을 따른다.

아트레우스에게는 두 아들이 있었다. 큰아들이 아가멤논, 둘째 아들이 메넬라오스다. 메넬라오스의 아내는 그리스 최고 미녀 헬레네다. 기억하고 있는가? 트로이 왕자 파리스가 그녀를 탐내는 바람에 트로이 전쟁이 터졌다. 미케네 왕 아가멤논은 그리스 연합군을 지휘했다.

아이기스토스는 아버지의 복수를 하기 위해 아가멤논을 노렸다. 사촌지간인 아가멤논을 직접 암살하기보다는 우회 작전을 폈다. 아가멤논의 아내 클리타임네스트라에게 접근한 것이다. 아이기스토스는 사촌형의 아내, 즉 형수를 유혹했다. 트로이 전쟁은 무려 10여 년 동안 계속되었다. 남편이 집을 비운 시간이 너무 길었다. 처음에는 아이기스토스의 추파를 무시하던 클리타임네스트라도 넘어가고 말았다. 두 사람은 불륜 관계가 되었다.

전쟁이 끝났다. 아가멤논은 승전보를 울리며 귀환했다. 이미 아내는 다른 사람과 놀아나고 있었는데, 아가멤논만 그 사실을 몰랐다. 속빈 강정이다. 불륜 커플은 대담했다. 아가멤논을 도끼로 무참하게 쳐 죽였다. 탄탈로스 가문의 4대째 비극이 시작되었다.

이 복수극의 주연은 아이기스토스다. 하지만 클리타임네스트라가 없었으면 불가능한 복수극이었다. 그녀는 주연에 버금가는 조연이다. 그녀가 남편 살해에 동조한 까닭이 뭘까? 정말 미치도록 미운 구석이 있어서 그런 건 아니었을까? 맞다. 딸 이피게네이아 때문이었다.

트로이 전쟁이 발발하고 그리스 연합 함대가 막 출항하려던 때였다.

어찌된 일인지 바람이 사라져버렸다. 출항이 불가능하다. 신탁을 물었더니 아가멤논의 딸을 바치란다. 과거에 아가멤논이 아르테미스 여신의 사슴을 사냥한 죗값이라는 거다. 말도 안 되는 신탁이지만 아가멤논은 그리스 전체를 위해 딸을 바치기로 했다. 하지만 아이의 엄마가 동의할 리 없다. 아가멤논은 영웅 아킬레우스가 딸과의 결혼을 원한다며 얼른 보내라고 거짓말을 했다. 아킬레우스는 반신반인의 영웅. 사윗감으로 마다할 이유가 없다.

이피게네이아를 보낸 얼마 후에야 클리타임네스트라는 전말을 알게 되었다. 이미 이피게네이아는 바다로 던져진 후였다. 바로 이때부터 남편에 대한 저주가 시작되었다. 다른 남자와 정분이 날 법도 하다. 그렇다고 해서 살인이 용인되는 건 아니지만 말이다. 그나저나 이피게네이아는 어떻게 되었을까? 다행히 아르테미스 여신이 거두어 사제로 삼았기에 목숨은 건졌다.

아가멤논에게는 딸 이피게네이아 외에도 몇 명의 자식이 더 있었다. 탄탈로스의 5대 후손이 되는 이들이다. 아이기스토스는 당연히 그들도 모조리 제거하려 했다. 다행인지, 불행인지 이 시도는 성공하지 못했다. 아가멤논의 자식들은 추방되었다. 그래도 목숨은 건졌다.

시간이 흘렀다. 그 사이에 성장한 아가멤논의 아들 오레스테스가 돌아왔다. 그는 아버지의 원수인 아이기스토스와, 자신의 친어머니 클리타임네스트라를 모두 죽였다. 또 다시 패륜 범죄다. 시민들과 신들이 오레스테스를 처형하겠다고 달려들었다. 거의 반쯤 미친 상태로 오레

탄탈로스 가문 계보

제우스 — 플루토 여신

1대 : 비극의 시작 탄탈로스 — 디오네

히포디메이아 — 펠롭스 브로테아스 니오베

2대 : 살인과 자식 멸종 7남7녀

피테우스 아에로페 아트레우스 티에스테스 펠로페이아 딸

3대 : 형제 갈등, 근친상간

클리타임네스트라 아가멤논 메넬라오스 헬레네 아이기스토스

4대 : 사촌 형제간의 살인

이피게네이아 딸 엘렉트라 딸 오레스테스

5대 : 부모살해

스테스는 달아나야 했다. 이 저주를 끝낸 신은 아테나였다. 아테나가 시민들을 설득하는 그를 도왔다. 시민들도 5대에 걸친 저주에 몸서리쳤다. 시민들은 마침내 오레스테스를 용서하기로 했다. 이렇게 해서 저주의 악순환, 막장 드라마가 끝이 났다.

참으로 긴 스토리. 그 끝에서 되돌아본다. 이 비극이 왜 5대에 걸쳐 계속되었는지를 말이다. 비극의 출발점은 탄탈로스였다. 그의 오만방자함이 저주를 불렀다. 자식을 죽이고, 장인을 죽이고, 자식을 먹이고, 형수와 놀아나고, 사촌형을 도끼로 쳐 죽이는 사건으로 이어졌다.

신화 속 이야기인지라 현실감이 떨어진다고? 물론 그럴 수도 있다. 깨달음을 얻는 것은 각자의 몫이니까 말이다. 탄탈로스 가문의 이야기에서 난 신중함을 배웠다. 내 행동을 돌아봐야 한다는 생각을 했다. 나의 오만함이 나 하나의 문제가 아니라 내 가족, 내 후손에게도 이어질 수 있다는 사실을 깨달았다. 현실감이 떨어진다는 말을 반복하지 마라. 아니다. 이런 이야기는 신화가 아니라 현실 세계에서도 일어나고 있다. 지금 바로 이 순간에도 말이다.

달래내 고개의 유래

우리나라에도 여러 지역에서 근친상간과 관련된 설화가 전한다. 가장 유명한 것이 경기 성남 청계산 자락을 무대로 하는 달래내 고개 이야기다.

이 고개 근처 마을에 부모를 일찍 여읜 오누이가 살았다. 어느 날 오누이가 산속에서 일하는데 장대비가 퍼부었다. 두 사람은 물에 빠진 생쥐처럼 홀딱 젖어버렸다. 몸매가 그대로 드러났다. 누나를 보던 동생의 남근이 불뚝 일어났다. 동생은 누나를 상대로 음탕한 감정을 느낀 자신이 벌레처럼 여겨졌다. 돌을 들어 자신의 남근을 찍었다. 뒤늦게 이 사태를 파악한 누나도 당황스러웠다. 누나는 스스로 목을 매기 전 울며 말했다. "차라리 달래나 보지!"

이때부터 이 고개를 달래내 고개라 불렀다고 한다. 하지만 의문도 생긴다. "차라리 달래나 보지!"라는 표현이 지나치게 코믹해 보인다. 바보스러운 구석도 있다. 그래서일까? 이 전설이 일제 강점기에 만들어졌다고 말하는 학자들도 있다.

7

그리스 신화에서 심리학을 배운다
오이디푸스 콤플렉스와 다른 이야기들

근현대의 학자들은 신화의 이야기와 인물을 빌려

어떤 현상을 설명하는 다양한 용어를 만들어냈다.

이는 그만큼 신화가 인간 군상의 다양한 면을 담고 있다는 뜻이다.

언젠가 지인이 이런 말을 한 적이 있다. "아이들에게 신화를 읽혀도 될까? 너무 비윤리적인 내용이 많아서 걱정이 되네." 충분히 이런 걱정을 할 만하다. 어느 지역의 신화든 크게 다르지 않다. 신들은 인간의 도덕률을 따르지 않는다. 성적으로 난잡하기까지 하다. 부녀 혹은 모자가 성관계를 맺는 것은 다반사다. 남매 신끼리 결혼하는 건 유별나지도 않다.

하지만 신들의 근친상간은 비난거리가 아니었다. 신이니까! 사실 이런 설정이 공통적으로 나타나는 이유가 있다. 바로 종족 보존 혹은 인류 명맥 유지라는 과제 때문이었다. 혈통을 거슬러 올라가면 최초의 부부를 만난다. 그 최초의 부부가 생판 남일 확률은? 사실 거의 없다.

그러니 신들의 근친상간이란 설정을 통해 초기 인류의 근친상간에 면죄부를 준 것이다.

　제우스가 대홍수를 일으킨 후 살아남은 인간은 사촌 남매인 데우칼리온과 피라뿐이었다. 두 사람은 인류의 맥을 잇기 위해 부부가 된다. 중국에서도 대홍수에서 살아남은 복희와 여와 남매가 부부가 된다. 이런 신화는 우리나라에도 있다. 다만 동아시아 신화에서는 인륜이라는 도덕관념 때문에 남매가 쉽사리 결혼하지 못한다. 맷돌도 굴려보고 불도 피우면서 신의 의중을 떠본다. 암수 맷돌이 절로 합쳐지고 연기가 공중에서 똬리를 트는 걸 보고서야 남매는 부부가 된다. 신이 허락했다는 뜻이다.

　아담과 이브 또한 근친상간의 관계다. 이브가 아담의 갈비뼈로부터 만들어졌잖은가? 따지고 보면 모두 종족 보존이란 이유 때문이다. 그러니 신화를 읽는 어린이들에게 이렇게 대답할 수는 있을 것 같다. "초기 세상에는 근친상간이란 개념 자체가 희박했어. 그것보다는 종족을 보전해야 한다는 사명감이 더 컸지. 그러니 근친상간이란 설정을 만든 거란다."

　시간이 꽤 흘렀다. 종족 보존이 더 이상 지상 과제가 되지 않을 만큼 인류는 번영했다. 이제 근친상간은 패륜 범죄가 된다. 근친상간을 하면? 신이 응징한다. 대표적인 사례가 그리스 신화의 오이디푸스다. 이 사람으로부터 오이디푸스 콤플렉스라는 말이 유래했다. 유아기의 남자아이가 어머니에게 성적 애착을 갖는 반면 아버지를 경쟁자로 여기며 적대적 감정을 품는다는 심리학 용어다.

테베 왕국의 왕 라이오스와 왕비 이오카스테가 어느 날 충격적인 신탁을 받았다. '아들이 아비를 죽이고 어미와 결혼할 것이다!' 신탁은 거부할 수 없다. 그러니 왕은 왕자를 죽이라 했다. 그 일을 맡은 양치기는 마음이 약했다. 왕에게는 죽었다고 보고하고 아이를 코린토스 왕국의 양치기에게 넘겼다. 나중에 코린토스 왕의 양자가 된 이 아이가 오이디푸스다.

어른이 된 오이디푸스가 신탁 내용을 알게 되었다. 다시 충격! 부모에게 몹쓸 짓을 할 수 없다며 코린토스 왕국을 떠났다. 오이디푸스는 코린토스 왕을 친아버지로 생각했던 것이다.

이후 오이디푸스는 방랑 생활을 했다. 어느 날 테베로 향하던 길목에서 마차 인부와 시비가 붙었다. 오이디푸스는 홧김에 마차 인부와 마차에 타고 있던 노인을 살해했다. 좀 찜찜하지만 이내 훌훌 털고 다시 여행길에 올랐다. 테베에 도착할 무렵 오이디푸스는 괴물을 만났다. 스핑크스다. 이집트 피라미드를 지키는 스핑크스와는 생김새가 좀 다르다. 이 스핑크스는 여자의 얼굴에 사자의 몸, 그리고 독수리의 날개를 가졌다.

스핑크스는 지나가는 행인에게 수수께끼를 낸다. 아침엔 네 발, 점심엔 두 발, 저녁엔 세 발로 다니는 존재가 무엇인지 묻는다. 수수께끼를 못 풀면 절벽 아래로 떨어뜨려 죽인다. 답은 모두 아는 대로 '인간'

이다. 이 답을 오이디푸스가 맞추어버
렸다. 스핑크스는 수치심에 절벽 아래
로 몸을 던졌다.

스핑크스

테베의 오랜 골칫거리를 해결했으
니 오이디푸스는 영웅이 되었다. 마침
테베의 왕은 얼마 전에 객사했다. 왕비
이오카스테는 오이디푸스를 새 남편으로 맞아들였다. 맞다. 오이디푸
스와 시비 끝에 살해된 노인이 그의 아버지였다. 신탁이 들어맞고 있
다. 더 비극적인 것은, 오이디푸스가 어머니와 결혼해 아들과 딸을 낳
는다는 사실이다. 이런……

갑자기 전염병이 돌았다. 신탁을 물었더니, 패륜에 대한 심판이란
다. 모든 게 밝혀졌다. 오이디푸스의 어머니이자 아내가 된 이오카스
테는 자결했다. 둘 사이에 태어난, 자식이라 해야 할지 형제라고 해야
할지 모를 아이들도 등을 돌렸다. 오이디푸스는 세상을 비관하며 자신
의 눈을 찔러 장님이 되었다. 맨 정신으로 어찌 하늘을 볼 수 있으랴?
광인이 된 오이디푸스는 다시 방랑길에 나섰다. 딸인지 여동생인지 애
매해진 딸 안티고네만이 유일하게 아버지인지 오빠인지 애매해진 아
빠 오이디푸스를 수행했다.

얼굴이 붉어지는 이야기다. 안타까워 한숨만 나온다. 이 이야기에
서 영감을 얻어 심리학자 프로이드는 오이디푸스 콤플렉스라는 용어
를 만들어냈다. 사실 이 이야기 말고도 현대 심리학에서 사용되는 많

• 오이디푸스와 안티고네 한때 영웅이었으나, 신탁에 따라 친부를 살해하고 친모와 결혼한 사실을 알게 된 오이디푸스는 자신의 눈을 멀게 한 뒤 세상을 떠돈다. 친모와의 사이에서 태어난 딸이자 여동생인 안티고네가 그와 동행했다. 하지만 이야기의 다른 버전에서는 비극적인 사실을 알게 된 그의 친모(이오카스테)가 자살한 뒤에도 여전히 테베를 통치했다고 전한다. 정신분석학자 프로이트는 어머니에게 애정을 느낀 나머지 아버지를 경쟁자로 여기는 심리를 오이디푸스 콤플렉스라 명명했지만, 사실상 이 용어는 오이디푸스의 심리 상태를 말하는 것이라 볼 수는 없다.

은 용어가 그리스 신화에서 비롯되었다. 심리학과 친해지고 싶은가? 그렇다면 그리스 신화를 찬찬히 읽어도 좋을 것 같다.

또 다른 심리학자 융은 엘렉트라 콤플렉스란 말을 만들어냈다. 엘렉트라 콤플렉스는 어린 딸이 어머니를 경쟁자로 여기고 배척하는 반면 아버지에게 성적 애착을 갖는 심리다. 오이디푸스 콤플렉스에서 주체와 대상만 살짝 바뀐다.

엘렉트라는 트로이 전쟁 때 그리스 연합군을 지휘한 아가멤논과 클리타임네스트라 사이에서 태어난 딸이다. 5대에 걸친 신들의 저주 이야기를 앞에서 한 바 있다. 이 저주는 아가멤논의 아들 오레스테스가 끝낸다. 엘렉트라는 바로 그의 누나다.

아가멤논은 아내 클리타임네스트라와 그의 정부^{아이기스토스}에게 살해되었다. 클리타임네스트라는 딸과 아들을 추방했다. 성인이 된 엘렉트라는 동생을 부추겨 어머니를 죽이도록 했다. 이 일로 오레스테스는 패륜의 죄인이 되었다. 엘렉트라는 미케네 시민들과 신들에게 동생의 무죄를 호소했고, 그 결과 용서를 얻어낸다. 엄밀하게 이 이야기는 복수극이다. 다만 그 대상이 어머니라는 점에서 패륜에 가깝다. 현실에서 이런 일이 일어난다면? 생각만으로도 끔찍하다. 심리학 용어로만 알아두자. 그 이상의 상상은 그만!

오이디푸스 콤플렉스와 엘렉트라 콤플렉스는 주체가 자식이고 대상이 부모다. 이와 반대의 콤플렉스가 또 있다. 파이드라 콤플렉스다. 파이드라는 그리스 아테네의 영웅 테세우스의 새 아내였다. 그녀는 테세우스 전처의 아들에게 치근덕댔다. 사랑일까, 주책일까?

테세우스는 여성 전사 집단인 아마존족의 여왕과 결혼해 히폴리토스라는 아들을 얻었다. 엄마는 아들을 낳은 후 세상을 떠났다. 이후 테세우스가 구한 새 아내가 파이드라였다. 파이드라는 크레타 미노스 왕과 파시파에 왕비 사이에서 태어난 공주다. 테세우스가 낙소스섬에 버렸던 아리아드네의 동생이다. 아테네가 크레타와 대등한 수준으로 성장한 뒤 정략결혼을 하면서 애인의 동생을 아내로 맞은 셈이다. 정략결혼의 역사는 참으로 길다.

파이드라는 남편에 시큰둥했나 보다. 오히려 전처의 아들인 히폴리토스에게 더 끌렸다. 히폴리토스는 새엄마가 부담이 되어 피하기만 했다. 새엄마는 기회만 노렸다. 마침 테세우스가 군사 원정을 떠났다. 그틈을 타서 파이드라가 아들에게 사랑을 고백했다. 황당한 상황! 당연히 히폴리토스는 거절했다. 파이드라는 모욕감을 느꼈다. 사랑이 미움으로 바뀌었다. 혹시 아들이 아빠에게 고자질할지도 모른다는 생각도 들었다. 파이드라는 선수를 치기로 했다. 자해공갈을 하자! 옷매무새를 엉망으로 만든 뒤 테세우스가 돌아오자 대성통곡했다. "히폴리토스, 그 녀석이 나를 겁탈하려 했습니다. 이제 어떻게 살아야 할까요?"

멍청한 테세우스는 그 말을 믿었다. 히폴리토스를 추방했다. 그것도 모자라 포세이돈 신에게 아들을 죽여달라고 기도했다. 그 바람이 이루어졌다. 아들은 전차를 몰다가 절벽 밑으로 추락해 죽었다. 아들이 자신을 겁탈하려 했다는 유서를 쓰고 파이드라가 먼저 죽었고, 화가 난 테세우스가 포세이돈에게 아들을 죽여달라고 했다는 버전도 있다. 이 버전은 이미 얘기한 바 있다. 어쨌든 결과는 같다.

파이드라의 행위를 사랑이라 할 수 있을까? 집착이다. 피는 섞이지 않았지만 엄마의 부적절한 아들 사랑이다. 그러니 반인륜적이며 근친상간과 다름없다. 비극으로 끝날 수밖에 없는 스토리다. 이 신화로부터 중년 여성이 나이 어린 남자아이를 사랑하는 심리인 파이드라 콤플렉스가 비롯되었다.

오이디푸스 콤플렉스, 엘렉트라 콤플렉스, 파이드라 콤플렉스는 부모와 자식 사이의 성적 갈등을 심리학으로 푼 용어다. 그리스 신화에는 이것 말고도 심리학 용어의 유래가 되는 이야기들이 많다. 몇 가지만 더 알아보자.

수선화를 영어로 'daffodil^{대퍼딜}'이라고 한다. 수선화의 학명은 이와 다르다. 'Narcissus^{나르시소스}'다. 이 수선화 학명으로부터 유래된 심리학 용어가 있다. 바로 '나르시시즘'이다. 지나치다 싶을 정도의 자아도취, 자신에 집착하는 경향을 뜻한다. 나르시시즘은 그리스 신화의 나르키소스^{나르시스} 이야기에서 비롯되었다.

나르키소스는 꽤 아름답게 생긴 미소년이었다. 요정들이 앞 다투어 구애를 할 정도로. 나르키소스는 그 모든 구애를 거절했다. 거만했거나 사회성이 없었던 듯하다.

어느 날 그가 호숫가에서 여태껏 보지 못했던 미소년을 목격했다. 그 미소년은 물속에 있었다. 물론 사실이 아니다. 실체가 없는 존재. 바로 물에 비친 자신의 모습이었을 뿐이다. 그 사실을 인식하지 못한 나르키소스는 손을 뻗어 그 미소년을 잡으려 했다. 물에 손을 넣으면 파문이 일면서 미소년이 사라졌다. 나르키소스는 물에 비친 자신과 사랑에 빠졌다. 어떻게든 그 소년을 만져보려고 팔을 뻗다가 물에 빠져 죽었다.

특히 남성들이 자신의 외모에 집착할 때 심리학적으로 '아도니스 증후군'에 걸렸다고 한다. 이 증후군에 빠지면 강박증 혹은 우울증을 앓기도 한다. 여성을 기피할 수도 있다. 이 용어 또한 그리스 신화의 아도니스란 인물에서 비롯되었다.

아도니스도 나르키소스처럼 잘생긴 청년이었다. 아프로디테가 그를 사랑했다. 그녀의 정부이자 연인인 아레스의 질투가 폭발했다. 아레스는 멧돼지로 변신해 아도니스를 받아버렸다. 아도니스의 시신에서 피가 흘러내렸다. 그 피로부터 꽃이 피어났는데, 바로 아네모네다.

심리학 혹은 경제학에서 쓰는 '피그말리온 효과'도 그리스 신화에서 비롯되었다. 누군가가 내게 관심을 가진다. 그 사람이 나를 존중하고, 내가 무엇이든 할 수 있다는 말을 해준다면? 아마 힘이 날 것이다. 이처럼 타인의 관심을 받을 때 긍정적인 결과로 이어지는 현상을 일컬어 피그말리온 효과라 한다.

피그말리온은 최고의 조각가였다. 나무로 여자를 만들어놓고, 그 조각상을 사랑했다. 그 사랑이 간절해 신들은 목각 인형에 생명을 불어넣었다. 이 스토리에 따르면 간절한 기대와 긍정적인 마음은 기적을 일으킬 수 있다.

공황장애를 패닉Panic이라고 한다. 판Pan 또한 신화에 등장하는 숲의 신이다. 이 신에게는 악취미가 있었다. 여행객이 나타나면 숲을 진동케 했다. 당연히 여행객이 놀랄 터. 이 모습을 보려고 신이 짓궂은 장난을 하는 것이다. 누군가 나를 놀라게 하면? 가슴이 벌렁거리고 불안하지 않겠는가? 공황장애의 증상이 이렇다.

그리스 신화에는 신들의 이야기뿐 아니라 이처럼 다양한 인간 군상의 이야기가 유독 많다. 인도나 중동 신화가 제의에 쓰인 것과 달리 오랜 시간에 걸쳐 문인들의 상상력이 추가된 덕분이다. 그 이야기들은 현대에도 통한다. 첨단 정보 통신의 시대에도 신화가 필요한 이유다.

미다스의 손과 사금

사업에 손만 댔다 하면 큰돈을 버는 사람, 주식에 투자하면 주가가 오르고, 땅을 사면 개발 호재가 겹치는 경사를 맞는 사람, 돈과의 인연이 남다른 이런 사람, 참 부럽다. 그럴 때 우리는 이렇게 말한다. "저 사람은 미다스의 손을 갖고 있어."

미다스는 그리스 신화 속 인물이다. 그는 상당히 탐욕스런 왕이었다. 광대한 영토에 막대한 금은보화를 가진 부자였지만 더 많은 재물을 원했다. 일단 만지면 모두 황금으로 변하는 손을 갖게 해달라고 디오니소스에게 빌었다. 마침내 그 소원이 이루어졌다. 하지만 부작용이 심했다. 배가 고파서 고기를 잡으니 황금 고기가 되었고, 딸을 안았는데 황금 동상이 되어버렸다.

미다스가 디오니소스를 찾아가 잘못을 빌었다. 디오니소스는 팍트로스 강에서 몸을 씻으면 원래대로 돌아갈 거라 했다. 정말 그렇게 되었다. 그 대신 미다스의 능력은 강물로 옮겨졌다. 이때부터 강바닥에서 사금이 나왔다고 한다. 근데 팍트로스강이 어디에 있지? 궁금해진다.

"신화는 우리의 상상력에 생명을 불어넣는다."
_ 알베르 카뮈(Albert Camus)

'행복하게 만든 책이 행복을 만듭니다.'

신화 콘서트
통으로 읽는 세계 7대 신화

초판 1쇄 찍은 날   2020년 4월 14일
초판 2쇄 펴낸 날   2020년 5월 15일

지은이   김상훈
발행인   조금희
발행처   행복한작업실
등 록   2018년 3월 7일(제2018-000056호)
주 소   서울시 서초구 서초대로 65길 13-10, 103-2605
전 화   02-6466-9898
팩 스   02-6020-9895
전자우편   happying0415@naver.com

편 집   이양훈
디자인   이인선
마케팅   임동건
I S B N   979-11-963815-7-8 (03210)